中学化学实验教学研究

周文冬　刘红霞　杨　雪　鄢思宇　姜仁涛　著

U0953140

东北大学出版社
·沈　阳·

图书在版编目（CIP）数据

中学化学实验教学研究 / 周文冬等著. — 沈阳：
东北大学出版社，2023. 12
ISBN 978-7-5517-3486-8

Ⅰ. ①中… Ⅱ. ①周… Ⅲ. ①中学化学课—化学实验
—教学研究 Ⅳ. ①G633. 83

中国国家版本馆 CIP 数据核字（2024）第 017736 号

出 版 者：东北大学出版社
地址：沈阳市和平区文化路三号巷11号
邮编：110819
电话：024-83683655（总编室）
024-83687331（营销部）
网址：http://press.neu.edu.cn
印 刷 者：沈阳市第二市政建设工程公司印刷厂
发 行 者：东北大学出版社
幅面尺寸：170 mm × 240 mm
印 张：14.25
字 数：264 千字
出版时间：2023 年 12 月第 1 版
印刷时间：2024 年 1 月第 1 次印刷
责任编辑：刘新宇
责任校对：潘佳宁
封面设计：潘正一
责任出版：初 茗

ISBN 978-7-5517-3486-8　　定 价：68.00 元

前言

《中学化学实验教学研究》主要包括中学化学实验和实验教学两方面研究内容。传统的中学化学实验教学主要研究中学化学实验教学体系、中学化学实验内容和教学要求、中学化学实验教学模式、中学化学实验设计和改进，进行中学化学实验操作训练和实验教学训练，通过不同方向的实验案例，提升化学（师范）专业学生的化学实验研究和教学能力。

中学的实验条件是开展实验和教学的基础，我国中学化学实验教学开展得及时和充分是开展实验和教学的保障；同时，实验的趣味性和科技创新性对吸引学生进行实验也有重要作用，实验和教学也应该与时俱进；我国《普通高中化学课程标准（2017年版2020年修订）》[1] 提出化学学科核心素养，核心素养强调培养学生全方位的能力，这就要求在中学化学实验教学过程中充分体现核心素养的多角度的要求，目前的实验教学应该充分体现探究性等核心素养问题，并且化学实验教学中也有必要广泛开展课程思政教学。

本书采用文献研究法等方法，从不同的角度梳理实验教学方案，将核心素养的内容和课程思政的理念落到实验教学中，建构具有创新性、探究性、趣味性和生活化的实验教学。设计教学案例并实施教学，在教学实践中，采用访谈法和问卷调查法等研究方法进行调查，为实验教学提供参考和依据。本书力求为实验教学和实验学习提供理论依据与实践案例，以期丰富中学化学实验教学中培养学生综合能力的内容。本书结合我国中学化学实验教学实际，除了从探究型实验、创新型实验、趣味型实验和生活型实验等角度对中学化学实验教学进行论述外，还探讨了偏远地区中学化学实验的教学研究、中学化学实验教学中核心素养的培养和中学化学实验教学中课程思政的开展等问题。

目前，我国化学教育工作者都在推动中学教育阶段核心素养的培养，同时，也在大力推进课程思政的开展。基础教育阶段的化学实验教育教学具有基础性、准确性、规范性的特点。实验在基础教育阶段具有重要理论价值和实践价值。在这一背景下，如何在化学实验教学过程中体现核心素养和课程思政的论述也应该被丰富。因此，本书从不同角度展开，设计实验方案，通过创新型实验、趣味型实验、综合型实验等，推动在中学化学实验教学中核心素养的落实和课程思政的展开，为我国当前中学化学实验教学中核心素养的体现和课程思政的开展提供一些依据和方法。

虽然著者团队对本书内容进行了认真撰写，但由于水平有限，书中难免会出现疏漏，希望广大读者提出宝贵意见。

著　者

2023年6月

目　录

第1章 绪论

化学是以实验为基础的自然科学[2]，因此，中学化学教学的基本特征也是以实验为基础。与化学的理论教学体系相比较，化学实验教学作为化学教学中不可或缺的一部分，在现阶段的中学化学教育体系中的实施往往相对停滞在初级阶段。目前，由于我国实验教学起步较晚、教育改革初级阶段地区实验条件差异大等原因，我国中学化学实验教学存在着一系列有待改进的问题。中学化学实验教学是化学（师范）专业必须学习的内容，研究的主要内容是中学化学实验和实验教学，通过实验案例，研究中学化学实验教学体系、中学化学实验内容和教学要求、中学化学实验教学模式、中学化学实验设计和改进等内容，进行中学化学实验操作训练和实验教学训练，培养化学师范专业学生的化学实验研究和教学能力。本章结合我国当前中学化学实验教学的现状，对目前我国中学化学实验教学的基本理论进行了介绍。

1.1 中学化学实验及其教学的研究对象、目标和方法

1.1.1 中学化学实验及其教学的研究对象

科学研究的目标是完成研究任务，而研究任务的出发点即研究对象，只有确定了其研究对象，才能深入探讨研究对象所涉及的领域，并研究该领域的相关内容。传统的对化学实验及其教学的研究对象的理解包括中学化学实验和中学化学实验教学，但这个范围过于笼统，没有具体的内容。大量学者对中学化学实验和中学化学实验教学的研究对象进行了细化，通常包括教学目标[3]、教学方法、实验原理、实验用品、实验过程和讨论与反思等。

我们认为，化学实验的根本在于发现问题，并致力于解决问题，那就要求实验设计者善于思考，将中学化学实验教学中存在的问题归类并综合分析，依照研究目标，提出有待解决的问题，并将同一类问题进行综合分析。与简单的

中学化学实验不同，中学化学实验教学的出发点不局限于提供简单的实验方案，而应源于中学化学教材和中学生的学情，以学生的发展为中心，为中学化学实验的教与学服务。根据所提出的问题研究解决之法，即设计实验方案和实验教学方案，两者并行。继而进行教学实践，探究问题，通过实验教学，系统地研究实验教学过程中所揭示的规律，获得最终结论。另外，在课程思政的大背景下，为培养具有全面化学素养的新时代人才，我们的研究对象须根植于当下的教育背景和人才培养的需要，致力于培养具有良好的品格、正确的科学观和全面的核心素养的现代化人才。因此，我们研究中学化学实验教学是在紧跟教育发展步伐的前提下，结合当前国内的教育背景，通过研究中学化学实验教学中的问题，提出中学化学实验的教学规律、教学方法、教学案例分析和教学分析。

1.1.2 中学化学实验及其教学的研究目标

基础教育阶段的化学实验教育教学具有基础性、准确性、规范性的特点。实验在基础教育阶段具有重要理论价值和实践价值。通过实验，学生能够认识化学，认识物质及其变化，能够培养学生形成科学的思维方式方法。中学化学教学在国内发展以来，研究者提出了具有不同依据的教学目标的分类方法。按照布鲁诺的教育目标分类[4]，20世纪50年代，人们提出的教学目标包括认知、操作和情感三部分。至20世纪80年代，我国化学教学目标基本被分为知识与技能、过程与方法、情感态度与价值观这三个维度。《普通高中化学课程标准》（2017年版2020年修订）归纳总结了化学学科的核心素养，而课程目标的提出便是基于化学学科素养对高中学生发展的具体要求。在这一版课程标准中，通过课程目标来描述核心素养，并通过教学实践来实现课程目标。

结合2017年版新课标对化学核心素养的描述以及对中学化学教育实施的要求，我们对中学化学实验的教学目标进行了研究。对于中学的化学实验和教学，教师要树立立德树人的教育理念，热爱教育事业，树立以学生为本，促进学生全面发展的新课程教育理念和爱岗敬业、无私奉献的教育情怀，培养坚定的教师职业信仰，培养学生发现和提出问题、实验设计、收集数据等实验探究能力，形成正确的实验情感态度和价值观；激发学生的感知兴趣、操作兴趣、探究兴趣、创造兴趣，热心研究中学化学实验。另外，要求教师了解化学实验事实、有关化学实验仪器和试剂、化学安全等化学实验知识；掌握化学实验基本操作技能、仪器和试剂的选择和使用技能；掌握中学化学实验的内容体系，自主学习研究和改进中学化学实验内容，提升实验研究能力。还要求教师研究中学化学实验教学，提高中学化学实验教学能力、实验教学育人能力和反思能力。

以此为前提，我们认为中学化学实验及其教学的研究目标主要从以下几个方面展开。

① 通过实验探究获得实验现象，从而获得化学实验反应的本质。

② 通过化学反应的本质认识过程，建立起相应的模型。

③ 通过化学实验的综合设计等内容的讨论，形成相应的化学观、科学观、探究意识并明确相应的社会责任。

评价目标则结合化学学科的核心素养从以下几个方面展开。

① 通过探究实验的问题提出、方案设计、探究过程、总结反思和交流点评，诊断和提高学生的实验探究能力和水平。

② 通过对实验探究过程中的化学反应分析，诊断和发展学生对化学反应的认识的变化。

③ 通过对综合实验或实验理念的讨论和点评，诊断和发展学生对化学科学的认识和理解。

1.1.3 中学化学实验及其教学的研究方法

通过从不同的角度分析和阐述中学化学实验及其教学，有不同的研究方法。可以通过中学化学实验的教与学两个角度来进行研究，但这种方式过于简单，会剥离教学的内在联系，从而无法连贯统一地展开教学活动。也可以根据具体的实验案例实施来进行教学研究方法的讨论，这些具体的实验案例的教学会在后续章节中展开来讨论。本章重点讨论普适性的教学研究方法，科学的进步源于无法解决的问题，因此不断有问题提出，科学和技术才能进步。因此，科学探究的本质是解决源源不断的问题，从中学化学实验教育阶段，就培养学生科学的探究意识和学科素养，对科学人才的培养和推动人类社会的进步和发展具有重要意义，科学的化学实验探究及教学研究方法可以按以下几个步骤展开。

1.1.3.1 化学实验问题的提出和确立

科学问题的提出不是盲目的、没有根据的对未知事物的假设，中学化学实验问题的提出可以来源于多个方面，可以是现实生活中有待解决的问题，也可以是教学过程中实现教学目标的需要，还可以针对具体的某个实验设计的一个或多个环节所提出的问题，包括但不限于化学实验装置和药品、反应原理、反应条件和反应操作的优化等。无论出发点来源于哪里，最终都将形成具体的实验问题[5]，这些问题的提出往往借助已有的知识、技能和方法等能力来解决，并且一定有助于培养学生某一方面的核心素养。

1.1.3.2 实验方案的设计

实验方案的设计源于化学问题的提出，为了实现实验目标，教师通过判断该问题在教材中的位置和学生的认知情况，需要大量搜集相关资料，掌握科学的方法，利用已有的实验能力和素养进行实验设计，并形成具体的实验方案，包括但不限于从下面这些角度进行实验方案的设计：中学化学实验的安全性设计，探究型化学实验教学的设计，生活中化学实验教学的设计，趣味化学实验教学的设计，新型技术在实验教学中的研究，虚拟仿真实验教学的设计，综合实践活动设计。关于实验方案设计和改进的技巧有如下方法。

（1）优化缺陷法。

优化缺陷法是试验方案的设计和改进的过程中，应用最广泛、效果最明显的一种方法。中学实验教学方案的设计是为了解决提出的问题所进行的，传统的中学化学实验教学过程中，部分实验有新药品可以替代传统的实验药品，可以通过更新实验试剂和用品来优化实验方案。例如某些需要催化剂才能够较快反应的化学实验，如双氧水分解制备氧气等，传统的催化剂仅限于二氧化锰等氧化物和铁离子等金属离子，我们发现在使用这两种催化剂催化该反应时，有时会出现现象不明显的问题。而随着科技的发展，大量新型催化剂都可以快速地催化该反应，可以优化传统催化剂的性能。

有些传统的反应仪器和设备会产生实验误差，导致产生的化学实验现象不能被有效地观察，比如通过红磷燃烧探究空气中氧气含量的实验，就十分考验教师的实验操作功底，即使教师具有很强的实验教学能力，也无法避免在实验过程中出现误差。因此，优化实验装置，使实验具有更好的连续性和密闭性对保证实验的成功有重要作用。有些实验条件差的学校在做氯气等有毒气体的制备时不具备通风等条件，会导致实验安全性不足，即使采用氢氧化钠收集尾气等方法也不能排除安全隐患，因此，可以选择连续密闭的实验装置来保障实验进行过程中和结束后的安全。有些实验装置已经可以通过新材料替换使实验结果更精确，例如新型的酸式滴定管和碱式滴定管采用了既耐酸的腐蚀，又耐碱的腐蚀的新型材料，避免传统碱式滴定管胶皮易老化、操作不熟练会导致滴定不准确的问题。有些传统实验形式过于老套，学生不感兴趣。如探究氧化还原反应的实验，这一环节的导课不再限于利用图片展示生活中的氧化还原现象，还可以采用玻璃棒蘸取浓硫酸和高锰酸钾点燃酒精灯这一魔棒点火实验来进行，进而提高学生的学习兴趣。具体的实验方案会在后续研究中展开讨论。

（2）对比实验法。

科学探究的第一要求是科学性，科学性可以通过对比实验来保障实验结论的准确性。比如同一个反应不同药品的对比，在探究二氧化碳的制取这一实验中，采用碳酸钠、碳酸氢钠、大理石和鸡蛋壳等不同药品或物品与稀盐酸反应的对比来探究不同种类物质对反应结果的影响。有些反应可以设计反应条件的对比实验，包括反应温度、环境湿度和气压、反应时间等。采用该方法时，需要控制变量，例如，在保证环境条件和反应时间等不变的前提下，调整反应温度，从而选择出最优的反应温度，继而在最优反应温度的条件下，再调整反应时间，继而选择出最优的反应时间，至此，可以确定最优的反应温度和时间，进而调整其他变量。

（3）组合实验法。

无法用单一的实验来说明和解释的问题则需要将几个实验进行组合，例如对于NH_3与HCl的反应会产生白烟，又可以与水反应产生喷泉这一特殊现象，就可以将产生的氨气分别连接在两个喷头上，一个让其与水反应，一个让其与盐酸反应。首先，实验现象非常壮观，学生在内心会对实验现象感到震撼，从而对科学实验产生兴趣，同时，也减少了分别做实验的步骤和时间，提高了学生的学习效率。因此，组合实验法在不同的教学情境中有不同的作用，有的可以减少不必要的步骤和装置，甚至节约了药品；在有些教学情境中，可以减少碳排放，提高能源利用率；有的可以加快反应时间，提高效率；有的可以让实验现象更明显，对教学目标的实现有重要作用。

（4）新技术的应用。

传感器技术的应用[6]：传感器技术是科学技术快速发展的产物，在其应用中，具有方便快捷、准确和高效的特点。在多个中学化学实验教学情境下，都可以对传统的化学实验进行改进。温度传感器可以准确快速地对温度进行控制和监测，例如，在碳酸钠和碳酸氢钠溶于水这一反应中，用手触摸试管感受实验过程中的温度变化十分不明显，如果用可以精确到0.1 ℃的温度传感器来检测温度的变化，就可以准确地探测在反应过程中温度的变化，让学生切身感受到溶解过程中的温度改变，从而高效地达到教学目标。

在化学平衡的影响因素这一实验探究的教学过程中，如何改变压强使其对化学平衡有相应的影响是该实验的难点。教师在按照传统的实验方案来处理这个问题时通常采用注射器的推动来压缩二氧化氮气体，学生通过观察现象来理解压强对平衡移动的影响，但是，该实验现象非常不明显。因此，这个实验可以通过压力传感器来进行改进，现象明显，耗时短，同时提高了学生的学习效率。

使用比较广泛的传感器还包括pH值传感器等能够准确检测离子浓度的传感器，在酸碱滴定实验中，传统的滴定颜色变化判断是靠肉眼来完成的，通过判断反应结束时溶液的颜色变化来判断实验完成，但是，手眼的协调性等原因会导致实验结果的误差较大，因此，采用数字技术结合离子浓度检测的传感器技术即可以清楚地辨识滴定终点。此类定量实验的实施对于引入传感器技术来说是最适合不过的，传感器技术的引入不仅让学生定量研究意识有所提高，同时，也可以使实验结果更加精确。

虚拟仿真技术：对于在现实生活中无法实际进行的实验，或者当今技术无法在现实环境中完成的实验以及毒副作用非常大的实验都可以采用虚拟仿真技术来开展虚拟仿真实验。虚拟仿真实验是利用信息技术，将实验理论、实验仪器和实验方案采用数字、图形、图像和视频的形式呈现，是一种新型的化学实验教学方式，该方式虽然有局限性，但是在特殊时期和特殊情况下，对于某些化学实验教学的顺利开展，推进绿色化学的实施进程，提高化学实验教学的效率有重要作用。

1.1.3.3 实验现象的观察和记录

对实验现象的观察和记录要求有时效性、准确性和完整性。有些实验耗时较长，数据较多，比如滴定实验，它需要重复进行几次，如果不能即时进行数据记录，那么最终会导致数据收集不全面，影响实验效率，延长实验时间。试验记录还要求必须有准确性，遇见与预想相反的实验现象也应该如实记录。现象反映本质，不在意料之中的实验现象不一定是错误操作引起的，可能是特定的环境（包括压强、温度等）条件下，所获得的特殊实验现象，特殊实验现象有可能解释特殊问题，因此，如实进行实验记录是正确解决问题的必要步骤。数据记录的完整性强调在观察实验现象的同时将所有观察到的现象都完整地记录下来，这就包括观和察两部分。观，即看到的部分，包括通过仪器测得的环境条件，实验过程中颜色的变化，状态的改变等现象；察，即察觉感受到的部分，包括味道的变化和热量的改变等现象。

1.1.3.4 讨论、总结和反思

通过观察化学反应过程中的实验现象，从而总结现象所反映的本质，进而

回答上面所提出的科学问题，解释科学问题，通过讨论反思，实现教学目标。

1.2 中学化学实验教学的内容和要求

1.2.1 中学化学实验教学的内容

中学化学实验教学的内容主要包括：化学实验的基本操作；物质的分离和提纯的实验；物质和离子检验的实验；物质的性质实验和物质的制备实验；揭示化学的基本概念和化学基础理论的实验；理论联系生产实际的实验和学生独立实验等。

根据《义务教育化学课程标准（2022年版）》，义务教育阶段对实验教学的要求包括知道化学学科的根本特征，了解化学这门科学的发展历史，体验实验探究过程和建构模型过程，从而知道科学研究的基本方法以及化学科学的本质，培养正确的科学观和创新意识[7]，使学生具有科学探究的能力，掌握基本的实验操作技能，通过一系列的实验形成实验探究方法的思路，根据实验思路设计方案，记录实验过程和现象并得出结论，培养科学探究的实验态度。在实验教学过程中，应结合生产生活实际引导学生创造和改变世界的精神，培养学生的科学家精神，选择有探究意义的问题，利用现代技术，引导学生进行探究性实验，发展学生的探究能力和创新意识，为学生提供更多的动手实践机会，真正发挥实验的育人价值。在学习活动中，增加探究性活动、调查与交流活动和项目式学习。

义务教育化学实验内容包括化学学科科学探究、生活中的化学物质、物质的构成奥秘、化学反应中物质的变化和化学与社会发展等一系列主题。义务教育阶段的实验探究活动，注重提高“实验探究活动”的探究质量，突出科学探究过程和方法的训练，通过典型探究，培养学生多维度的能力；为学生提供化学实验小组合作和小组实验探究学习的平台；通过创设生动、有趣的探究情境，来设置余味无穷的化学拓展性课题。

《普通高中化学课程标准（2017年版2020年修订）》对于普通高中阶段学生必修课程中的9个必做实验进行了归纳。化学是以实验为基础的，在高中阶段，构建全面发展的学生化学核心素养的目标体系离不开实验探究活动，核心素养的不同方面在不同的实验活动中也有具体的体现。学生通过实验探究要能够发现和提出有价值的问题，观察实验过程中的宏观现象，搜集证据，基于证据分析推理和解释实验现象，建立假设，建立宏观和微观的联系。在这一过程中，培养学生科学的实验探究态度，增强其探究兴趣，提高学生的社会责任意识和参与解决社会中化学问题的社会决策能力。

高中教材中关于实验的开展有详细的论述，教师在具体对实验案例进行设计时应注重微观设计，处理好模块之间的衔接，同一内容从必修到选择性必修应有延续。以“离子反应”的实验内容举例，在必修内容中以实验为基础探究了离子反应发生的条件、概念和应用。在实验设计过程中，教师应以实验过程、方法和活动为中心，搭建系统的“实验化学”体系结构。实验方案需吸纳中学化学实验研究的优秀成果，注重体现时代性和先进性。教师根据实验承载的教学功能精选实验内容，可以引进经典的实验案例、优秀的改进方案，例如，向氢氧化钡中滴加硫酸溶液并用电流表检测，说明该反应的本质是离子反应；验证锌与硫酸铜的反应，可以利用原电池实验展示实验过程中电子转移，说明化学反应中氧化还原反应的实质等。教师可通过实验问题，并根据学生经验设计实验情境，例如从海带中提取碘、丁达尔现象、自制内酯豆腐等实验。教师应重视对学生进行科学方法的训练和实验探究能力的培养，采用现代实验技术对实验进行改进，如上文提到过的利用传感器进行定量研究，采用质谱、红外、紫外、原子光谱等现代实验手段对物质进行检测等。实验中体现绿色化学思想，教师要优化实验方案，兼顾实验的趣味性，以此激发学生的学习兴趣。教师要生动展示科学探究的一般研究方法，通过“创设情境—提出问题—建立假设—开始实验—得出结果—讨论”，将实验内容教学化，使实验方案直接支持课堂教学。

1.2.2 中学化学实验教学的要求

中学化学实验教学的呈现形式包括演示实验、边讲边实验、学生实验和实验习题处理。对于教师演示实验，要求教师演示实验时，在课前进行多次演练，只有充分准备，才能确保在教学演示时成功。教师在演示实验时要做到实验目的明确，重点难点突出，操作规范，保证实验现象明显，让学生观看时注意实验角度，便于学生观察实验现象，引导学生思维发展，培养学生的实验设计能力；教师经过多次练习，要掌握实验的时间，注意实验安全，正确引导培养学生的安全意识。

对于教师边讲边实验的形式的教学要求，一方面，教师要精心选择实验内容，确保实验内容能够支撑教学目标；另一方面，教师要做好充分的课前准备工作，边讲边实验要求教师对实验非常熟悉，能够充分掌控实验时间和实验流程，在做实验的同时要引导学生参与实验探究。此外，还要求教师做好课堂组织和指导工作，避免学生手忙脚乱。

课程标准中要求学生必做的实验必须由学生来完成，形式可以是小组实验或者独立实验，这与实验的难度和复杂程度相关。教师需要耐心认真辅导，抓好思想教育，培养学生的科学探究意识，及时督促学生进行实验小结，并组织学生对实验结果记录、讨论和总结。教师要做好实验习题的安排，加强实验设计方案的指导和组织，加强实验过程中的指导，调动学生做实验习题的积极性和培养其创造精神，实验习题不限于纸面练习题，也可以是生活中和家庭中易于开展的动手性实验作业。

第 2 章 农村中学化学实验教学的研究

2.1 农村中学化学实验教学概述

在新课程改革理念的推动下，化学实验已经从单纯作为化学课堂教学认知的基础和辅助的手段，成为融入整个化学教学过程中的重要内容。在化学教学中，化学实验的重要性已经引起了教育者的普遍重视。但是，在化学实验教学的具体实施过程中，仍然存在着许多需要探讨的问题。特别是在经济落后和教育资源相对贫乏的农村地区，值得探讨的问题更为突出。通过对这些问题的探讨，期望能为广大农村中学化学教师提供一定的参考，并促使他们更多地关注化学实验教学。本书通过问卷调查法，对农村地区化学实验教学情况进行了全面了解，分析造成这种情况的原因，同时，针对农村地区化学实验教育值得探讨的问题，进行了相应的研究，期望进一步提高农村化学实验教育水平，满足新课改的需要。

2.1.1 研究背景

多年以来，我国的教育体系不断发展进步，随着我国社会的发展，创新型人才成为国家的刚需。怎样培养人，培养怎样的人，成为许多教育者所面临的问题[8]。提高学生的科学素养是基础教育化学新课程的主旨，并且新的化学课程目标体系建立于“知识与技能”“过程与方法”“情感态度与价值观”三个方面[9]。基于学科核心素养发展要求，《义务教育化学课程标准（2022年版）》指明，“科学探究与实践”是学生经过该阶段的化学学习后，需要达成的发展目标，从这方面看，科学探究实践早已成为化学学科核心素养的重要组成部分[10]。“科学探究与实践”和“科学思维”是2022版化学课程标准中认定的科学课程中的重要组成部分，也是核心素养的“领域特质”。同时，在课程标准中明确指出化学科学研究的基本方法是“模型建构”和“实验探究”，确立了“模型建构”与“实验探究”在化学科学研究中具有同等地位。根据新课改以及化学课程标准对培养学生的指导方案，在学校教育中，既要注重对学生进行科学探索能力的培养，又要在教学中加强对学生创造力的训练。在日常教学过程中，化学教师要适当地强化对学生的化学实验课的教学，要在进行化学实验的过程中，对学生的实践技能进行培养。要鼓励学生主动提高自己的实践和操作能力，培养他们对化学实验逻辑的发散能力，并要求在化学考试中，与学生实际学习相联系，添加化学实验测试的内容[11]。近些年，化学实验部分在中学化学考试中所占据的比例逐步升高，内容也慢慢增多。化学实验的教学取得了较好的成果，尤其是在经济比较发达的地方。然而，在各种资源相对落后的农村地区，如何能够在化学课堂上不只解说知识点，改善农村地区的实验教学方面的条件还有值得讨论的内容，学生的探究、实践能力还有进一步提升的空间。

有些地区的中学，为了追求学生分数的提升，常让学生面临沉重的知识压力，所培养出来的学生大多数在实践操作方面的能力相对不足，并且不利于学生的长期发展。学生在学习时，通常也只关注与考试有关的知识点，很少会去主动锻炼提升自己的动手能力，这就导致了当大部分学生进入社会时，不足以胜任工作需求，并且没有持久的学习力。在比较偏远、经济落后的农村地区，这种现象更为突出。虽然在国家的大力扶持下，实验所需用品相对已经得到补充，但有时仍然会对小组合作实验进行限制。有时为应对重大考试中的实验测试，部分学校会在考前对学生展开集中训练，训练的内容也大多是关于考试考点中的实验操作及需要注意的问题。在平时的教学过程中，学生进行实验的机会不多，即便学校有足够的实验条件，一般也是让老师带着学生去完成几个验证性实验。事实上，造成这样的情况有很多因素：农村中学的教师和学生对实验不够重视；从事化学实验教学的专职人员不足，实验员的专业技能有待提高；农村中学学生实验操作技能存在问题等，都在一定程度上干扰农村中学开展化学实验课堂教学。随着新课改的不断推进，农村中学的这种状况已经得到了改善，但是还不能够完全适应化学新课改的实施。“讲实验，画实验，背实验”的教学模式，“重理论，轻实践，重验证，轻探索”“重结果轻过程”的教育方式还需要进一步改善[12]。这就需要教师认识并解决目前农村中学化学实验教学中所面临的问题，培养农村中学生的创造性、创新性、逻辑性，使化学实验教学更好地发挥其教育作用。总之，随着新课程改革的逐步深入，我国农村中学的化学实验教学已经得到了长足的发展，虽然农村学校做化学实验的条件简陋，但是化学中的部分实验其实可以通过生活中常见的物品完成，可以以此来提高化学实验教学的可完成性与趣味性。

2.1.2 研究现状

2.1.2.1 国外研究现状

当前，世界上许多国家都从各个角度对传统的基础教育课程展开了深刻的改革，以满足时代快速发展对人才的需求[13]。尽管各国对化学实验的实施方式各不相同，但其基本理念都是提倡让学生自己动手进行实验。

美国中学化学课程的理念是“科学教育必须使全体公民具有广泛的科学素养”[14]。在美国，学生实验课占化学总课时的四分之一[15]。化学实验有很多种类型，在开展化学实验的时候，要将化学与生活、社会紧密结合起来，要重视STS（科学技术和社会）研究理念的教育，并设置一系列的实验，从而提高学生的科研探索和科研实践能力。

在英国，所有的中学都把实验作为一项重要的教育课程。英国许多教师把化学和物质、设备、职业技术联系在一起。英国的化学实验课上，教师要求学生根据自己所学到的知识，对先前所做的实验进行重新思考，在他们的化学教育中，最常用的就是化学实验室。英国高中课程的《化学课程标准》要求将化学实验引入化学教学中，课堂实验所占的比例为20%以上[16]。

日本对教育的关注程度很高。他们的新课程改革加强了化学实验的科学探索作用，提出要让学生能够更好地学习化学课程。在实验之前，要先构想，对实验目的、方法进行理解，并预估结果，让学生可以在实验中提高自己的思考能力和逻辑能力[17]。日本教科书在实验设计方面，强调了实验的量化、探究和趣味性。日本教师在化学实验课程的教学中，更多侧重于对学生多方面能力的培养，而在实验的教学方式上，他们更加注重为学生创造一个开放的学习环境，使他们能够在这样的空间里自主学习，找到自己在实验过程中所遇到的问题，并尝试着自己解决问题。

从目前国际上的情况来看，各国都十分注重对化学实验的研究。

2.1.2.2 国内研究现状

我国《义务教育化学课程标准（2022年版）》指出，在新一轮的教学改革中，应当强调坚持以学生为本，提高学生的科学素质；重视知识技能和生活的内在关联；指导学生形成自主探索、合作探索的学习模式[18]。落实新课标的方法之一是化学实验教学。然而，由于部分农村地区地处偏僻，经济发展相对缓慢，这就使新课改在实践中的发展有了一些滞后。在对中国农村中学的化学实验现状进行调研后，笔者分析了当前我国农村化学实验教学发展面临的困境，同时，还给出了一些应对建议。目前，我国农村初中的化学实验教学还有很多方面值得探讨、提高和改进[19]。熊言林通过调查得出以下结论：在中学化学实验教学过程中，存在实验人员不足、药品短缺、实验情境缺乏等问题[20]。柏品良在调查中发现，目前我国农村中学化学实验教学中存在一些问题：课程设置不合理、实验形式单一、实验管理制度不完善等[21]。阮芳铭研究发现：在农村中学学生的学习中，学生对老师的化学操作有一种机械式的模仿；在化学实验课的教学过程中，一些学生不会积极地开展课前预习，并且化学实验课的教学纪律不强、实验操作存在不规范等问题[22]。同时，农村中学化学实验教学还有其他值得探讨的问题，如：教师带领学生进行化学实验时的重视程度、认真程度、严谨与细致程度；学生在化学实验中需要科学的指导等。

2.1.3　研究目的与意义

2.1.3.1　研究目的

化学学科教学中实验教学占据至关重要的地位，本书采用文献分析法、问卷调查法等方法，分析了我国农村初中化学实验的现状。根据调查中反映出来的农村中学化学实验教学的实际情况，针对农村中学化学实验教学中的现象进行探讨，提出一些建议，以期进一步改善农村中学化学实验教学的现状，进一步推进新课改在农村中学的落地。

2.1.3.2　研究意义

新课改强调了实验的重要性，如何避免把教学内容围绕着考试内容来展开是一个重要的课题。在只围绕考试内容讲授的模式下，化学教师在教学的时候，会只注重教授学生课本知识和考试内容，而不重视学生的综合发展，虽然学生的成绩得到了一定的提高，但是他们的科学探究能力和操作能力却没有得到提升。社会的发展要求培养具有综合素质和全面发展能力的人才，化学实验作为一种可以提升学生综合素质和促进学生全面发展的重要方式，需要得到教师和学生的重视。因此，在进行化学实验教学时，不应仅限于教师的讲解。

在任何学校教育中，都是只有通过实践教育才能提高学生的动手能力。本部分的研究与新课程改革之间存在着密切的关系，有助于把新课程改革的理念与农村中学化学实验教学结合起来，加强农村中学化学实验教学过程中化学教学、化学实验和教学设计的关系，明确了在农村中学的化学实验教学过程中，应该着重培养中学生的综合能力。因此，本部分的研究具有一定的现实意义。

2.1.4 研究内容

本章主要研究内容大致可以分为以下几部分内容。

对研究背景、研究目的、内容和意义以及研究方法进行了阐述。介绍了与化学实验教学有关的基本概念和一些相关理论。运用问卷法，对目前我国农村中学化学实验教学中值得探讨的问题进行剖析。就当前我国农村中学的化学实验开展情况进行了探讨，有针对性地进行分析，并给出相应的建议。结束语，对本部分研究的整个过程进行简要总结，指出研究的局限性，并对本部分研究的进一步发展进行展望。

2.1.5 研究方法

2.1.5.1 文献分析法

文献分析法指的是以课题要求为依据，对原有文献展开搜集、分类、比较和分析，系统地收集、整理、归纳和总结文献中的信息，从而对所研究课题有更全面的认识的一种方法。在本研究中，著者利用中国知网（CNKI）数据库，查阅了与主题有关的内容，并在此基础上对所查阅的大量文献进行分析，归纳并提炼出很多关键性信息，从而为选题的研究和实际调研指明了方向。

2.1.5.2 问卷调查法

设计一份与农村中学化学实验的教学有关的调查问卷，从教师、学生和教学设施三个方面对农村中学化学实验开展情况进行调查，全面了解目前农村中学化学实验教学的现状，提出一些值得探讨的问题，对其产生的原因进行分析，并提出一些改进建议。

2.2 相关概念及理论依据

2.2.1 相关核心概念的界定

2.2.1.1 农村中学

在我国现行的行政区划中，我国的地域被划分为城镇和农村：① 城区：

包括设区市的市区和不设区市的市区；② 镇区：指城区以外的县人民政府驻地和其他镇；③ 农村：是指划定的城镇以外的区域[23]。根据学校所在的地理位置和归属管辖范围的不同，可以把中学分为市直中学、城区中学和农村中学。学校属于市教育局直接管理的是市直中学，学校属于市里某个区教育局管理的是城区中学，属于某个县教育局管理的是农村中学[24]。本书的农村中学主要指的是位于贵州省大方县的县城中学和乡镇中学。农村中学的界定范围之所以包括县城中学是因为县城中学属于县教育局管理的范围，另外，县城中学大部分生源来自农村。

2.2.1.2　化学实验

在不同的学科和领域中，实验的含义有所不同[25]。“实验”一词的运用基本来自自然科学中的“科学实验”。科学实验是有目的、有步骤地通过控制或模拟自然现象来认识自然世界和规律的一种感性认识。化学科学实验，一般简称“化学实验”，是指实验者以具体的实验目的为依据，构建出实验方案，并制定出实验流程，利用化学试剂、仪器、设备开展的一系列实验研究活动。通过对实验现象的观察，总结实验结果，从而获取实验事实[26]。简而言之，化学实验指的是为了验证化学原理或假设而展开的操作或活动。它既是学生学习化学原理和知识的一种有效途径，也是提高学生科学探究能力的一种重要方式。

2.2.1.3　化学实验教学

化学实验教学指的是在化学教学中，为了实现一定的教学目标，运用化学仪器和实验药品通过一系列操作得到的现象和结论，来检验某种理论或假设[27]。在教学实践中，应加强对教学内容的理解。通过对实验内容的学习，并进行实验操作，能够使学生更好地掌握获取知识和检验知识的方法，从而在一定程度上提高学生的核心素养。

2.2.2　理论依据

2.2.2.1　建构主义学习理论

20世纪，皮亚杰提出的建构主义理论成为美国教育界研究的热点之一，也成为许多教育家的研究方向。建构主义提出的时间较早，皮亚杰是建构主义学习理论的重要代表人物之一[28]。皮亚杰认为建构性学习包括两个部分，即学生重新整合过去所学的知识，并建构新的知识[29]。建构主义主张，在学习过程中可以进行认知建构，学生可以把自己所拥有的知识经验与新获得的信息进行整合，进而建构、拓展和调整自己的认知结构。

建构主义认为，在课堂上，学生是课堂的主体，教师要在课堂上引导他们，使学生可以在现有知识基础上，建立起自己的知识体系，不再是被动地接收信息的知识体系，而是积极地建立新的知识体系的过程，学习就是学生自主构建自己的知识系统的过程[30]。是以自己现有的知识为基础，积极地选择、理解和整理外部的信息，从而获得所需的知识[31]。

2.2.2.2 杜威"从做中学"理论

美国著名心理学家杜威首先提出了"从做中学"的思想，并以此为其全部理论的基石。他认为，教学的重点是"做"，通过"做"可以得到"经验"[32]。"从做中学"，就是在课堂上，教师要结合自身的具体条件，运用身边的各种材料，创造一些趣味化的情境，把这些情境运用到课堂中去。将生活中可用的材料进行相应的实验，让学生自己去探索，去感受将所学到的东西在实际生活中应用的乐趣。化学与我们的生活密切相关，到处都有关于化学的知识，化学实验室实际是将生活中的一些现象搬到实验室进行解析、探讨[33]。通过这种方法，能够让学生更加深刻地理解化学课上所学到的知识，从而增强学生对于化学课的体验和感悟，还能让学生感到愉快，进而形成一种良性的循环，让学生在课堂上活跃起来。与此类似，杜威还提出了一些极具影响的教育思想，如"活动中学""经验中学"，等等[34]，这与当前我国中学生在高考时，可以按照自己的兴趣来选择科目相吻合。

2.3 农村中学化学实验教学现状调查分析

2.3.1 调查对象、目的及方法

调查对象：贵州省大方县两所农村中学部分化学教师和学生。

调查目的：了解农村中学化学实验现状、存在的问题，提出改进策略。

调查方法：问卷调查法。

2.3.2 调查设计

在农村中学化学课上，由于知识点讲解枯燥无味，学生很难对化学感兴趣。化学教学中的教学方法和学生对化学知识的认知程度都会影响他们的学习效果。本书通过问卷法，对当前我国农村中学化学实验教学现状进行了全面、

系统的研究。一方面，采用问卷法，可以确保调查结果在一定程度上是正确和有效的；另一方面，通过调查农村中学化学实验的现状，笔者对目前我国偏远地区农村中学化学实验教学中出现的一些问题有一定的了解。本书中的调查主要采用匿名的方式进行。

2.3.2.1 调查问卷的设计

本章中，调查问卷可以分成两个部分，一份是教师问卷，一份是学生问卷。这两份问卷的整体设计，是著者查阅大量相关文献和资料后，紧密联系农村中学化学实验教学的实际情况，以化学实验教学理论为参照，得出了本次研究的调查问卷初稿。在此基础上，还征询了一些化学老师的意见和建议，经过多次修改和调整，最后得出这两组调查问卷。本研究的问卷调查主要是以不记名的形式进行的。

教师问卷从以下六方面进行调查与分析：① 农村中学化学教师对化学实验的教学功能认识。② 农村中学化学教师现有的实验基本操作技能。③ 农村中学化学教师化学实验教学的实施过程。④ 农村中学化学实验教学的评价。⑤ 农村中学化学教师化学实验教学的效果。⑥ 影响农村中学化学教师化学实验教学实施的因素。（见本章附录A）

学生调查问卷从以下六个方面进行调查分析：① 农村中学学生对化学实验的看法。② 农村中学化学实验教学中学生对实验的完成情况。③ 农村中学学生的化学实验操作技术与化学实验参与情况。④ 农村中学学生喜欢的考核评价方式。⑤ 农村中学学生通过化学实验取得的收获。⑥ 农村中学学生对化学实验教学的期望。（见本章附录B）

2.3.2.2 问卷数据收集方法

本次调查形式是线上调查，通过在网上发布问卷进行调查的方式，更利于笔者收集调查数据，降低了现场调查统计所带来的不便，节约了大量的时间和精力。线上问卷调查可以使用问卷星系统，对问卷每个问题所占比例进行快速的统计，在很大程度上节约了统计数据的时间，避免了人工统计的失误，使问卷调查的精度得到了极大的提升。

2.3.3 调查问卷结果分析

2.3.3.1 教师问卷调查表统计与分析

（1）农村中学化学教师对化学实验的教学功能认识。

教师如何对实验的作用进行正确理解和把握，是提高学生综合素质的关键。本章调查问卷结果计算方法为$\frac{\text{选择该选项的人数}}{\text{调查总人数}} \times 100\%$，计算结果精确到0.01%。农村中学化学教师关于化学实验在教学中功能的认知统计见表2.1。

表2.1　教师对化学实验教学功能的认识

题目	选项及数据			
	非常同意	同意	一般	不同意
学校领导重视化学实验	36.36%	27.27%	22.73%	13.64%
认为化学实验不可替代	45.45%	13.64%	22.73%	18.18%
化学实验可以提升学生的学习兴趣	40.91%	27.27%	13.64%	18.18%
实验可以引导学生领悟化学原理	31.82%	31.82%	22.73%	13.63%
实验可以培养学生操作技能和探究能力	40.90%	31.82%	13.64%	13.64%
化学实验可以提高学生社交能力	31.82%	27.27%	31.82%	9.09%
化学实验存在影响化学教学进度的问题	31.82%	27.27%	40.91%	0%
化学实验较难取得预期成果	40.91%	18.18%	18.18%	22.73%
演示实验便于组织管理学生	45.45%	22.73%	13.64%	18.18%
认为多媒体技术可以对实验进行替代	27.27%	27.27%	22.73%	22.73%
课本化学实验编排得恰当且具有趣味	22.73%	45.45%	13.64%	18.18%
讲实验也可以拿高分	18.18%	45.45%	27.27%	9.10%

从表2.1中的数据可以看出，大部分教师都觉得在中学阶段，校方对化学实验的重视程度比较高；60%以上的教师表示，在教学中，教学演示对学生的学习有积极作用；有50%以上的教师表示，可以利用多媒体技术来代替实验；60%以上的教师则觉得演示实验设置恰当合理，可以有效地组织训练学生；60%以上的教师表示，不进行化学实验对学生的学习效果并无明显的影响。资料显示，多数教师认为，将化学实践结合到化学教学中，不仅可以深化学生对课本的认识，还可以提高他们的创造性和动手能力，调动他们的学习热情。但教师对化学实验教学可以提高学生社会交往能力的认识却不高，这一现象反映出广大教师对化学实验课的重视程度不够。许多教师将学生所做的实验变成了演示实验，以为没有化学实验也可以拿到高分，这表明，教师仍然把学生的学业成果作为衡量的尺度。为了更好地进行化学实验，需要加强教师对其功能的理解。

（2）农村中学化学教师现有的实验基本操作技能。

在化学实验教学中，教师只有具备较好的实验操作能力，才能保证化学实验教学的顺利进行。通过对农村中学化学教师实验操作技能现状的调查，可以帮助笔者更好地发现问题所在，见表2.2。

表2.2　教师基本实验操作技能

题目	选项及数据		
化学实验基本操作的熟练度	比较熟练45.45%	部分熟练54.55%	不熟练0%
能否配制常见的溶液与试剂	可以40.91%	配制部分59.09%	不会配制0%
课堂上演示实验呈现的效果如何	操作一般，讲解比演示好40.91%	效果一般，能保证成功率31.82%	操作规范，现象明显27.27%
是否对实验进行改变或创新	偶尔31.82%	经常0%	从来没有68.18%
实验和多媒体结合运用较好	偶尔45.45%	经常54.55%	从来没有0%
有没有接受过实验技能培训	偶尔59.09%	经常4.55%	从来没有36.36%
是否参加实验操作技能比赛	偶尔50.00%	经常0%	从来没有50.00%
网络和图书馆查找实验资源	偶尔36.36%	经常27.27%	从来没有36.37%

从表2.2中的数据中可以看出，完全掌握实验基本操作的农村中学化学教师仅占45.45%；59.09%的农村中学化学教师只会配制部分常用实验试剂；在演示实验过程中，只有27.27%的农村中学化学教师实验现象明显并进行了规范操作；大多数农村中学化学教师对实验的改进很少，甚至根本没有对实验进行过改进；50.00%的农村中学化学教师没有参与实验操作技能比赛；经常通过图书馆、网络等方式获取实验资源的农村中学化学教师只有27.27%。调查结果显示：有的教师对自己的实验水平评价不高，有的教师由于不常进行示范试验而无法确保其成功。在实验教学过程中，大部分教师还在按图索骥，只有少数教师在教学过程中不断改革、创新。大多数教师不会经常利用网络与图书馆来寻找实验资源。他们基本没有参与过与之有关的实验技能比赛。由此可见，教师在化学实验中的操作能力还有待提高。

（3）农村中学化学教师化学实验教学的实施过程。

在很大程度上，要想高效地展开农村中学化学实验教学，就必须考虑到教师的教学准备和开展的过程。在这个课题中，笔者将从四个方面对农村中学化学教师的实施过程进行调查，详细数据如下。

① 准备工作方面（表2.3）。

表2.3　教师备课时的准备

题目	选项及数据			
	总是	经常	偶尔	从不
备课时以参考资料和课本为主	100%	0%	0%	0%
参照课程标准	27.27%	40.91%	22.73%	9.09%
参考标准化测验题目	22.73%	22.73%	18.18%	36.36%
利用网络资源查找资料	22.73%	31.81%	22.73%	22.73%
参考优秀教案	18.18%	36.36%	36.36%	9.10%
阅读学生实验报告手册	0%	0%	0%	100%
和同行交流	27.27%	36.36%	22.73%	13.64%
以过往经验进行备课	100%	0%	0%	0%
考虑学生现有的知识技能	36.36%	22.73%	36.36%	4.55%
考虑到学生的心理品质	22.73%	45.45%	4.55%	27.27%

从表2.3中的数据来看，所有教师都是依靠教材和自己的教学经验来备课的，超过40%的教师在备课的时候会参照新课标、重要的试卷和好的教案来备课；没有一名教师在备课的时候会参照学生的实验报告来备课，超过50%的教师在备课的时候会参照学生已经掌握的知识、技巧和精神状态来备课。数据显示，大部分教师在备课时所依赖的资源主要有参考资料、课本和自己过往的教学经验，而对课程标准和标准化测试题目等使用得相对较少，没有使用学生的实验报告手册；50%以上的教师都是根据学生已有的知识水平、技能水平来进行实验教学，未充分考虑到学生的个性和精神素质。这对化学实验的顺利进行是不利的。

② 实验教学的开展方面（表2.4）。

表2.4　农村中学化学实验开展情况

题目	选项及数据			
教材中演示实验完成多少	完成30%以下 占45.45%	完成30%～60% 占31.82%	完成61%～90% 占22.73%	完成90%以上 占0%

表2.4（续）

题目	选项及数据			
教材中学生实验完成多少	完成10%以下占90.90%	完成10%～40%占4.55%	完成41%～70%占4.55%	完成70%以上占0%
带学生做的实验类型	补充实验0%	趣味实验0%	学生独立设计实验0%	课本中实验100%
教学中做微型实验	偶尔31.82%	从来没有68.18%		经常0%
课外实验如何解决	布置作业并有要求0%	布置作业但没有要求18.18%		没有布置81.82%
学生如何填实验报告	未指导95.45%	指导，大概说明4.55%		指导，很详细0%

从表2.4中的数据可以看出，大部分农村中学化学教师在教材中只选择一些演示实验来完成；学生动手做实验的次数很少；农村中学化学教师基本只带学生做课本上的实验，很少布置课外实验；只有31.82%的教师有时会开设微型实验，能够指导学生书写化学实验报告的教师屈指可数。从数据可以看出，其他类型的化学实验在农村中学已经逐渐开展起来，但情况不尽如人意。

③ 实验的改进情况方面（表2.5）。

表2.5　化学实验的改进情况调查

题目	选项及数据			
实验教学中改进过实验	频繁0%	有时68.18%	从未31.82%	
将验证性改成探究性实验	频繁0%	有时59.09%	从未40.91%	
解决难且烦琐的实验	放视频68.18%	改良实验0%	画装置图并解说31.82%	
较危险的实验如何处理	讲实验40.91%	放视频40.91%	改良0%	放弃18.18%
学校药品不足如何解决	放弃9.09%	寻找替代品0%	放视频54.55%	向其他学校借36.36%

从表2.5可知，31.82%的教师从未改进过实验；40.91%的教师从未将验证性实验转换成探究性实验；对于难度较大、不易成功的实验，68.18%的教师采用播放视频代替；对于较危险的实验，超过40%的教师选择口头讲述实验。当学校的实验仪器、药品和设备不足时，有54.55%的教师选择播放视频同时解说实验知识点，有9.09%的教师选择直接放弃实验。数据表明，很少有农村

中学化学教师可以经常对实验进行改进，大多数教师都是照本宣科，教师本身缺乏化学实验改良意识，带领学生开展探究性实验也就无从谈起。在实验设备缺乏的情况下或是在实验比较复杂，并且还存在着成功率比较低的问题时，教师都会选择带着学生观看实验视频。也有一些教师会边解说边在黑板上画出实验设备图，最后直接告诉学生实验结果。还有一些教师，甚至连尝试和修改都没有，就干脆放弃该实验了。从这几点上我们可以看到，教师对实验改进明显不足，这也成为影响农村中学学生创造力发展的一个重要因素。

④ 教师实验课后教学反思方面（表2.6）。

表2.6 反思调查

题目	选项及数据			
	总是	经常	偶尔	从不
反思运用的教学方法	22.73%	45.45%	22.73%	9.09%
记录课堂中优秀的教学片段	22.73%	36.36%	27.27%	13.64%
整理学生实验中出现的问题	27.27%	40.91%	22.73%	9.09%
针对实验中的问题查阅资料进行实验改进	27.27%	27.27%	31.82%	13.64%

从表2.6可知，超过60%的教师会对自己的教学方式进行反省，并对学生在实验过程中产生的问题进行及时分类；40.91%的教师经常整理学生实验中出现的问题。调查结果表明，大部分教师会对自己的实验教学方式进行反思，并对学生在实验过程中易产生的问题进行整理；大多数的教师没有经常将课堂中产生的优秀教学片段进行记录的习惯，对于在实验中出现的问题，他们通常也不会积极地去查找相关的数据来进行实验改进。从调查数据可以看出，时常对实验教学进行反思的教师虽然超过60%，但是，他们的反思多是针对自身的实验教学方式，以及对学生在实验过程中所遇到的问题，而对于其他环节的关注不够。

（4）农村中学化学实验教学的评价。

教学，囊括了教师教授和学生学习，因此，在农村中学化学实验教学的评价方面，也应当包括学生评价和教师评价。通过对学生的评估，能够促使教师对自己的教学活动进行自我反思，从而提升学生的学习效果。通过对教师的评价，能够促使教师对自己的教学状况进行分析、思考，从而提升教师的自我发展能力，使教师的教育更加科学化、更加有效（表2.7）。

表 2.7　农村中学化学实验教学的评价调查

题目	选项及数据			
学校进行实验评价	无评价 100%	通过课本中实验的完成率情况 0%		抽查记录本 0%
如何看待化学实验教学评价（多选题）	提升学生操作 86.36%	提高师生实验认识 9.09%	增加教师工作量 9.09%	增加学生负担 50%
实验考核方式	口试 18.18%	笔试 22.73%	操作 36.36%	不考核 22.73%
实验教学评价重点	进行实验 0%	社交能力 0%	反思能力 0%	考点 100%
常用的评估方法	小组评价 0%	学生评价 4.55%	教师评价 90.90%	三者结合 4.55%
如何利用实验教学评价	发现学生问题 0%	反馈成绩 95.45%	以成绩将学生分层教学 0%	对实验教学进行规划 4.55%

从表 2.7 可知，在农村中学，学校只注重考试成绩，忽视了对实验教学的考核，在实验教学中，教师对学生实验的评价侧重于关注学生的实验原理、实验步骤和实验操作技能；90% 以上的教师经常采用教师评价的方法，90% 以上的教师仅仅是对学生的成绩进行反馈。从有关资料可以看出，在当前教学实践中，仅凭测试结果来评价教师的教学水平和学生的学习情况仍然是一种惯用的评价方式。在选择评价侧重点的时候，教师关注的是学生对考试有关知识点的掌握，而没有将学生在实验中所能锻炼的社交能力、自我反思能力和对学习的态度与热情进行评估。考核方法比较简单，只使用了教师评价，评价的内容也比较简单。这表明，目前在中学化学实验教学的评价中，评价方向受限于应试教育，教师对学生的学习兴趣和探索能力的重视不够，对学生综合发展的重视也不够。

（5）农村中学化学教师化学实验教学的效果（表 2.8）。

表 2.8　化学实验教学效果调查

题目	选项及数据			
	非常同意	同意	中立	不同意
实验对学生成绩有很大影响	22.73%	45.45%	18.18%	13.64%
实验教学比讲授教学更能落实教学目标	22.73%	40.91%	18.18%	18.18%
演示实验比学生实验更能落实教学目标	13.64%	31.82%	36.36%	18.18%

调查结果表明，大多数教师都认为考试成绩会受到实验影响；大部分教师

认为，实验教学优于讲授教学；也有部分教师认为，在实验教学中，演示实验能较好地实现教学目标。这说明教师对实验教学效果的认可程度较高，而在实际教学中对实验教学的运用较少。

（6）影响农村中学化学教师化学实验教学实施的因素（表2.9）。

表2.9 影响化学实验教学开展的因素调查

题目	选项及数据			
	非常同意	同意	一般	不同意
不动手实验也能取得好成绩	31.82%	31.82%	22.72%	13.64%
实验条件不具备，领导不重视	31.82%	31.82%	27.27%	9.09%
实验不参加考试，师生不重视	36.36%	36.36%	13.64%	13.64%
教学进度紧张	22.73%	22.73%	40.90%	13.64%
实验设计难，成功率低	36.36%	36.36%	9.10%	18.18%
分组实验改成演示实验效果一样	27.28%	18.18%	36.36%	18.18%

从调查数据发现，一些教师认为，影响学生做化学实验的主要因素是实验条件不成熟、领导不够重视；部分实验的设计难度大，成功率又很低，完全不需要作为学生实验进行，将其转化为演示性实验，同样可以取得良好的教学效果。另一部分教师则持“不用做实验就可以获得良好的学习效果”的观点。以上几个方面的原因都对化学实验的开展产生了一定的不良影响。

2.3.3.2 学生问卷调查表统计与分析

（1）农村中学学生对化学实验的看法（表2.10）。

表2.10 学生对化学实验的看法

题目	选项及数据			
喜欢做化学实验	不喜欢10.77%	一般10.29%	喜欢57.89%	很喜欢21.05%
喜欢的原因是	考试考点11.11%	促进学习11.81%	有成就感12.15%	有趣64.93%
不喜欢的原因是	没有经验21.05%	动手少30.03%	考试不考37.46%	危险性11.46%
对实验的认识	教师要求38.39%	促进记忆19.2%	解释现象20.43%	学知识21.98%
喜欢什么型实验	验证型21.54%	趣味型20.31%	探究型47.69%	制备型10.46%
实验前进行预习	用心预习14.46%	粗略浏览9.54%	偶尔看14.77%	不预习61.23%

表2.10（续）

题目	选项及数据			
认真写实验报告	从不写75.08%	偶尔写8.00%	大概写9.85%	认真写7.07%
示范时认真记录	完全符合13.85%	不记录19.69%	不太看10.15%	不符合56.31%

调查结果表明，大多数学生对化学实验兴趣十足，其中最重要的原因，正是那些生动而又吸引人的实验。可见，目前在中学化学教学中，学生对化学实验的认识还比较浅显。对于不喜欢化学实验的原因，37.46%的学生认为，化学实验与考试成绩之间关系并不密切，说明目前在农村中学化学实验的教学中，实验教学的进行很大程度受限制于考试制度。有许多同学喜欢做探索性实验，喜欢做小组实验，这说明同学们不但爱自己动手，也爱和同学们合作，互相交流经验。大多数学生在实验之前没有主动预习，在实验结束后也不及时完成实验报告，只是一种旁观的态度。从这一点来看，学生的实验习性不够积极。

（2）农村中学化学实验教学中学生对实验的完成情况（表2.11）。

表2.11　实验的完成情况调查

题目	选项及数据			
做过什么化学实验	补充实验0.31%	设计试验0.62%	趣味型2.15%	课本实验96.92%
每学期做几次实验	没有做过1.23%	5次以上1.23%	3～4次1.54%	1～2次96%
分组时每组人数	4人以上0.92%	3～4人96.92%	2人1.24%	1人0.92%
如何安排自习课	上自习48.31%	做课外实验2.46%	做习题49.23%	
是否做过课外实验	从来没有96%	偶尔3.38%	经常0.62%	

数据表明，学生所做的实验基本上都是书中的实验，并且学生基本没有涉足过课本中实验以外的实验方式。做过课外实验的学生较少，课余时间学生主要是自学和做习题。从学生的分组来看，他们都是三四个人一组，很少有人是单独进行实验。这表明，由于考试制度的限制，以及教师对实验教学的重要性认识不够，学生对实验教学的热情较低。

（3）农村中学学生的化学实验操作技术与化学实验参与情况（表2.12）。

农村化学实验教学中，学生掌握化学实验操作技能的程度与实验参与的程度，一定程度上会影响化学实验教学的效果。统计情况如下：

表2.12　农村中学学生的化学实验操作技能和参与化学实验情况调查

题目	选项及数据			
对做过的实验操作熟练	非常符合35.38%	符合42.46%	一般16.31%	不符合5.85%
能独立完成简单实验	非常符合32.92%	符合34.78%	一般22.15%	不符合10.15%
实验时记录并操作熟练	非常符合33.23%	符合33.54%	一般23.69%	不符合9.54%
分组实验中担当的角色	主要实验人49.23%	观众42.15%	助手5.85%	记现象2.77%
不做实验的原因是	没有兴趣10.15%	没预习78.15%	教师没讲实验11.70%	
分组实验组员表现如何	共同完成28.62%	抄数据21.54%	有的看，有的做49.84%	

数据表明，有一半以上的农村中学学生可以熟练操作化学实验的基本仪器，并可以独立完成实验。在分组实验中，有40%以上的学生充当观众。学生很少对实验进行预习，少数学生不能独立进行实验，有的学生还会照抄别人的数据。从以上数据可推断出，学生在化学实验中的参与度较低，缺乏自信心。另外，实验考核仍以书面形式进行，学生对实验操作的重视程度较低。

（4）农村中学学生喜欢的考核评价方式（图2.1）。

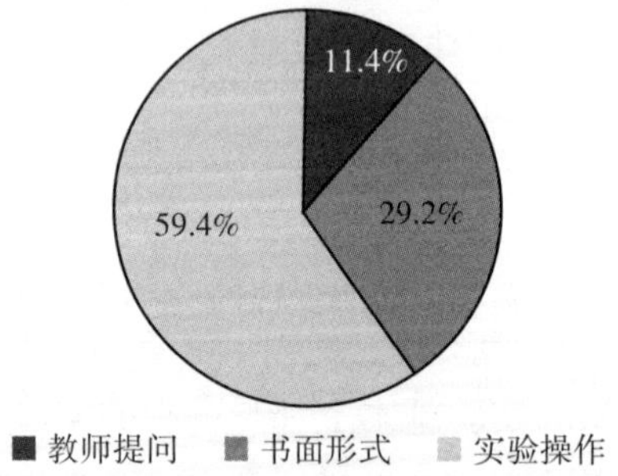

图2.1　农村中学学生喜欢的考核方式

从图2.1可以看出，接近60%的学生倾向于采用实验操作的考核方式，接近30%的学生倾向于采用书面形式，剩下的学生倾向于采用实验中教师提问的考核方式。基于此情况，在评价时，老师可以采用多种方法来评价学生的实验表现。多元化的考核评价方法既能在一定程度上提高学生的学习兴趣，又能从多方面考查学生，提高学生的实验操作能力。

（5）农村中学学生通过化学实验取得的收获（图 2.2）（多选）。

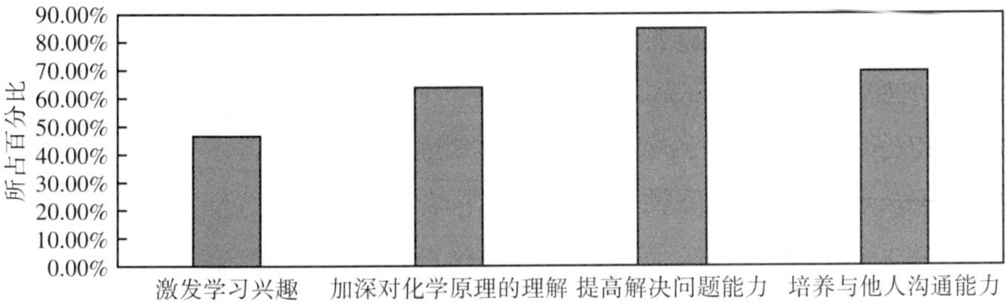

图 2.2　学生通过化学实验取得的收获

图 2.2 表明，接近一半的学生认为通过化学实验可以提高自己的学习兴趣，64% 的学生认为通过化学实验可以加深对理论知识的理解，84.62% 的学生认为通过化学实验可以提高自己的实际应用能力，69.23% 的学生认为通过化学实验使学生间的沟通得到了加强。因此，化学实验教学在培养学生综合能力方面发挥着重要作用。

（6）农村中学学生对化学实验教学的期望（表 2.13）（多选）。

表 2.13　农村中学学生对化学实验教学的期望

内容	数据
把演示实验变成学生分组实验	59.75%
增加化学实验课时	32.20%
教师对演示实验进行改进，使学生能看得清楚	43.34%
开放实验室，以便学生能够进行更多的实验	78.02%
单独开设实验课	48.61%
由教师指导成立课外实验兴趣小组	26.32%

调查结果显示，59.75% 的学生希望将演示实验转变为学生实验；希望学校能在平时开放实验室，以便在课余时间进行实验的学生占据近 80%；希望增加实验课的学生占 32.20%；希望单独开设化学实验课程的学生占 48.61%；有 26.32% 的学生希望成立课余兴趣小组，由教师指导自己进行实验；希望教师提高示范实验质量的占 43.34%。从总体上看，学生对化学实验总体上持肯定态度。学生们热切盼望着能有更多时间去做各种各样的化学实验。

2.3.4 调查结果中农村中学化学实验教学值得探讨的问题

2.3.4.1 学校方面值得探讨的问题

（1）农村中学需要专职的实验室管理人员。

化学实验管理者需要具备一定的职业素质。如果不精通化学知识，想要在化学实验室工作，并不是一件容易的事情。在农村中学中需要专职的实验室管理人员。因为课程安排的原因，一般都是由那些课时较少的辅导教师或是即将退休的教师来负责实验室管理，最多也就是对实验仪器和药品进行看护。由于缺乏对化学知识的了解，他们不能很好地为教师准备演示实验，也不能很好地为同学们划分小组。因为准备一次实验，要耗费教师很多精力与时间，农村中学化学教师教学任务繁重，所教授的班级数量较多，他们没有足够的时间和精力来准备实验，这就导致了他们无法高效地进行化学实验的教学。

（2）学校对教师的实验教学评价体系需进一步完善。

通常情况下学校仅通过笔试来衡量教师的教学质量。这就造成化学教师无论实验做得多好，都得不到校领导的认可，从而导致教师对实验教学不够重视。显然，这种单一化评价方法与评价体系不健全，难以适应新一轮课改的需要。同时，也不利于实现三维教学目标，更不利于培养和提高学生的核心素养。这样的评价方式，对教师和学生对化学实验的认识造成了很大的影响，同时也影响了师生对化学实验的积极性。

2.3.4.2 教师方面值得探讨的问题

（1）教育观念需要进一步改变。

调查研究数据显示，尽管有很大一部分教师觉得，在进行化学实验的过程中，不仅可以使学生更加深入地了解和应用相关的理论知识，而且还可以培养他们的实际操作能力，但是，在实践中，教师仍然只注重理论性的学习，开展的实验活动不多。在一些教师看来，在课堂上进行演示性实验的效果要好于学生做实验。然而，众所周知，化学是一门以实验为基础的科学，教师要加强对实验的重视，积极探讨实验怎样能更好地进行，才能更好地进行实验教学。

（2）教师实验技能需要进一步提高。

经过调查和研究，我们可以看到，许多教师在进行化学实验时，很多都以课本、课程标准以及自身的教育实践进行备课，而对学生的其他方面认识不够。实验结束后，教师对实验教学方法很少进行反思，对课堂上优秀的片段记录也较少。许多教师在做演示实验或带领学生实验时，都是照本宣科，不愿创新。由于担心实验的危险性，部分教师在实验中以“讲”代替“做”。

（3）教学内容趣味性需要进一步提升。

在现有的实验设备、药物和器材无法达到教学要求的情况下，没有教师愿意去寻求替代实验的方法，也没有教师愿意去提高实验的质量。大多数教师是通过带领学生观看视频进行教学，而不是亲自动手实际操作。也有一些教师把实验的设备和步骤在黑板上绘制出来，对理论和操作进行说明，并把实验结果告诉学生。也有极个别教师，根本就没有进行过实验尝试和改善。目前，我国农村中学普遍注重考试分数，忽视实践，造成了许多教师为了提高分数而放弃实验教学。化学实验内容的单一，使学生对化学实验的研究兴趣大打折扣。在实验中，教师缺少创新精神以及设计实验的能力，给实验教学带来了困难。

（4）教师对学生化学实验的评价可以进一步提高。

现在的教师在讲授实验课程的时候，往往只注重结果，而忽视了过程。同样的一次实验，哪怕每个人都能完成，但实验步骤却不一定是相同的。有些同学做得比较好，有些同学做起来比较费时，有些同学做法比较简单，有些同学则是绕了圈子。基于此，在对学生进行实验评估时，应注意观察他们进行实验的全过程，及时发现他们的优点和缺点，从而促进学生的全面发展。

2.3.4.3　学生方面值得探讨的问题

（1）在化学实验方面态度不够端正。

通过调查，笔者发现，化学实验现象所具有的趣味性能够引起学生的兴趣。然而，也有很多学生对化学实验持随意态度，他们认为，实验操作并不考试，因此他们在做实验之前，基本不进行预习，实验时也不进行记录。做完实验之后，将仪器、试剂乱放，也不按照要求把仪器清洗干净。也有部分学生为了提高考试成绩，更愿意花费大量的时间去做实验题。

（2）操作技能不佳。

学习化学实验，学生在数据处理、观察、创新思维等方面都能得到很大的帮助。现如今，学生的实验技能存在如下问题，第一，在实验过程中随意使用药物，没有按照要求对实验现象进行记录；做完实验后，不把废液倒到指定位置，也不把仪器清理干净，吵吵闹闹，到处乱跑，扰乱课堂秩序。第二，学生在实验前未形成良好的预习习惯，实验结束后不写实验报告，只是简单地完成实验任务。如在实验过程中出现异常现象仍不以为意，照样做完实验，应付教师。还有一部分同学在进行小组实验时，从不亲自参与，只是负责对其他人的实验结果进行记录。产生上述问题的关键在于学生不够重视化学实验，也没有足够的时间去做实验。在农村化学实验教学开展中，学生自身技术能力的欠缺是制约实验教学发展的一个重要因素。

2.4 农村中学化学实验教学的建议

本书采用问卷调查法进行研究。调查结果表明，在农村中学化学实验教学中，存在着多种化学实验教学的影响因素。本书从新课改的角度出发，结合新课改的需要，提出几点建议，希望可以为我国农村中学的化学实验教学提供一些参考。

2.4.1 从学校方面改进

2.4.1.1 重视农村教育，合理分配资源

政府和有关教育部门要根据学校和当地的实际情况，增加农村基础教育投入，完善实验室管理制度，适当采购实验器材，以适应实验课程开展需要。同时，在课余时间，把实验室对学生开放，培养学生在化学实验中的自主探索能力。如果条件允许，拨付教育经费，定期开展化学教师与实验人员的实验操作培训与学习，提高其业务素质。

2.4.1.2 调节实验安排，促进有效教学

在农村中学化学课程安排中，部分学校不安排实验课，或者实验课安排的时间较少，而化学实验平均占用化学课堂的时间有15 ~ 20分钟，这会造成化学课时紧凑或过少，因此学校可以开设实验课堂，适当增加或调节实验课时，让教师有足够的时间指导学生对实验知识的学习，提高学生的实验操作能力和科学探究能力。科学合理地安排实验课程，能充分发挥学生的学习热情与积极性，从而使学生更好地掌握实验技能。

2.4.1.3 增加实验教学成绩评定

学校以考试成绩作为唯一标准来衡量化学教师的教学水平，而对化学实验教学的数量与质量却不做衡量，这就造成了许多教师对化学实验教学的重视程度不够。因此，要构建一个科学、健全的实验教学评价系统，对教师的实验教学工作进行督导，从而确保化学实验的数量和教学质量。对教师进行评价的方式可以有以下三点。第一，教师自评。在进行化学实验教学时，教师要正视所面临的问题，并对自身的优势和劣势进行剖析，寻找提高实验教学质量的有效途径。第二，教师互相评价。其他教师在化学实验教学中直接或间接地参与，

能从多个方面为教师提供宝贵的信息与经验，从而使评价更具客观性与合理性。第三，学生评价。教师在化学实验教学中所做的工作，学生都有自己的感受和体会。因此，学生的评价也是必不可少的。但是，因为学生评价具有一定的主观性，所以在其进行评价时，应注意对学生进行有效的指导。对教师进行评价时，要综合考虑这些因素，从而得出较为全面、客观的评价结果。

笔试考核是目前最普遍使用的一种评价方法。随着新课程改革的需要，我们也要做出一些改变，以适应新一轮课程改革的要求。在考试的试卷设计中，要将化学实验内容与考试题目相结合，注意与生产生活实际相结合，突出实践和探究的重要性。在考核中，既要注重对考生理论知识的考核，也要注重对考生实践问题的考核。在不能通过书面考试进行评价时，班级活动表现可以作为评价的辅助手段。活动表现评价指的是学生在班级中进行学习时，教师对学生的学习状态进行观察、记录和分析，并对他们在进行化学实验时的表现进行全面评价，从而对其各个方面的能力、情感态度和价值观展开全面评价。教师可以在教学中进行评估，也可以在实验完成后由教师进行个别评价，也可以由小组内部人员进行相互评价。评价时，不仅要注重学生参与化学实验的结果，还要将学生在化学实验活动中的表现作为重点。将书面评价和活动表现评价有机地融合在一起，对学生的整体素质进行全方位考察，从而推动学生核心素养的发展。

2.4.2　从教师方面改进

2.4.2.1　转变教师传统教学思维

教师进行化学实验的时候总是一味地追求成绩，这就造成了化学实验教学的困境。大多数教师都明白，化学实验是化学学习中必不可少的，但是他们的工作实在太忙了，因此为了获得更好的成绩，他们不得不把自己的实验课改成了讲授知识和做练习。因此，要使农村中学真正地关注这一问题，就必须对其进行改革和完善。要从学校、家长、教师三个角度进行化学实验教育的更新。第一，学校要对化学实验给予充分的重视。在投入经费、课时安排、师资队伍的分配上，要对化学实验教学的需求进行充分考量，以保证化学实验教学的有效开展。第二，让学生及其父母了解，学习不应只看短期效果，更不应只看考试结果，而应着眼于学生未来的发展。第三，通过对教师进行实践技能培训，提高教师的实践技能。大胆对化学实验进行创造性设计，不能拘泥于以往实验的固有经验。第四，在课堂教学中，我们应该把学生放在第一位，并与建构主义学习理论相结合，教师应该成为学生学习的助手和推动者。

2.4.2.2 结合农村实际，设计改进实验

在农村中学，化学实验的条件相对较差，因此，在客观条件不能改变的时候，教师只能主动地去创造一些条件，才能开展化学实验。找到与化学实验用品具有类似或同样功能的替代品，在此基础上进行化学实验，引导学生在“做中学”，既可以“变废为宝”，又可以提高他们对日常事物的观察力。然而，自制的化学实验替代仪器或药物与正式的化学实验用品之间存在着一定距离，因此，教师要让学生重视自己在做化学实验时犯的错误，同时也可以在进行化学实验的过程中，对其展开探索，从而对化学实验做出进一步的改进。例如，我们生活中常见的塑料瓶可以充当洗瓶，能够用来装蒸馏水；常见的医用注射器可以充当量筒，用于量取液体体积；饮料的吸管或者输液管可以充当导气管，用于气体传输；等等。除此之外，生活中常见的明矾、白糖、鸡蛋、油、铁丝、洗洁精、肥料等用品都可以充当化学性质相似的化学药品。比如用鸡蛋壳与醋酸进行反应产生二氧化碳等。通过对已有替代物的研究，结合化学实验的特性和特征，对所收集的替代物进行大胆的创造性设计，并尽量遵循“高效简单”的原理，以取得“反应物用量少，反应速度快，现象明显”的试验结果。可以在中学进行趣味小实验。比如，用食醋擦拭生锈的铁制品，可以将其表面的铁锈除去，这是由于食醋的主要成分是乙酸，乙酸可以与金属氧化物发生反应，产生对应的是金属离子和水。还可以设计一系列的实验方案，使同学们能够更好地了解酸性物质的特性，并能更好地运用酸性物质。通过这些实验，可以提高学生发现问题、提出问题、解决问题的能力。简而言之，通过趣味化学实验，能够提高学生的全方位能力。

2.4.3 从学生方面改进

2.4.3.1 鼓励学生进行实验，提升学生学习兴趣

在化学实验中，学生最喜欢看到的是在实验中发生的现象，而对这些现象的本质并不十分关心。因此，单纯感兴趣并不能引起学生对化学实验的探索。在进行化学实验时，要以学生的兴趣为基础，展开探索性实验设计，让学生自己动手，去解决与他们日常生活有关的问题，从而使学生的学习兴趣由单纯的直觉性提高到探索性。例如，向紫色石蕊试液中注入二氧化碳，使其呈现出红色，说明二氧化碳溶于水显酸性，由此可以说明为何普通降雨pH低于7。进行探索性实验的设计，可以让学生拥有更多的机会去利用实验了解化学变化的

本质，从而将他们的兴趣从对实验现象的研究转移到对化学学科的学习上。因此，在教师对学生进行化学实验教学的过程中，既要激发并维护其直觉的兴趣，又要提高其探索的欲望。在培养学生对化学实验的浓厚探索精神之后，就会使其产生对化学实验的浓厚兴趣。

2.4.3.2　锻炼学生操作技能与安全意识

建立实验室安全规章制度。制定实验室安全规章制度，明确实验室的安全管理制度和操作规程，让学生了解实验室的安全要求和操作规范。

强化安全意识教育。在实验前，对学生进行安全教育，让学生了解实验中可能出现的危险和应对措施，提高学生的安全意识。

实验前的准备工作。在实验前，对实验器材和试剂进行检查，确保实验器材和试剂的质量和安全性，避免实验中出现意外。

实验操作指导。在实验中，对学生进行实验操作指导，让学生了解实验器材的使用方法和实验步骤，提高学生的实验操作技能。

实验后的安全处理。在实验结束后，对实验器材和试剂进行清理和处理，避免实验中出现的危险物质对环境和人体的影响。

2.5　研究总结

本部分运用文献研究法、问卷调查法等方法，对化学实验进行了研究。在农村中学中，化学实验主要存在三个方面的问题。① 实验室缺乏有效的管理手段。② 学校的化学实验教学观念薄弱。③ 缺乏完善的化学测试评价体系。应从加强实验室管理、提高教师专业素质、改进实验考核方法等方面着手。在实验过程中，学生不但能够提升自己的动手能力，而且还能够促进智能和情感的共同发展，从而为他们未来的人生发展以及社会发展打下坚实的基础。农村中学化学实验设备陈旧，实验教学评价体系单一，是造成农村中学师生化学实验观念落后的主要原因。因此，本部分对农村中学化学实验教学提出了一些建议。① 在农村中学开展化学实验时，要着眼于农村的特征和学生周围的现实情况，这样既可以极大地激发学生做化学实验的积极性，又可以增加其趣味性、创造性。② 学校应该组织化学教师培训，不但要跟上新课改的步伐，而且要改变化学实验的教学理念和教学方法。与此同时，在对小组进行分配以及对时间进行控制方面，教师也要进行仔细的布置，创造出一个问题情境进行教学，激发学生将化学实验与现实生活中出现的现象相联系，从而发现新问题，并解决新问题。学生能主动地参加到一些探索活动中，让其能够全面地发展探索能力，最终实现对学生科学素质的培养。③ 教师在授课过程中，可以设置问题情景和提出课堂上出现的问题，并进行适时的评估，从而进行考核。

近几年来，农村中学对化学实验的关注逐步增加。如果教师不断地付出自己的努力，学生主动地合作，学校领导高度关注，那么，在农村中学开展化学实验，将会取得更好的效果。

附录A　中学化学实验教学现状调查问卷（教师问卷）

1. 对于化学实验教学的认识，您同意下列说法吗？［矩阵单选题］

序号	题目	非常同意	同意	一般	不同意
1	认为化学实验不可替代				
2	学校领导重视化学实验				
3	实验可以引导学生领悟化学原理				
4	实验可以培养学生操作技能和探究能力				
5	化学实验可以提高学生社交能力				
6	化学实验可以提升学生的学习兴趣				
7	化学实验较难取得预期成果				
8	化学实验存在影响化学教学进度的问题				
9	认为多媒体技术可以对实验进行替代				
10	演示实验便于组织管理学生				
11	课本化学实验编排得恰当且具有趣味				
12	讲实验也可以拿高分				

2. 目前您对化学实验基本操作的掌握程度是（　　）。［单选题］

A. 比较熟练　　B. 部分熟练　　C. 不熟练

3. 您能否配制出实验中常见的标准溶液与试剂？（　　）［单选题］

A. 可以　　B. 配制部分　　C. 不会配制

4. 您课堂上演示实验呈现的效果怎样？（　　）［单选题］

A. 操作一般，讲解比演示好

B. 效果一般，但能保证成功率

C. 操作规范，现象明显

5. 您是否会对书中实验内容进行改变或创新？（　　）[单选题]

A. 偶尔　　B. 经常　　C. 从来没有

6. 您是否能将实验内容和多媒体在日常教学中结合运用得较好？（　　）[单选题]

A. 偶尔　　B. 经常　　C. 从来没有

7. 有没有接受实验技能培训？（　　）[单选题]

A. 偶尔　　B. 经常　　C. 从来没有

8. 有没有参加实验操作技能竞赛？（　　）[单选题]

A. 偶尔　　B. 经常　　C. 从来没有

9. 您利用图书馆和网络查询过实验资源吗？（　　）[单选题]

A. 偶尔　　B. 经常　　C. 从来没有

10. 您在化学实验教学前做过哪些准备工作呢？[矩阵单选题]

序号	题目	总是	经常	偶尔	从不
1	参照课程标准				
2	参考标准化测验题目				
3	备课时以参考资料和课本为主				
4	参考优秀教案				
5	利用网络资源查找资料				
6	和同行交流				
7	阅读学生实验报告手册				
8	考虑学生现有的知识技能				
9	以过往经验进行备课				
10	考虑到学生的心理品质				

11. 教材中的演示实验您完成了多少？（　　）[单选题]

A. 30% 以下　　B. 30% ~ 60%

C. 61% ~ 90%　　D. 90% 以上

12. 教材中的学生实验完成了多少？（　　）[单选题]

A. 10% 以下　　B. 10% ~ 40%

C. 41% ~ 70%　　D. 70% 以上

13. 您带领学生做过的实验类型是什么？（　　）［多选题］

A. 补充实验　　B. 趣味实验

C. 学生独立设计实验　　D. 课本中实验

14. 实验教学中您做过微型实验吗？（　　）［单选题］

A. 偶尔　　B. 从来没有　　C. 经常

15. 对于书中出现的课外实验您如何解决？（　　）［单选题］

A. 布置课外实验作业并有要求

B. 布置课外实验作业没有要求

C. 没有布置过课外实验作业

16. 您指导学生填写实验报告吗？（　　）［单选题］

A. 未指导

B. 有指导，大概说明

C. 有指导，很详细

17. 对较危险的实验，您是如何处理的？（　　）［单选题］

A. 口头讲述实验

B. 借助设备播放实验视频

C. 改良实验

D. 放弃

18. 实验教学过程中您对实验进行过改良吗？（　　）［单选题］

A. 频繁　　B. 有时　　C. 从未

19. 在教学中，您会将验证性实验转换成探究性实验吗？（　　）［单选题］

A. 频繁　　B. 有时　　C. 从未

20. 您对难以成功且烦琐的实验是如何解决的？（　　）［单选题］

A. 播放视频

B. 改良实验后完成

C. 画实验装置图同时解说实验原理和操作过程

21. 当学校的实验仪器、药品和设备不能满足教学时您如何解决？（　　）［单选题］

A. 放弃

B. 寻找替代品

C. 播放视频同时进行知识解说

D. 向其他学校借

22. 您对化学实验教学反思的内容有哪些？[矩阵单选题]

序号	题目	总是	经常	偶尔	从不
1	针对实验中的问题查阅资料进行实验改进				
2	整理学生实验中出现的问题				
3	记录课堂中优秀的教学片段				
4	反思运用的教学方法				

23. 在实验教学方面学校如何进行评价？（　　）[单选题]

A. 无评价方式　　B. 通过课本中实验的完成率情况

C. 通过抽查实验室的记录本

24. 您如何看待化学实验教学评价？（　　）[多选题]

A. 提升学生的操作水平

B. 可以提高学校全体师生对于实验重要性的认识

C. 增加教师工作量和压力

D. 增加学生负担和压力

25. 您教学中实验的考核方式是（　　）。[单选题]

A. 口头考核　　B. 笔试考核

C. 操作考核　　D. 不考核

26. 您对学生的实验教学评价侧重点是（　　）。[单选题]

A. 学生能否主动进行实验

B. 学生能否提高社交能力

C. 学生的反思能力

D. 实验中对自我的反思能力，考试相关知识点的掌握

27. 您经常使用的评估方法是什么？（　　）[单选题]

A. 小组评价　　B. 学生自我评价

C. 教师评价　　D. 三者结合

28. 您如何利用实验教学评价信息？（　　）[单选题]

A. 发现学生在实验学习过程中的问题

B. 只将成绩反馈给学生

C. 以此成绩将学生进行分层教学

D. 对未来的实验教学进行规划

29. 您觉得化学实验教学取得了哪些效果？[矩阵单选题]

序号	题目	非常同意	同意	中立	不同意
1	实验教学比讲授更能落实教学目标				
2	实验对学生成绩有很大影响				
3	演示实验比学生实验更能落实教学目标				

30. 您觉得影响化学实验教学开展的因素有哪些？[矩阵单选题]

序号	题目	非常同意	同意	一般	不同意
1	实验设计难，成功率低				
2	实验不参加考试，师生不重视				
3	实验条件不具备，领导不重视				
4	分组实验改成演示实验效果一样				
5	不动手实验也能取得好成绩				
6	教学进度紧张				

附录B　中学化学实验教学现状调查问卷（学生问卷）

1. 你喜欢做化学实验吗？（　　）[单选题]

A. 不喜欢 （请跳至第3题）　　B. 一般

C. 喜欢 （请跳至第2题）　　D. 非常喜欢（请跳至第2题）

2. 你喜欢化学实验的原因是（　　）。[单选题]

A. 考试需要考核相关实验　　B. 对学习化学原理有帮助

C. 直接动手很有成就感　　D. 实验现象有趣

3. 你不喜欢化学实验的原因是（　　）。[单选题]

A. 没有经验，无法完成化学实验　　B. 动手做实验的机会很少

C. 考试不考实验　　D. 化学实验有危险性

4. 你对化学实验的认识是（　　）。[单选题]

A. 学会运用知识　　B. 对考试有帮助

C. 解释生活现象　　D. 教师要求

5. 你喜欢的化学实验的类型是（　　）。[单选题]

A. 验证性实验　　B. 课外兴趣实验

C. 科学探究性实验　　D. 制备实验

6. 实验前你会进行预习吗？（　　）

A. 用心预习　　B. 粗略浏览

C. 偶尔看　　D. 不预习

7. 实验后你会认真填写实验报告手册吗？（　　）[单选题]

A. 从不写　　B. 偶尔写

C. 大概写　　D. 认真写

8. 教师进行示范时，你仔细地记录过程和现象吗？（　　）[单选题]

A. 记录　　B. 普通观察，不记录

C. 随便看看　　D. 不记录

9. 你做过怎样的化学实验？（　　）[单选题]

A. 教师增补实验　　B. 自行设计试验

C. 趣味小实验　　D. 课本中实验

10. 一个学期你能够做几次实验？（　　）[单选题]

A. 没有做过　　B. 5次以上

C. 3～4次　　D. 1～2次

11. 你做过课外实验吗？（　　）[单选题]

A. 从来没有　　B. 偶尔　　C. 经常

12. 教师课外活动时间和自习课安排的内容是（　　）。[单选题]

A. 让学生上自习

B. 指导学生做一些课外实验

C. 做习题

13. 分组实验每一组多少人？（　　）[单选题]

A. 3～4人　　B. 2人

C. 1人　　D. 4人以上

14. 你的化学实验操作技能如何？[矩阵单选题]

序号	题目	非常符合	符合	一般	不符合
1	实验时能记录现象并关注结论，操作熟练				
2	能够独立完成实验				
3	对化学实验基本仪器的操作方法很熟练				

15. 你在分组实验中常担当什么角色？（　　）[单选题]

A. 只记录现象　　B. 观众

C. 助手　　D. 主要实验人

16. 你不亲自动手实验的原因是（　　）。[单选题]

A. 没有兴趣

B. 没有进行预习或者预习不够深入

C. 教师没讲实验步骤，黑板上也没有写

17. 分组实验中你们小组组员的表现如何？（　　）[单选题]

A. 有的看，有的做

B. 共同完成

C. 小组不做，照抄别人数据

18. 你喜欢的考核评价方式是（　　）。[单选题]

A. 教师提问

B. 书面形式

C. 实验操作

19. 通过化学实验取得什么收获？（　　）[多选题]

A. 激发学习兴趣

B. 加深对化学原理的理解

C. 提高动手能力和解决问题能力

D. 培养与他人沟通能力

20. 你对化学实验教学的期望有哪些？（　　）[多选题]

A. 把演示实验变成学生分组实验

B. 增加化学实验课时

C. 教师对演示实验进行改进，使学生看得清楚

D. 开放实验室，以便学生能够进行更多的实验

E. 单独开设实验课

F. 由教师指导成立课外实验兴趣小组

第 3 章　核心素养下中学化学实验的探讨

3.1　核心素养下中学化学实验及其教学的概述

3.1.1　核心素养下中学化学实验及其教学的研究背景

随着当今社会对学生在文化素养、社会责任感、信息素养和创新精神等方面做出了更为具体的定义和要求，我国的教育宗旨由传统的应试教育逐步转变为如今的全面提高学生的核心素养[35]。高中化学学科核心素养是高中学生发展核心素养的重要组成部分，是学生综合素质的具体体现，反映了社会主义核心价值观下化学学科育人的基本要求，全面展现了化学课程学习对学生未来发展的重要价值。课程标准指出教师必须重视开展“素养为本”的教学，在教学过程中倡导真实问题情境的创设，开展以化学实验为主的多种探究活动，重视教学内容的结构化设计，激发学生学习化学的兴趣，促进学生学习方式的转变，培养他们的创新精神和实践能力。核心素养的提出，旨在培养学生的创造力、创新思维和实践能力，让学生具备解决实际问题的能力和方法，促进学生身心全面发展。在我们国家，理科教学改革也已经开始，各项研究都有待研究的深入[36]。科学探究精神和科学家精神在化学教学中的地位逐步被夯实，科学探究的作用终于被确立。但是，对于如何理解科学探究精神，并将其运用到实际教学中，如何培养学生的科学素养和能力，这些在教育中出现的问题仍需进一步深入探讨和实践。同时，对于新时代的教师，在教学活动中也面临着新的挑战。教师需要更新自己的教育理念，并发展多种适合新型教育模式的教育方法，为中学生提供更加丰富的教育资源和优质的教育服务。此外，中学化学教师在实验教学过程中还需要更加注重学生的个性发展，并针对不同的学生开展个性化的教学活动，让不同个性的学生在实验教学中都能得到发展和成长的机会。总之，新时代化学科学的教育事业需要国家、学校、教师、家长和学生的多方共同努力，从多种层面和角度出发，为中学生化学实验方面的学习提供更加优质的教育资源，通过培养学生优秀的核心素养，促进中学生全面发展。

当今世界，中学化学的实验教学对培养学生的科学素养具有重要作用。通过科学的实验探究，中学生能够深入地理解化学实验探究的过程并深入地理解化学知识，对中学生掌握化学学科的实际操作技能，培养化学学科的科学思维和动手实践能力，提高科学的创新与创造意识，促进素养全面发展都有重要意义。因此，在中学化学实验过程中，广泛、积极开展探究性实验教学是化学学科发展的重要任务。当前的中学化学实验教学存在一些有待改进的方面。首先，中学化学实验设备和材料应该准备充足、齐全，不至于限制实验探究活动的发展和学生实验能力的发展。其次，学校的教师应该从主观上支持中学化学实验活动，在一些实验内容的设置上更用心，难度适中、具有启发性等，能真正发挥中学化学实验教学的作用，使学生对实验探究活动产生强烈的积极性。为了促进中学化学实验教学的改善，可以通过中学实验探究教学课堂的创新来进一步促进学生科学核心素养的发展。因此，可以通过多方的合作来提高教师进行实验探究的积极性，对实验内容和方法进行创新，通过实验活动让学生更好地理解和掌握相应的化学知识。还可以通过探究实验的设计活动和实施活动，鼓励学生主动探究的乐趣和发现化学现象、分析化学现象的能力，进一步培养中学生的探究精神和创新意识。还需要通过提高学校硬件支撑的水平，加强实验设备和试剂的配备，通过强有力的实际支持，提高学生的学习兴趣和实验能力，促进学生核心素养的全面发展。总之，中学化学实验教学是中学化学学科教学中的重要组成部分，也是培养中学生化学学科核心素养的重要途径。通过综合提升中学实验教学的能力，可以促进中学生化学学科核心素养的发展，提高学生的综合素质和能力，为国家的人才储备和培养作出贡献。

3.1.2 国内外关于核心素养下典型中学化学实验的研究现状

国外，已经开始了对核心素养应用于化学实验的探索。在美国，在高中的化学实验中有两种主要的实验方式。其一是验证性实验，其二是探索性实验。在美国的中学，第二种教学方式越来越被人们所关注，在他们的高中化学课程中，还十分重视使用一些简单的教学工具，以帮助学生更好地了解化学实质，特别是一些抽象的概念和理论[37]。

《英国化学课程大纲》对化学实验的具体要求是：① 不管你将来会不会学科学，你都要认真地设计你的化学实验，它会给你带来有意义的情绪体验，使你能够在你的技术领域里，成为一个有信心的人，并对科学的发展感兴趣；② 要了解科学方法的作用，了解其在学习、生活中的作用，同时要了解科学方法的局限性，它并不能解决一切问题；③ 为今后学习专业科目做好准备。从这三个方面我们可以看到，英国的化学实验在其教学中有着举足轻重的作用。《英国化学课程大纲》除了对实验课程的具体要求做了详尽的说明外，还提出了三种可供学校选用的评估方法，即实验技能校本评鉴、实验操作测试和操作灵活性测验[38]。

法国将“解决问题”和“培养创造性思维”作为化学实验教学的核心内容，鼓励学生对实验现象进行细致的观察，对化学材料进行细致的分析，对基础实验技巧和动手能力进行训练，最后让他们理解并掌握科学探究的方法[39]。

由此看出，美国、英国和法国都已经开始了初期的对于核心素养引入中学化学的探索。

中学化学学科核心素养中的宏观和微观概念来源已久，三重表征的化学思维是由苏格兰格拉斯哥大学的约翰斯通教授提出的。约翰斯通教授认为，对化学的研究和对化学知识的认识和理解可以从三种表征水平上来进行，包括宏观上可以观察到的化学实验现象和客观事实，从微观角度来对化学现象进行解释的分子、原子和离子，还包括通过公式等计算方式来进行的表征。1999 年，美国普渡大学化学系的教授加贝尔在《通过化学教育研究提高教与学：对未来的展望》中提出，通过化学实验过程有助于学生将事物的三个面联系在一起，提高对相关概念的理解[40]。2002 年，加贝尔通过教学的实验过程进一步证明了这一问题，他指出，学生对微观水平的理解和学习能力有利于学生掌握相应的化学知识，并有助于提高学生的化学学习成绩、化学学习效率，同时进一步提升教师的教学质量。因此，上述资料表明，仅核心素养中宏观和微观的联系就已经被广泛地研究，并且通过相应的研究，形成了对化学学科教学价值的相对统一的认识，并且通过中学化学的教学实践过程，针对三重表征的教学方案进行了不断的探索和总结。例如，通过在中学化学的教学中使用建立模型、对比推理和思维概念图示的方法，通过中学化学课堂教师和学生的学习和合作交流，采用计算机模拟技术进行化学实验教学等方法。

在我国，相关学者在关于核心素养下中学化学方面也做了许多有益的探索，在知网上，输入“化学实验教学”这个关键字进行检索，可以看到2000年之后，与化学实验教学有关的文献有了很大的增加。本书基于实验探究与创新意识的核心素养下对实验教学的新模式进行了探索，对目前实验教学中出现的问题进行了分析，并提出了一些改进建议。

魏书彬等[41]指出，当前我国化学实验教学的主要问题有：学生参加实验的时间少，致使他们对实验的兴趣较低；教师的实验与教学研究中，存在着“两极化”现象，一些教师的职业发展动力不足，教材中的实验内容与实训要求不相符合；实验教学在课堂上实现了具体化、研究性实验的正规化。在此基础上，魏书彬等还提出了几点建议：提高教师和学生对中学化学实验的认知度；制订实用的实验教学方案；进行示范试验及小组试验；引导学生开展探索性、自主性实验；优化中学化学实验过程；增强教师开展实验的动机。

江合佩[42]分析了当前高校化学实验教学中存在的一些问题，如：化学实验课时缩减、学生技能素质下降、教师技能素质不高等；对探究性实验的关注不够，对教材的深度挖掘不够；很多重要的实验都被忽略了，实验进行得很不平衡。在江合佩看来，一个好的实验教学，就是要有针对性地进行。好的实验目前已有如下特征：深化对课本内容的挖掘，加强对实验内容的观察和思考；在教学中不断完善和创新教学内容；注意培养学生的创新能力；在教学过程中，要自觉地加强对学生概念的构建和创造；实验教学与生活相结合，提高学生的学习兴趣。提出我们应在以下方面进行改进，加强实验教学，夯实教学基础，倡导实验教学不断改革创新，努力开发具有地方特色的实验课程体系。

赵华等[43]指出，目前国内化学实验教学在课程设置、实验实施、教学评价以及教师的实验素养等方面还存在着一些问题。并针对这些问题，提出一些改进对策，具体包括需要重新构建课程标准和课程设置，需要重新考虑学术评价和实验考试，需要进一步加强实验教学软硬件建设和实验室人员培训，还需要进一步深化实验资源建设和教师培训。

钱胜[44]对重庆市中学化学实验的开展情况进行调研，结果显示：（1）中学化学实验所配备的仪器、药物等应与新课标的要求相适应；（2）学校应加强对实验室及实验师资的管理；（3）从整体上来看，实验教学现状不容乐观。为此，钱胜提出以下几点建议。（1）完善教师评估制度，改变当前“唯成绩论”

的错误倾向，采取多种评估方法；（2）教育行政部门要对中学化学教师、实验工作者进行经常性的培训，提高他们在实验教学方面的素质；（3）确立中学化学实验的课程体系，对现行教材中各种类型的实验加以合理分类；（4）由上级主管部门指导，提出几种通用的教学方式，并在这一方面，作为一线教师，要不断地学习和探索。由国内外研究现状可知，加强实验探究与创新意识核心素养在化学实验中的应用是必要的，是不可缺少的。

杨红[45]提出，在中学化学实验教学过程中，应该注重建构科学的化学学科观念，培养中学生的化学学科思维，进一步保证化学实验的直观性，尤其需要关注学生在化学实验过程中的表现，中学化学实验设计应该有一定的深度、积极地将不同的学科进行跨学科融合。张敬禹[46]提出，在中学的化学实验教学中，在积极开展中学化学探究性实验的过程中，应该突出学生的主体地位，在中学化学实验教学中，创设真实的教学情境，采用多种渠道对教学资源进行开发利用。

因此，中学生通过化学实验探究认识物质的宏观和微观性质，了解化学反应的本质特征，激发学生通过化学实验探究了解微观世界的欲望，通过观察实验现象并对实验现象进行分析，用微观原理解释所观察到的宏观现象，进一步结合相应的理论基础进行分析和推理论证，进一步通过化学实验验证所获得的结论是否正确。上述方法是中学生学习中学化学知识的一般思路。通过进行设计、实施和分析化学实验的过程并得出科学的结论，对培养中学生的科学探究和创新意识、对培养学生发展“宏观辨识与微观探析”等核心素养有重要意义。针对目前中学教师在教学过程中和学生学习过程中出现的需要改进的现象，我们认为，由于一些原因导致当前部分教师在化学课堂或者化学实验课堂以讲授知识为主，很少通过做化学实验来进行探究，在经济条件比较落后的地区，这种现象出现的概率相对大。即使现在有些教师在国家的倡导下，在学校的监督下，通过采取实验教学来进行教学过程，但探究过程不应该局限于以演示实验、播放实验操作的视频为主，应该大力开展学生实验，不以学生验证实验为主，开展深入实验探究或加强探究性，这有利于学生核心素养的培养，在这样的教学模式下，中学生对化学学科的学习兴趣才能提升，知识的系统化和结构化、化学科学的思维模式才会形成。

3.1.3　研究目的及意义

化学的发展本身必须借助实验来实现，化学就是从实验中发展起来的一门科学，因此，对于化学这门学科最重要的就是通过实验探究来获得真理，对于中学生学习这门课程来说，也必须通过实验来进行探索。近年来，化学学科核心素养的培养受到了越来越多的重视，已经成为评价教育改革深度的重要环节之一。化学是在分子和原子的基础上研究物质的组成、结构和变化规律的一门科学。学生应学会从宏观现象出发审视变化的微观本质，要建立起“微观和宏观的联系必须借助实验完成”的理念。整个中学化学内容，都离不开实验，无论是初中时氧气和二氧化碳等气体的制取，物质的性质，物质的溶解度等，还是高中时物质的量、氧化还原反应、有机化学基础、电解质和非电解质这样的化学基本概念，包括典型物质结构、性质和应用知识，再到电化学原理、溶液中的离子平衡和化学平衡移动原理这样的化学基本理论，都涉及通过实验探究活动对中学生科学的核心素养的培养。

中学生普遍喜欢化学实验，因为中学化学实验需要通过动手操作来达到实验目的，而大多数中学生喜欢动手操作、探究现实生活中特殊现象的原因，因此，在中学的化学教学过程中采用化学实验进行教学也一定可以激发学生的学习兴趣，同时培养中学生各方面的能力。尤其是在探究性实验的过程中增加学生的参与度，让中学生的思维始终保持活跃，化学对于科技的进步重在有创造性的方法和技术，这种探究更能让中学生产生很多具有创造性的想法。在“学习金字塔”的理论内容中，学习效果在30%以下的几种传统方式，都是个人学习或被动学习；而学习效果在50%以上的，都是团队学习、主动学习和参与式学习。基于实验探究过程的中学化学核心素养的教学中，通过学生参与小组讨论、进行合作探究、独立实验操作、提出问题和合作解决问题等过程，都符合“学习金字塔”理论中学生主动学习的内容，因此，这种方式有助于提升学习效率。

基于目前中学化学实验教学中涉及的理论研究基础和当前中学化学实验教学的现状，提出基于中学化学实验培养化学学科的科学核心素养的研究方法，根据知识体系的特点进行高效教学，并结合案例有针对性地进行具体分析，进而通过分析结果指导教学。通过对相关文献的综述、问卷调查和案例分析，验证了化学实验的有效性，找到目前化学教学的不足。希望本书的研究，能够为中学化学实验教学的改进和优化提供借鉴和参考，促进学生实验探究和创新意识的核心素养的全面发展。案例的分析内容来源于中学化学课堂实践，通过问卷调查等形式收集信息反馈，进一步完善教学的具体策略。根据理论和实践研究概括总结出基于中学化学实验培养科学的核心素养的方法，通过收集教师和学生的反馈，对本研究的收获和不足进行总结。

化学实验教学是化学教学中不可或缺的一部分，它具有很多独特的教学需求和特点。通过科学合理的实验教学设计，可以有效地促进学生的学科素养和科学探究能力的提高，从而更好地培养化学人才。但是目前的化学实验教学并没有充分发挥出实验对学生实验探究与创新意识的核心素养的培养效果[47]。在中学化学实验的教学过程中，教师需要引导学生，充分发挥学生的主观能动性，通过教师在学习方法方面的辅导和实验用品和方案方面的指导，建立起中学生探索化学知识的渠道，教师在教学过程中需要引导和辅助学生完成化学知识的建构和应用。在化学实验过程的设计上需要尽量注重可操作性，使其方法对中学化学实验不同阶段的内容具有普遍适用性。

3.1.4　研究内容

① 阅读有关专著、理论及文献，对已有的科学探究、实验教学的研究概况进行分析调查。在此基础上，研究了有一定价值、意义及具有创新精神的研究方法。

② 编制“典型中学化学实验教学现状调查问卷”，发放调查问卷。

③ 分析目前化学实验教学存在的问题，并提出相应的改进策略。

④ 选取较为典型的案例进行改进。

3.1.5　研究方法

查阅文献法，通过问卷调查和量表分析，可以了解学生的实验教学体验和实验能力水平，为实验教学的改进提供具体的依据和方向。问卷调查法，编写“典型中学化学实验教学现状调查问卷”，并将其分发给多所学校的教师，以便更好地了解实验教学现状，为后续的量表编制提供依据。案例研究法，选取较为典型的案例，进行分析改进。案例分析可以深入探究实验教学中存在的问题和挑战，并提出相应的解决方案，为实验教学的实施提供一些指导。

3.2　核心素养下化学实验及其教学的理论基础

3.2.1　相关概念的界定

化学实验是化学科学和化学教学中不可或缺的一部分，通过实验可以验证理论，探究化学规律和现象，培养学生观察、探究和创新的能力，提高学生的实践操作能力和安全意识[48]。同时，化学实验也需要注意操作规范和安全措施，避免事故的发生。

化学学科核心素养包括“宏观辨识与微观探析”“变化观念与平衡思想”“证据推理与模型认知”“科学探究与创新意识”和“科学态度与社会责任”五个方面[49]。化学学科核心素养的形成需要学生在教育过程中接受多方面的培养和训练，包括化学实验教学、科技创新活动、自主学习等多种途径。同时，教育者也需要在教学过程中注重对学生核心素养的培养，注重实践、思辨和创新能力的培养，提高学生的化学素养和综合素质。

3.2.2 理论基础

建构主义理论。皮亚杰提出，建构学习应当包含新知识的构建、对已有知识的重新整合和转换等过程[50]。建构主义理论还要求学生在学习过程中具有一定的自主性和探究性，教师应该为学生提供一定的自主选择空间，让学生能够自主选择自己感兴趣的学习内容和学习方式，在学习过程中不断调整和完善自己的学习策略，逐步发展和提高学习能力和水平。因此，在中学化学教学中，教师应该注重启发式教学，通过提出启发性问题、引导学生思考和讨论，激发学生的学习兴趣和探究欲望，帮助他们积极参与到学习过程中来。综上所述，建构主义理论在中学化学教学中的应用，可以使学生更好地构建知识，培养他们的创新思维和科学探究能力，提高他们的学习兴趣和学习能力，从而达到提高化学学科核心素养的目的。

布鲁纳认知结构学习理论[51]。美国现代认知心理学家布鲁纳的“发现性学习”理论认为，任何一种学科都有自己独特的知识结构，学习的过程也就是对该学科知识结构的把握。学习者是一个主动的信息处理者，他们在学习过程中，经过三个过程，即获得、转换和评价，把相关的知识转化为自己的知识。一门学科的基本原则构成了人们对一件事情的最好的认知框架，而教育的最终目标就是要使学生建立起这样的认知框架，因此，它把学习一门学科的基础知识框架放在了学习的核心地位。“发现性学习”理论认为，最好的学习方式是发现式学习，也就是用人工设定一定的学习情境，让学习者在积极探索的过程中，发现相关的事实、原理和方法。它的特色是强调学生的主体性，强调学生的创造性和创造性发展。布鲁纳的学习理论和教学理念，不仅强调了对知识的理解，还强调了对学生能力的培养，这对于中学化学的教学具有重要的指导作用。

人本主义学习理论[52]。人本主义学习理论的研究基础是人的整体性。它把人看作一个独立的人，每个人都有自己存在的意义与价值。这一理论主要是从人的自我价值实现的角度来展开的，它指出，学习是人自己主动发起的，是人想要进步、推动个人不断进步和发展的过程。这一理论强调了学习者在学习过程中的主体地位，认为学习者应当积极地、自发地参加到学习中来，教师在学习的过程中扮演着引导者的角色，对学习者进行启迪和诱导，帮助他们建立起正确的学习理念，让他们掌握科学的学习方式，让他们养成终身学习的能力，通过教会他们如何学习，使他们能够学以致用，将他们培养成全面发展的人。教师对学生进行指导，让学生在学习新知识的时候，可以使用某些教学方式，让学生在学习的时候，充满求知欲和学习的热情，让学生可以自主自发地展开学习，这才是有意义的学习。学生可以将所学的知识与自己的认知结构融合到一起，从而可以做到举一反三，学以致用。

STSE 理论[53]。STSE 是 Science，Technology，Society 和 Environment 的缩写，意思是科学、技术、社会及环境，STSE 理论是一种教育学理论，它强调科学、技术、社会和环境四个要素的共同发展。这一理论认为，科学和技术的发展必须考虑到社会和环境的影响，不能以牺牲环境为代价实现经济利益。因此，STSE 理论要求我们在科学和技术发展的同时，要注重环境保护和可持续发展，树立正确的科学态度和价值观念。在教育实践中，STSE 理论可以应用于各个学科的教学中。在化学教育中，STSE 理论可以帮助学生在了解化学知识和实验技能的同时，学会如何运用科学技术手段保护环境，开发新能源，以及如何用可持续发展的观点看待科学技术与环境的关系。通过引入 STSE 理论，化学实验可以更加注重环保问题，加强学生的环保意识，培养学生的科学态度和社会责任感，有助于培养学生的环保意识和可持续发展的观念，促进科学和技术的发展与社会的和谐发展。

3.3　基于核心素养的中学化学实验教学现状的调查和分析

化学实验作为一种新的教学手段，在提高学生实验探究与创新意识的核心素养等方面有着重要的意义。因此，在对化学实验的现状进行调查时，要从教师和学生对实验的态度、化学实验的开设情况、实验开设的困难、实验的创新情况、教师和学生对实验的改进态度、实验功能的解释等方面来进行。在此基础上，分别编制“核心素养下中学化学实验教学现状调查问卷（教师问卷）”（见本章附录A）和“核心素养下中学化学实验教学现状调查问卷（学生问卷）”（见本章附录B）。对目前化学实验现状进行了分析，进而寻求行之有效的解决方法。

3.3.1 调查问卷的设计

本研究采用问卷星线上问卷调查法，对教师的六个方面进行研究，对学生的五个方面进行研究。

3.3.2 调查对象基本情况

选取辽宁省鞍山市的多所高中高一至高三三个学年段的学生，采取随机抽样调查的方法，发放100份调查问卷，回收了98份，有效问卷98份，有效率为98%。

选取教师作为调查对象时，在辽宁省鞍山市的多所高中的化学教师中，采取随机抽样调查的方法，抽取了40名教师作为调查对象，发放了40份调查问卷，回收了40份，有效问卷40份，有效率为100%。

3.3.3 调查问卷的结果分析

（1）教师问卷结果分析。

从第1至3题中，我们可以看到教师对于这些问题的了解程度，见图3.1。表明大多数教师已经认识到化学实验的作用，在今后的化学教学中，教师可以多进行一些化学实验，这样可以在一定程度上提高学生的成绩。大多数的教师虽然意识到了实验的重要性，但是他们中有的实际操作跟不上，甚至还有一些教师会逃避这些实验，不去讨论它们。因此，学校和教育管理部门应该提供更多的实验设备和资源，给教师更多的培训和指导，加强对实验教学的监控和评估，确保学生能够得到充分的实验教学，将理论和实践结合起来，培养创新能力和实践能力。同时，教师也应该积极参与实验教学，不断提高自己的实验教学水平，为学生的科学学习和发展作出贡献。

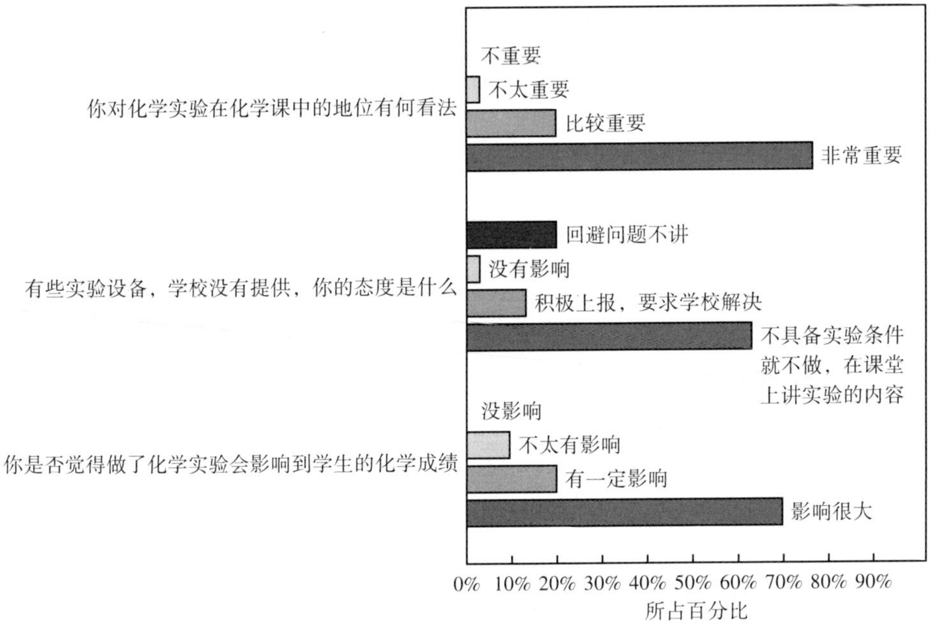

图 3.1　教师对实验的认识情况

（2）实验开设情况。

从第 4 至 8 题中，可以看出该学校的实验课程设置，见图 3.2。我们可以看到，半数以上的教师认为，实验设备齐全、数量充足，能够较好地满足教学需要；大多数学校的实验人员都能够进行一些简单的实验，但是他们的操作技巧并不十分娴熟，这对教师开设实验的数量造成了一定的影响。就教科书中的示范实验而言，完成率为 61% ~ 90% 的占 27%，完成率为 30% ~ 60% 的占 17%。可见，教师对教科书中示范实验的完成率并不高。大约有半数的教师会让学生每个实验都完成，有 27% 的教师会选择一些学生的实验让他们去做，有 13% 的教师在每个学期会选择一个学生的实验让他们去做。由此可见，学生的实验设置还是比较好的。课堂上所提供的实验大多是以验证为主，探索性、演示性的实验为辅。在未来的教学过程中，应尽量增加学生的实践活动，以提高其实验操作和科学探索的能力。

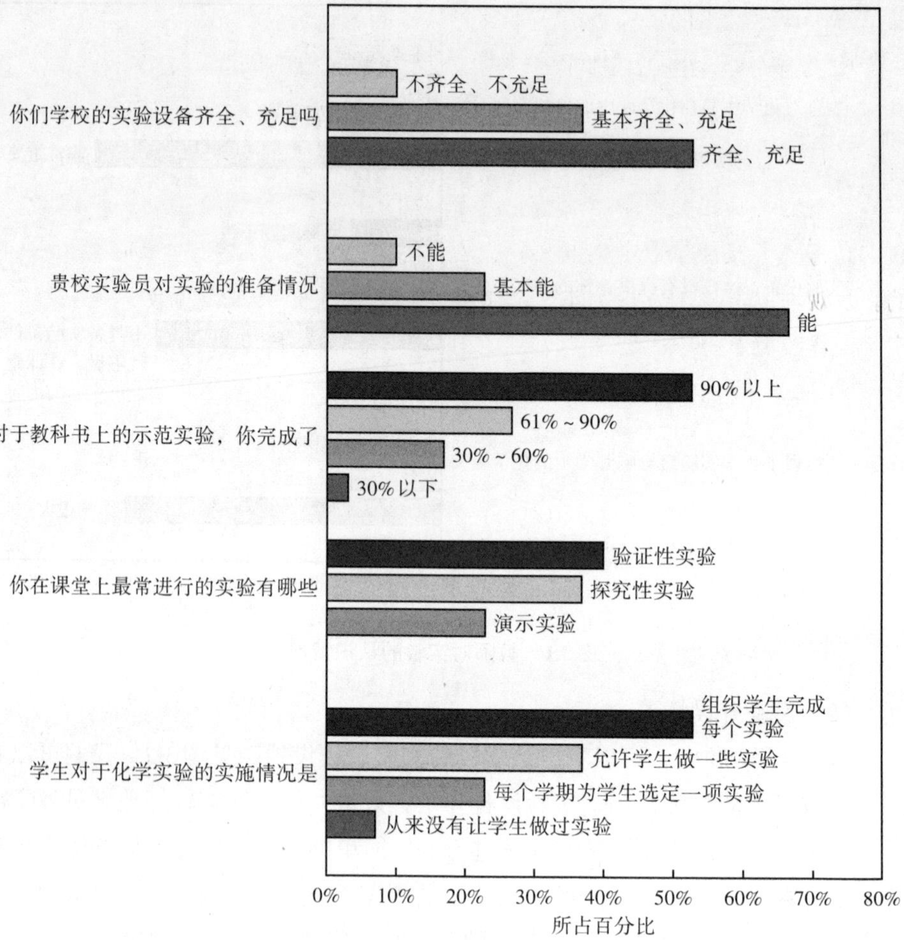

图 3.2　实验开设情况

（3）实验开设存在的困难。

从第 9 至 12 题可以看出在开设实验时有多大难度，见图 3.3。在处理复杂的实验时，有少数教师会选择播放视频或与教科书相结合的方法，有 50% 的教师会选择对实验进行改进，而有 37% 的教师会选择实验讲解与教科书相结合的方法来解释原理。由图得出，大部分教师都认为目前限制实验课程设置的最大原因是所用时间长，增加了学生的学习负担。开设实验需要花费大量的时间，如果课程时间很紧，很多教师都不愿意进行更多的实验，尤其是学生的小组实验，这样会严重地影响到教学进度。也有少数教师把重点放在提升学生的成绩上，而忽略了学生的实际操作能力。他们认为，实验教学不能有效地提升学生的学习成绩，因此他们就没有开设实验，只是在课堂上对这些实验进行讲解。对于现在学生的实验技能还不够好这一问题，53%的教师表示，是因为在高考中没有对学生进行实验操作考核；而33%的教师则表示，主要是因为没有足够的实践机会。从调查中我们可以看出，因为课堂上的课时有限，只有极少数的学生有机会进入实验室进行实验，这就造成了当前学生的实验操作能力不高。有的教师只注重学生的学业成绩，而忽视了实验操作。有人认为，目前我国高考只考核极少数学生的实验能力，这一观点失之偏颇。教师应树立正确的教育观，以学生的发展为本，除了提高其学业水平外，还应注重培养学生的实验操作技能、科学探究能力、创新精神等，充分发挥实验的功能和价值。

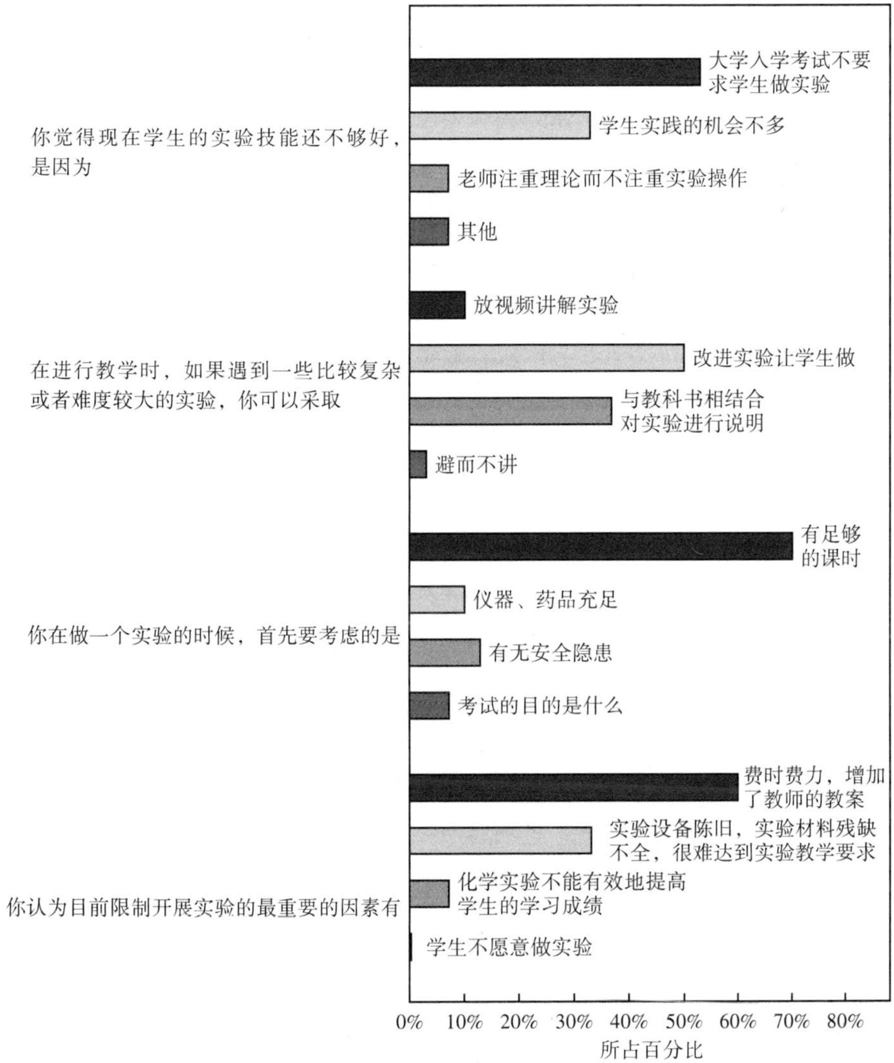

图3.3　实验开设存在的困难

（4）学校对化学实验的态度。

从第13至15题中，我们可以看出该学校对于化学实验所持的态度。根据图3.4我们可以看到，大多数学校在对实验教学进行评估时，都是采用了对实验结果进行评估的方法，这是一种较为单一的方法，没有几所学校有明确的、定量的评估标准，有些学校甚至对实验没有进行过统计和评估，这也就意味着，这些学校并没有对实验教学给予足够的重视。第13题，60%的教师都认为，学校会在考试时出实验题。在以后的教学中，可以通过向学校建议加强实验室建设等方式，提高学校对化学实验的重视。并且，大多数学校都是用试题来测试学生的实验能力，测试的方法很简单，并不是用实验来测试学生的动手能力。在评价教师是否开设了实验教学以及对学生的实验技能进行考核的方式上，存在单一性的问题。

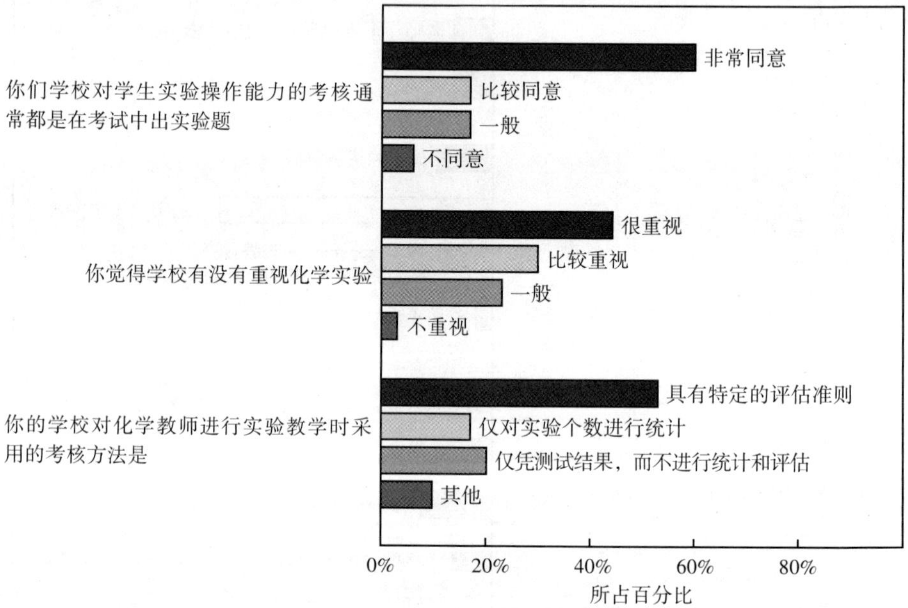

图3.4　学校对化学实验的态度

（5）实验改进的情况。

第16至19题反映了实验的改进情况，见图3.5。总的来说，教师的实验改进意识较强，能够根据学生的实际情况和学校的教学条件进行创新和改进，提高学生的实验能力和科学素养。同时，教师也会注意实验的教学效果和安全环保问题，保障学生的身体健康和学习效果。强调实验的质疑和创新意识，可以激发学生的学习热情和科学探究精神，为他们未来的学习和科研打下坚实的基础。

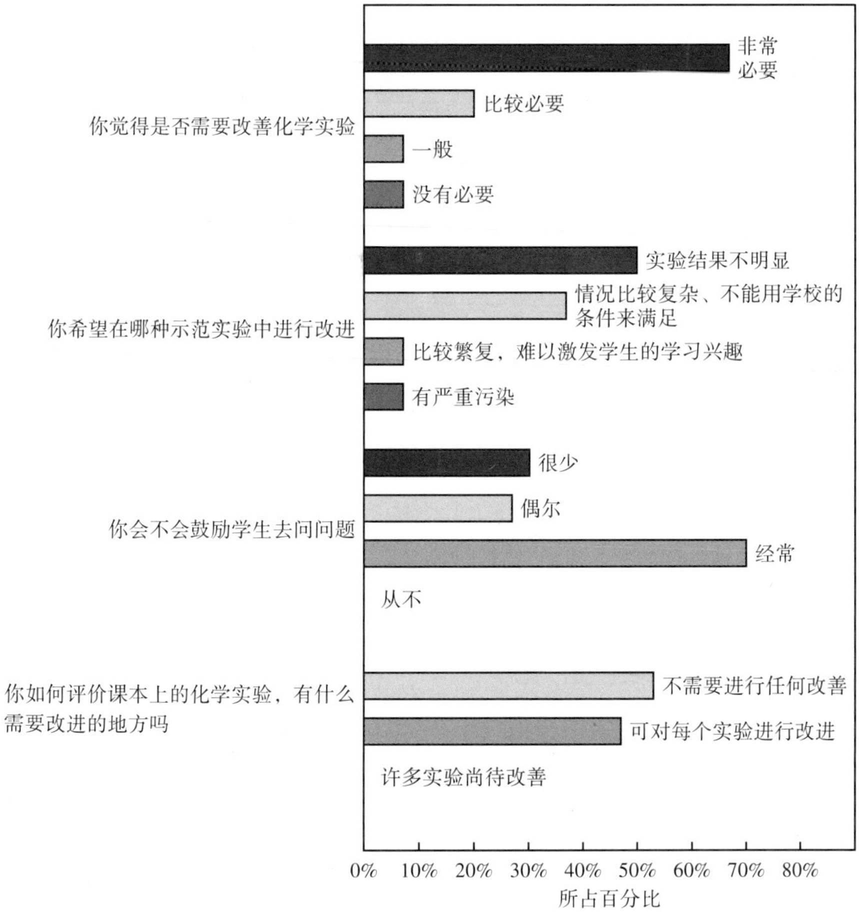

图 3.5　实验改进的情况

（6）实验发挥的功能。

第 20 至 22 题反映了实验所起的作用，见图 3.6。总结得出，化学实验也可以启发学生的创新思维，激发他们对化学研究的兴趣和热情。通过实验，学生可以自主探究、自主发现，对于一些化学现象进行探索和解决，提高学生的自主学习能力。在实验中，学生需要慎重考虑实验步骤，分析实验数据，从而提高学生的逻辑思维和分析能力。总之，化学实验在化学教学中起着不可或缺的作用。通过实验，学生能够更深刻地理解化学这门学科，培养科学精神和实验意识，提高学生的实践操作能力和解决问题的能力。因此，化学教学不仅要注重理论教学，更要注重实验教学，让学生在实践中感受和领悟化学的神奇和美妙。

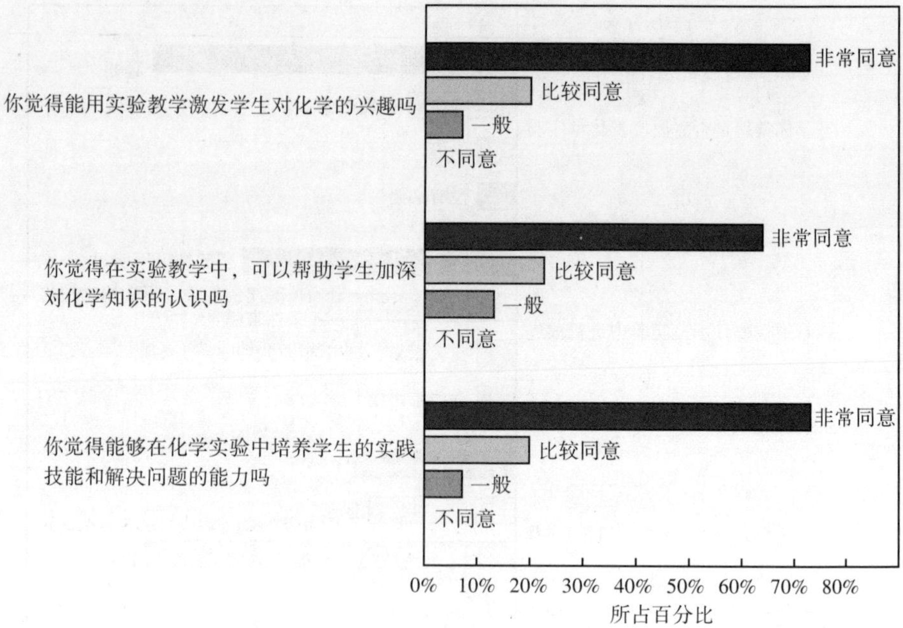

图3.6 实验发挥的功能

3.3.4 学生问卷结果分析

（1）学生对化学实验的态度。

由表3.1可以看出，学生对化学实验的态度还是比较积极的，但也存在一些问题。在未来的化学实验教学中，教师应该注意以下几点：强调化学实验在化学教学中的重要性，让学生认识到化学实验对于他们学习化学的帮助；利用有趣的实验现象提高学生的学习兴趣和学习效率；加强对实验安全的宣传和教育，让学生认识到实验安全的重要性；鼓励学生采用独立完成实验的方式，提高他们的独立思考能力和实验操作能力；引导学生认识科学探究的方法和思考方式，培养他们的理性思维能力。通过以上几点教育和指导，相信我们可以更好地培养学生的实验探究与创新意识的核心素养。

表3.1 学生对化学实验的态度

题号	问题	选项			
		A	B	C	D
1	你对待化学实验的态度是	不感兴趣（0）	不太感兴趣（3%）	比较感兴趣（32%）	非常感兴趣（65%）

表3.1（续）

题号	问题	选项			
		A	B	C	D
2	你认为化学实验对教学的影响	不重要（0）	不太重要（0）	比较重要（15%）	非常重要（85%）
3	你觉得化学实验在化学学习中的重要作用是什么	学习一种科学探索的方式（45%）	对实验原理有一定理解（17%）	学会如何使用实验设备（25%）	对实验用具的使用和药物的认知有一定提升（13%）
4	你进行化学实验时，处于什么状态	玩弄实验用品（1%）	观看其他学生做完实验（3%）	与同学合作（42%）	独自做这个实验（54%）
5	你认为妨碍你进行这个实验的因素是	实验无趣，令人生厌（11%）	对实验的要求很高，而自身的动手能力很弱（25%）	实验过于繁复（9%）	实验的安全性（55%）

（2）学生的实验水平。

第6题、第7题反映了学生的实验水平，如表3.2所示。需要加强教师对于实验的引导，在实验前对实验目的和步骤进行详细的讲解，帮助学生更好地理解实验过程和实验结果。同时，在实验过程中，教师也需要引导学生多思考、多探究，培养他们的质疑精神和解决问题的能力。通过综合提高学生的实验水平，可以更好地促进学生的科学素养和创新能力的发展。

表3.2　学生的实验水平

题号	问题	选项			
		A	B	C	D
6	如果你发现自己的实验结果与教科书上或教师讲解的结果不一致，你会	认为所作的判断有误，根据教师和教科书上所说的，把实验现象都记录下来（20%）	对教科书或教师的描述表示怀疑，和教师商量后，重新做（8%）	认为某一种药品有问题，向教师咨询，然后换一种药品，再重新开始（18%）	对某项错误表示怀疑，并立刻重新开始（54%）
7	进行每一次实验，你都	一边看实验手册一边做实验（6%）	对实验目的和步骤不太清晰，经常看实验手册（12%）	对实验目的和步骤比较清晰，偶尔看实验手册（46%）	对实验目的和步骤非常清晰，不需要看实验手册（36%）

（3）实验开设情况。

由表3.3可以看出，大多数学校的学生做过化学实验都是在4次及以上，说明学生实验开设情况还算理想。此外，应该积极推广多样化的教学方式，让学生在实践中发现问题、解决问题，培养他们的探究和解决问题的能力。同时，给予学生更多的自主选择的机会，让他们能够选择自己感兴趣的实验进行探究，激发其兴趣和学习动力。教师也应该注重引导学生进行实验设计，让学生在实践中体验科学探究的过程，培养他们的科学探究能力和创新思维，从而提高其综合素质。总之，实验教学是化学教学中不可或缺的环节，应注重提高学生的实验操作能力和实践能力以及对学生科学探究与创新素养的培养。

表3.3　实验开设情况

题号	问题	选项			
		A	B	C	D
8	你的化学教师怎样做教科书中的实验	几乎没有任何改变，只是照着课本上提供的实验来教（10%）	不时地改善实验计划和设备（29%）	不断地改善实验计划和装置，提高实验效果（61%）	
9	在实验中，教师怎样给你演示这个实验	进行虚拟实验（1%）	看书解释实验（15%）	播放录像（24%）	亲身示范实验（60%）
10	化学教师会不会鼓励学生改善自己的实验	从不（2%）	偶尔（15%）	经常（36%）	总是（47%）
11	这学期你做过几次实验	没做过（11%）	1次（5%）	2～3次（23%）	4次及以上（61%）

（4）学生对实验改进的态度。

从第12至14个问题中可以看出（表3.4），同学们对化学实验的改进情况的看法。在第14题中，19%的同学基本上不做任何修改，只是照着课本上给出的操作程序来做，51%的同学频繁地修改课本上的实验方案和实验设备，可见，学生的创造性思维还需要进一步培养。在第13题中，33%的同学愿意进行创造性实验，6%的同学不感兴趣，61%的同学兴趣很浓。可以看出大部分同学愿意做创新性实验。第12题中，29%的同学表示，在实验中，他们最大的收获就是增加了他们对化学的兴趣，而大多数同学则表示，他们的创新能力得到了增强，还有部分同学表示他们的自主学习能力得到了增强。综合这3道题的调查结果得出，课程设计可以合理安排，将时间分配得更加充裕，让学生有足够的时间和机会去进行探究和实践，从而更好地发展他们的创新能力。这样，才能更好地促进学生的创新意识和实践能力的提高。

表 3.4　学生对实验改进的态度

题号	问题	选项			
		A	B	C	D
12	你在实验中获得的最大收益是什么	没有什么收获（0）	提高了自主学习能力（11%）	提高了对化学学习的兴趣（29%）	提高了创新能力（60%）
13	你觉得创新实验	无所谓（6%）	希望做创新实验（33%）	兴趣很浓（61%）	—
14	你在实验室做化学实验时	只做那些设备简单、容易操作的实验，而不做比较复杂的实验（0）	偶然对教科书上的实验计划或设备做一些修改（30%）	常常修改教科书上的实验计划或实验设备（51%）	几乎没有任何改变，只是按照教科书上给出的方法进行（19%）

（5）实验发挥的功能。

从第15至18题中，我们可以看到这些实验的作用，见图3.7。多数学生表示自己的观察力和思维能力得到了较大的提高。绝大多数同学都觉得化学实验可以提高他们的学习兴趣；多数同学觉得化学实验可以帮助他们更好地掌握化学知识，更好地提高他们的化学成绩；只有少数同学觉得化学实验对他们的化学成绩影响不大。多数同学表示，通过化学实验可以培养他们严谨、求实的科学精神。根据这四道题的调查结果可以看出，站在学生的立场上，化学实验在提高学生的各项能力、学习兴趣、化学成绩和科学态度方面，都有一定的作用，但其作用的范围并不大，因此，为了提高学生的综合能力，教师可以引导学生在实验中自主思考和设计实验方案，让他们在实践中不断探索。同时，教师也应注重提高学生的科学素养，使学生具备科学思维和科学方法论，从而更好地理解实验过程和规律，提升实验操作能力。教师还需要付出更多的努力，用实验来启发学生的科学思维，落实核心素养目标。

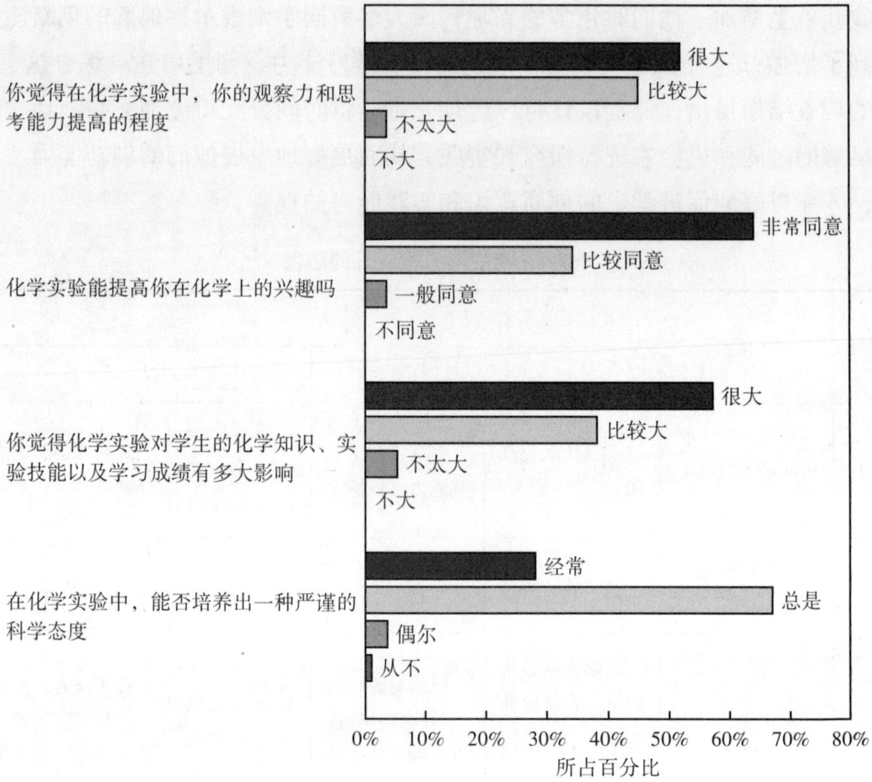

图 3.7　实验发挥的功能

3.3.5　问卷调查结果

由问卷结果可知，大多数教师和学生都能够认识到实验在化学教学中非常重要，在实际教学中应该大力推进化学实验教学。目前，鞍山市高中的实验室都有了很好的基础设施，并且准备了很好的仪器和药品，这表明学校对于化学实验的重视。但是，实验的开设仍然面临着许多难题，比如，因为实验课时少，任务重，师资力量不足，实验时间长，实验操作没有得到足够的重视，这些都是应加以重视并解决的。本书力图探索实验改进与创新的方法和策略，利用现代数字技术对原实验进行改进，追求简洁、直观、绿色实验。同时，还对如何高效地开展实验教学提出了一些建议，把学生放在第一位，将学生引入实验的改进中，使实验能够更好地为课堂教学服务，以此来充分地发挥实验的价值和作用，给一线教师提供一些参考。

3.4 基于核心素养下的典型高中化学实验初探

3.4.1 典型高中化学实验的分类与结构

可以从以下4个方面[54]对典型高中化学实验进行划分。

① 从化学反应原理的模拟（如合成氨的模拟，铁的腐蚀的快速模拟，H_2—Cl_2燃料电池，相似也可以不相溶）。

② 化学实验的改进与完善（$Fe(OH)_2$快速转化成$Fe(OH)_3$的实验，浓硫酸使蔗糖炭化实验的完善，焰色反应实验的改进，铁与水蒸气反应实验的改进，制取乙酸乙酯实验的改进，喷泉实验的改进，乙醇催化氧化生成乙醛实验的改进）。

③ 化学实验的创新（化学实验室气体发生器、过氧化钠与二氧化碳反应的实验，长时间观察钠的金属光泽的实验，氢气在氯气中燃烧的实验，电解池离子的电荷运动实验，浓硫酸吸水性实验，氧气发生器，蜡烛燃熄展示杯，氮气、氧气反应发生器，酸碱气体检逸器）。

④ 化学实验中非专业仪器的合理使用（钠的燃烧实验，氢气、氯气在光照条件下反应实验的改进，矿泉水瓶的妙用）。

3.4.2 核心素养下对化学实验教学的改进与创新

在核心素养内容中，宏观化学物质的性质是中学生最容易通过实验直接观察到的，但是对化学物质的进一步学习和认识，需要结合学生已有的化学知识对中学化学实验进行分析，进一步在微观层面针对科学问题建立模型，再进一步结合化学中的符号或模型将科学问题进行内化。如果想要学生能够顺畅地在“宏观—微观—符号”之间熟练地转换和运用，往往不能只借助一次实验，需要不断地通过预测和验证的模式，对“宏观—微观—符号”的思维模型进行巩固。因此，中学化学实验教学是非常重要的方法和桥梁，如果能在化学实验的基础上，同时结合模型、类比和计算机模拟等教学模式，就可以帮助学生提高对核心素养中宏观和微观的联系、实验探究和创新的理解。这对于实验的改进与创新，对提高学生学习的兴趣、提高实验技巧和能力等有重要作用。

（1）核心素养下基于实验设备改进的创新性设计。

实验装置的创新是对化学实验仪器和装置进行重组或改变，可以采用改变仪器规格、更换原有仪器、将多件仪器巧妙地结合在一起的方式，对传统的化学实验仪器进行改装和巧妙地使用，从而获得更加优化的实验效果[55]。以“原电池”为例，在研究过程中，我们发现了一种新型的双液型原电池。由于盐桥的长度较长，内部阻力较大，造成了较低的电流，因此，在此基础上，可以提出一种新型的盐桥结构，设计凝胶隔板电池，以盐桥为隔膜，在一台设备中完成电子传递，进而提升电池的运行效率。在实验设备上的革新也可参考和利用非化学工具[56]，例如，医用注射器、小药瓶、塑料瓶、气球等。

（2）核心素养下基于实验条件改进的创新性设计。

一个实验的成功与否，首先取决于反应物质自身的性质，其次是外部的实验条件以及实验操作，因此，要想对实验进行改进和创新，就必须要对实验条件进行研究。比如试剂浓度、反应温度、接触面、压力、催化剂等。在“铜与浓、稀硝酸的反应”中，可以清楚地看到，铜与浓硝酸的反应非常激烈，生成大量的红褐色气体，而铜与稀硝酸的反应则非常缓慢。稀硝酸的浓度是个很重要的问题，如果浓度过高，就会出现红褐色的烟雾，浓度过低则反应缓慢，浪费时间。实验室使用的浓硝酸质量分数为69%，在合适的浓度下，即在5～6 mol/L范围内，不会与铜发生反应而生成红褐色气体。然后用水浴进行加热，五分钟后，无色的气泡增多，溶液变成了蓝色。即通过对反应物浓度和反应温度等条件的有效控制，取得了较好的效果。

（3）核心素养下基于环保的创新性设计。

中学化学课程提倡“绿色化学”，减少实验过程中产生的废物、废水和废气。为了环保，可以通过设计密闭的实验装置，或在实验中吸收转移出有毒物质，使实验达到绿色化效果。例如，铜与硝酸反应时，会生成毒性较强的NO_2、NO气体，如果将反应过程设计成一个封闭的设备，如注射器或输液袋，这样有毒性气体就不会逸散出去，反应完成后，再将氢氧化钠溶液注入输液袋中，吸收NO_2、NO，整个实验过程是环保的，又是密闭的。

（4）核心素养下基于转换信息的输出形式的创新性设计。

最近几年，伴随着科技的不断进步，在教育领域已经出现了科技和教育融合的趋势，数字实验的出现给教育领域带来了一场革命，数字实验具有便携、实时、直观等优点，通过变换信息的输出方式在化学教学中起到了很大的作用。比如在“离子反应”中，结合了手持式的电导传感器，用来测量溶液中的离子浓度，让学生可以直接看到溶液中的电导变化，这样，就可以将原本很难观测到的离子浓度，用转换后的数据，转换为电导，并以曲线的形式表现出来，让学生更好地了解化学知识。在进行实验改进与创新时，在面对学生难以理解的化学概念、化学原理等知识的时候，可以尝试将宏观与微观结合起来，设计数字化实验，变换信息的输出形式。在微观视角中，可以用宏观现象来反映，从而更加具象地揭示实验的本质特征。

3.5　研究总结

化学实验是学习化学知识的基础，有效地开展中学化学实验是改变学生学习方式，发挥化学学科育人作用的重要保证。例如，在教育观念方面，化学实验教学强调要把学生的发展放在第一位，注重培养学生广泛的实验能力，加强对学生的创新精神的培养；在教学方法方面，越来越多地关注化学实验教学中的情境创设，并注意与信息技术相结合等问题。在对化学实验进行改进与创新时，可以尝试将“三个一行动”[57] 作为抓手，也就是“运用一种创新方法改进多个化学实验”“改进一个化学实验使用多种创新方法”“使用一件仪器装置设计多个化学实验”，这样不仅能够丰富实验教学资源，提升实验教学质量，还能够培养学生的创新意识和能力。

附录A 核心素养下中学化学实验教学现状调查问卷（教师问卷）

1. 你对化学实验在化学课中的地位有何看法？（ ）

A. 不重要　　B. 不太重要

C. 比较重要　　D. 非常重要

2. 有些实验设备，学校没有提供，你的态度是什么？（ ）

A. 回避问题不讲

B. 没有影响

C. 积极上报，要求学校解决

D. 不具备实验条件就不做，在课堂上讲实验的内容

3. 你是否觉得做了化学实验会影响到学生的化学成绩？（ ）

A. 没影响　　B. 不太有影响

C. 有一定影响　　D. 影响很大

4. 你们学校的实验设备齐全、充足吗？（ ）

A. 不齐全、不充足　　B. 基本齐全、充足

C. 齐全、充足

5. 贵校实验员对实验的准备情况（ ）

A. 不能（只能使用仪器和药品，不能准备实验）

B. 基本能（操作技术一般，只能准备简单的实验）

C. 能（操作技术熟练，能准备大部分的实验）

6. 对于教科书上的示范实验，你完成了（ ）。

A. 90% 以上　　B. 61% ~ 90%

C. 30% ~ 60%　　D. 30% 以下

7. 你在课堂上最常进行的实验有哪些？（ ）

A. 验证性实验　　B. 探究性实验

C. 演示实验

8. 学生对于化学实验的实施情况是（　　）。

A. 组织学生完成每个实验　　B. 允许学生做一些实验

C. 每个学期为学生选定一项试验　　D. 从来没有让学生做过实验

9. 你觉得现在学生的实验技能还不够好，是因为（　　）。

A. 大学入学考试不要求学生做实验　B. 学生实践的机会不多

C. 教师注重理论而不注重实验操作　D. 其他

10. 在进行教学时，如果遇到一些比较复杂或者难度较大的实验，你可以采取（　　）。

A. 放视频讲解实验

B. 改进实验让学生做

C. 与教科书相结合，对实验进行说明

D. 避而不讲

11. 你在做一个实验的时候，首先要考虑的是（　　）。

A. 有足够的课时　　B. 仪器、药品充足

C. 有无安全隐患　　D. 考试的目的是什么

12. 你认为目前限制开展实验的最重要的因素有（　　）。

A. 费时费力，增加了教师的教案

B. 实验设备陈旧，实验材料残缺不全，很难达到实验教学的要求

C. 化学实验不能有效地提高学生的学习成绩

D. 学生不愿意做实验

13. 你们学校对学生实验操作能力的考核通常都是在考试中出实验题。（　　）

A. 非常同意　　B. 比较同意

C. 一般　　D. 不同意

14. 你觉得学校有没有重视化学实验？（　　）

A. 很重视　　B. 比较重视

C. 一般　　D. 不重视

15. 你的学校对化学教师进行实验教学时采用的考核方法是（　　）。

A. 具有特定的评估准则

B. 仅对实验个数进行统计

C. 仅凭测试结果，而不进行统计和评估

D. 其他

16. 你觉得是否需要改善化学实验？（　　）

A. 非常必要　　B. 比较必要

C. 一般　　D. 没有必要

17. 你希望在哪种示范实验中进行改进？（　　）

A. 实验结果不明显

B. 情况比较复杂，不能用学校的条件来满足

C. 比较繁复，难以激发学生的学习兴趣

D. 有严重污染

18. 你会不会鼓励学生去问问题？（　　）

A. 很少　　B. 偶尔

C. 经常　　D. 从不

19. 你如何评价课本上的化学实验，有什么需要改进的地方吗？（　　）

A. 不需要进行任何改善

B. 可对每个实验进行改善

C. 许多实验尚待改善

20. 你觉得能用实验教学激发学生对化学的兴趣吗？（　　）

A. 非常同意　　B. 比较同意

C. 一般　　D. 不同意

21. 你觉得在实验教学中，可以帮助学生加深对化学知识的认识吗？（　　）

A. 非常同意　　B. 比较同意

C. 一般　　D. 不同意

22. 你觉得能够在化学实验中培养学生的实践技能和解决问题的能力吗？（　　）

A. 非常同意　　B. 比较同意

C. 一般　　D. 不同意

附录B　核心素养下中学化学实验教学现状调查问卷（学生问卷）

1. 你对待化学实验的态度是（　　）。

A. 不感兴趣　　B. 不太感兴趣

C. 比较感兴趣　　D. 非常感兴趣

2. 你认为化学实验对教学的影响（　　）。

A. 不重要　　B. 不太重要

C. 比较重要　　D. 非常重要

3. 你觉得化学实验在化学学习中的重要作用是什么？（　　）

A. 学习一种科学探索的方式

B. 对实验原理有一定理解

C. 学会如何使用实验设备

D. 对实验用具的使用和药物的认知有一定提升

4. 你进行化学实验时，处于什么状态？（　　）

A. 玩弄实验用品　　B. 观看其他学生做完实验

C. 与同学合作　　D. 独自做这个实验

5. 你认为妨碍你进行这个实验的因素是（　　）。

A. 实验无趣，令人生厌

B. 对实验的要求很高，而自身的动手能力很弱

C. 实验过于繁复

D. 实验的安全

6. 如果你发现自己的实验结果与教科书上或教师讲解的结果不一致，你会（　　）。

A. 认为所作的判断有误，根据教师和教科书上所说的，把实验现象都记录下来

B. 对教科书或教师的描述表示怀疑，和教师商量后，重新做

C. 认为某一种药物有问题，向教师咨询，然后换一种药品，再重新开始
D. 对某项错误表示怀疑，并立刻重新开始
7. 进行每一次实验，你都（　　）。
A. 一边看实验手册一边做实验
B. 对实验目的和步骤不太清晰，经常看实验手册
C. 对实验目的和步骤比较清晰，偶尔看实验手册
D. 对实验目的和步骤非常清晰，不需要看实验手册
8. 你的化学教师怎样做教科书中的实验？（　　）
A. 几乎没有任何改变，只是照着课本上提供的实验来教
B. 不时地改善实验计划和设备
C. 不断地改善实验计划和装置，提高实验效果
9. 在实验中，教师怎样给你演示这个实验？（　　）
A. 进行虚拟试验　　B. 看书解释实验
C. 播放录像　　D. 亲身示范实验
10. 化学教师会不会鼓励学生改善自己的实验？（　　）
A. 从不　　B. 偶尔
C. 经常　　D. 总是
11. 这学期你做过几次实验？（　　）
A. 没做过　　B. 1次
C. 2～3次　　D. 4次及以上
12. 你在实验中获得的最大收益是什么？（　　）
A. 没有什么收获　　B. 提高了自主学习能力
C. 提高了对化学学习的兴趣　　D. 提高了创新能力
13. 你觉得创新实验（　　）。
A. 无所谓
B. 希望做创新实验
C. 兴趣很浓
14. 你在实验室做化学实验时（　　）。
A. 只做那些设备简单、容易操作的实验，而不做比较复杂的实验
B. 偶然对教科书上的实验计划或设备做一些修改
C. 常常修改教科书上的实验计划或实验设备
D. 几乎没有任何改变，只是按照教科书上给出的方法进行

15. 你觉得在化学实验中，你的观察力和思考能力提高的程度（　　）。

A. 很大　　B. 比较大

C. 不太大　　D. 不大

16. 化学实验能提高你在化学上的兴趣吗？（　　）

A. 非常同意　　B. 比较同意

C. 一般同意　　D. 不同意

17. 你觉得化学实验对学生的化学知识、实验技能以及学习成绩有多大影响？（　　）

A. 很大　　B. 比较大

C. 不太大　　D. 不大

18. 在化学实验中，能否培养出一种严谨的科学态度？（　　）

A. 经常　　B. 总是

C. 偶尔　　D. 从不

第 4 章　基于课程思政的实验教学的研究

党的十八大报告提出要把立德树人作为教育的根本任务，党的十九大报告提出要优先发展教育事业，落实立德树人根本任务，党的二十大报告提出育人的根本在于立德，培养德智体美劳全面发展的社会主义建设者和接班人，这足见党对我国教育事业中“德育”的重视。而课程思政正是为了落实立德树人根本任务产生的一种新型教育理念，它有利于实现为党育人、为国育才。挖掘、提炼学科中的思政要素，是有效开展课程思政的前提，化学是一门既有科学又有人文的学科，其中蕴藏着丰富的思政元素。本章以人教版高中《化学》教材为例，对其中的思想政治元素进行了挖掘探索，将思政元素融入化学课堂的示例进行展示，为高中化学教师实施课程思政、实现立德树人任务提供参考。

本章通过文献资源和网络数据库，对所查阅的资料进行整理分析，了解国内外对于课程思政的研究现状，并对其要素及内涵进行分析。在此基础上，采用访谈法、问卷调查法等，对高中化学课堂与课程思政融合的情况进行调查。通过挖掘化学必修教材中与思政有关的因素，选择案例进行教学设计，之后对实验班级实施教学并验收教学成果。

通过以上研究发现，化学学科是进行课程思政的良好载体，在化学教学中融入思政元素，有利于提升学生的学习兴趣，培养和发展学生的思政素养，最终实现立德树人的目标。

4.1　基于课程思政的实验教学的研究概述

为了更好地落实立德树人的目标，应发挥思政的协同教育作用，将思政理念融入高中化学课堂，形成精细化、全面型、渗透型、融合型的新型教育模式，以实现高中化学课程的育人作用，并提升教师整体教育教学水平。

4.1.1　基于课程思政的实验教学的研究背景

思想政治教育一直是亘古不变的话题。春秋战国时期孔子创立了儒家学派，提出“仁”的学说，广收弟子传道授业。新中国成立之初，毛泽东主席着重强调学校要大力开展思想政治教育，培养学生吃苦耐劳的精神。改革开放以后，邓小平同志主张将思想政治教育放在重要位置，他始终强调，全党上下要加强和改进思想政治工作，提出物质文明建设和精神文明建设两手抓；在思政教育这一观点上，邓小平强调“只能加强不能削弱”，在建设有中国特色的社会主义时，要教育全国人民做到有理想、有道德、有文化、有纪律。进入21世纪，习近平总书记更是始终把加强思政教育作为我国建设中国特色社会主义不可忽视的一个核心要点。

2019年3月18日，习近平总书记主持召开学校思想政治理论课教师座谈会并发表重要讲话，他在会议中强调，思想政治理论课是落实立德树人根本任务的关键课程。我们办中国特色社会主义教育，就是要理直气壮开好思政课，用新时代中国特色社会主义思想铸魂育人……思政课作用不可替代，思政课教师队伍责任重大。习近平总书记在2020年9月17日走访湖南一所小学时，把学生比喻成一棵小树苗，他们将会成为撑起中华民族的参天大树，他希望同学们能够努力读书，成为社会主义的建设者和接班人[59]。2021年3月6日，习近平总书记看望参加全国政协会议的医药卫生界教育界委员时指出，“大思政课”我们要善用之，一定要跟现实结合起来。上思政课不能拿着文件宣读，没有生命、干巴巴的[60]。2022年4月25日，习近平总书记到中国人民大学考察调研时指出，思政课的本质是讲道理，要注重方式方法，把道理讲深、讲透、讲活，老师要用心教，学生要用心悟，达到沟通心灵，启智润心，激发斗志[61]。在党的二十大报告中，习近平总书记指出，育人的根本在于立德。全面贯彻党的教育方针，落实立德树人根本任务，培养德智体美劳全面发展的社会主义建设者和接班人。坚持以人民为中心发展教育，加速建设高质量教育体系，发展素质教育，促进教育公平[62]。

为实现这一目标，让广大学生适应思政育人的模式，除了针对思政课程的自身展开整体规划之外，每一门课程都应该与其自身的内容及特点相结合，在实施的过程中，强化思想政治教育，形成精细化、全面型、渗透型、融合型的新型教育模式。高中课程承载着党的教育政策和理念，而化学课程作为其中必不可少的一部分，也占据着不可忽视的重要作用，因此，对其进行思政教育有关问题的探讨是十分有意义的。

4.1.2 基于课程思政的实验教学的研究现状

4.1.2.1 国外研究现状

在人类社会中，思想道德教育是一种普遍开展的教育实践活动，在国外，教育重视培养学生的人格、情感和道德，他们把思想道德教育与历史、哲学和心理等课程融合在一起，往往表现出了隐蔽性、渗透性等特征[63]。其他国家虽没有像“课程思政”这样的专业词汇，但也有一些国家采用了更加实质性的思想政治教育方式，比如美国称“品格教育”，英国称“政治教育”，日本称“道德教育”，等等。这些国家结合自身的情况，通过课堂教学、实践活动等形式开展了大量的思想政治教育工作，从而让学生更加深入地了解和掌握思想政治知识。

（1）美国：品格教育。

美国的品格教育兴起于19世纪末期，随着时间的推移，品格教育也得到了进一步发展，到了20世纪80年代，品格教育已经发生了翻天覆地的变化，之后又称作新品格教育。20年前，美国只有少数热衷于素质教育的专家知道何为“品格教育”，如今，“品格教育”已经成为了美国社会的热点，其目的和思想也被广泛讨论[64]。与传统的品格教育比较起来，新品格教育的形式更加复杂，运用的方法有合作学习、班级会议、冲突解决、道德反思等[65]。

不同的素质教育方案，其实施方式也各不相同。概括而言，主要有三种方式：① 直接教学，注重培养习惯，培养品德；② 间接教学，着重指出在进行品德教育时，一定要有意识地联系生活，不能把品格孤立化、法典化，也不能照本宣科[66]；③ 以社群建构的方式教学，重视建立一个有道德的社区群[67]。品格教育强调学校、家庭、社会三者相互协作，发挥教育的一致性与连续性，其目的就是要把学生塑造成具有创造性的、对社会有用的人。

维尼提出学术学习和品格发展是相辅相成的，两者之间并无明显对立关系。托马斯（Ronald S. Thomas）认为品格塑造在一定程度上，可以使学生的学业成绩得到提升。布里查德认为，在课堂上改善学习表现的策略，也会使孩子产生一些积极的行为。提倡德育教育的同时不排斥学术教育，才是值得学习和借鉴的。品德教育相对于其他道德教育手段，具有其特有的优越性。它能使一个人在不了解美德的时候也能奉行美德，尤其是对幼年时期的孩子来说更为有效[68]。

（2）英国：政治教育。

英国崇尚“绅士风度”，从某种意义上来说，也体现出了英国人相对较高的文化素质。但事实上，纵观英国的教育史，很少能找到专门的德育课程。英国学校实施道德教育的主要途径是学科教育，在英国教育基本法中，明确地提出，在教育活动中，要以公民素质教育为根本，并将德育与素质教育有机融合在所有的教育教学之中[69]。

这一理念首先在教科书的内容编制上得到了体现。英国小学和中学的教科书均以科学精神和价值观念为依据，其内容既体现了科学精神又体现了人文精神，既传授了自然知识又传授了社会知识，既渗透了人道主义又渗透了国家意识。其次，英国大学注重对学生进行道德教育，并将道德教育融入学生的课堂之中。在日常的教育和教学过程中，教师都非常重视对学生进行专业知识的教学，教师注重通过专业知识教学渗透德育，如在英国政治史、21 世纪商务等课程的课堂教学中，除了提供有关英国政治与文化的基本内容外，更提供了有关英国公民的权利和义务，以及有关英国传统文化的特色，目的在于培养学生的民族自觉性、公民性与伦理观念。在英国中小学的教学管理工作中，一般都会要求教师在对课程内容进行挖掘和讲解的时候，不仅要体现出科学理念、真理理念，还要体现出价值理念和人文精神，此外，还需要每一位教师在教学过程中，都要以身作则，为人师表，用自己的个性和行为来教育学生[70]。

（3）日本：道德教育。

在日本历来都有“心灵的教育”的说法，这既显示出日本对德育的重视，也显示出日本十分注重德育的情绪性与内化性。在日本的学校里，不仅在道德课上学习德育内容，而且在各个科目的课堂上也都有德育内容。例如中小学《学习指导要领》有这样的要求：文学性教科书中的德育价值也应被发掘出来；在数理学科方面，要培养学生的归纳推理等数学能力，培养学生科学、理性的生活态度，提高学生的道德判断能力；在音乐和绘画科目中，既可以对学生的鉴赏力和创造美的情操进行培养，还能使学生对艺术家坚韧不拔的奋斗精神及对生活、艺术的执着追求心存敬意，进而进行模仿，并发挥出一种有别于说教的道德力量[71]。

日本十分重视并擅长吸纳外国优秀文化。日本具有由日本传统德育、中国儒家思想、西方民主思想所构成的三位一体德育思想，其中中国儒学的伦理道德观是日本道德教育的理论基础[72]。

日本道德教育一贯重视实践，其德育教学理论更是把“指导过程”与“指导方法”置于德育教学的核心位置。正如有的学者指出的那样，日本的德育方式，无论是在具体的引导技巧上，还是在对价值观的阐释上，都超过了美国[73]。

通过对国外关于思想政治的研究可以发现，思想政治教育在各国的教育中以各种形式存在，而且还具有隐蔽性和渗透性。他们将思想政治教育融入教育、哲学、心理学、历史等课程的教育活动中，在潜移默化中进行，这与本书所要研究的课程思政教育极为相似，都注重潜移默化地影响学生的思想品德。

4.1.2.2　国内研究现状

随着时代的发展和进步，我国对思想政治教育的重视程度已经达到了一个新的高度，并在此基础上进行了很多更改与创新。近年来，国内许多专家、学者从理论和实践等方面研究课程思政，探索创新，并从不同角度对“化学课程思政”进行初步研究，当然也取得了一定成果。但对“化学课程思政”进行专门研究的著作并不是很多，而以硕士生、博士生论文的方式涉足这一内容的则更少。截至2022年11月，在中国知网（CNKI）以“课程思政”“化学”为主题进行高级检索，得到的论文共有2580篇，其中期刊2306篇，会议21篇，硕士论文81篇。主要是从以下几个方面来展开论述。

（1）课程思政的内涵及其存在价值。

“课程思政”的实质，是一种以全员、全过程、全课程为基本模式，以立德树人为核心，使其他各种课程和思想政治理论课同向同行，产生协同作用的综合教育观。

刘建军[74]认为，“课程思政”是通过高校的课程建设与课堂教学，对大学生开展思想政治教育的一种途径，“课程”这个术语有广义和狭义两种含义，广义上是指“思想政治课”在内的全部课程，而狭义上则是指除“思想政治课”之外的其他课程。但是，课程思政不限于思想政治课程的“思政”。无论思想政治教育有多重要，它都不是万能的，更不是唯一的。大学生的世界观、人生观和价值观的形成是一个非静态的过程，仅仅靠几门思想政治课是远远不够的。而且，思政课的功能并非独立存在，而是要有其他学科的支撑与烘托的。

王学俭[75]提出：“课程思政”的实质是以“立德树人”为目标的一种教学活动。要把思想政治教育与其他课程教育相结合，无论是从具体的思想政治教育，还是从抽象的教育角度来看，都是为了实现立德树人。

高德毅和宗爱东[76]认为，“课程思政”的本质就是一种课程观念，它并不是要增加一门新的课，也不是要增加一项新的活动，而是要把思想政治工作与课程教学与改革的各个环节、各个方面都融合在一起，真正做到立德树人润物无声。

陆道坤[77]认为，课程思政是一种新型的教学模式，它将思想政治教育融入课程教学的各环节、各方面，以隐性思政的功用与显性思政（思想政治理论课）结合，共同构建全课程育人格局，将思想政治教育融入课程教学，增强学生的文化素养和社会责任感，以培养全面发展的人才。

（2）课程思政建设的基本实践路径。

韩宪洲[78-79]认为：课堂育人理念自古有之，任何一种课堂都是教育的主要途径，“课程思政”是一种新生事物，尚处在萌芽状态，它的内涵范围、核心要义、规律特征、实践要求、构建途径、工作评估等方面，都有待进一步扩展与深化。为此，必须从提升认识、深化实践、完善制度这三个维度着力把握好深化“课程思政”建设的关键问题。

何玉海[80]认为：“课程思政”作为一种新的理念，其在理论与实践上仍存在一些问题与误区。究其原因，主要在于未能从教学的角度来认识和把握“课程思政”的实质内涵。为此，我们必须从教育学，特别是从课程理论的角度来理解“课程思政”，并加以研究与实践，着力建立一种“显”与“隐”相结合的课程体系，从建立一个能保障全体人员广泛参与的思想政治教育实施体系入手，提倡讲授、对话、交流、服务“四位一体”的思想政治教学模式，建立一个科学的评价体系，使“课程思政”这种充满科学性和教育性的思想政治教学方式落到实处，从而提升其教学效果。

石岩等[81]认为课程思政建设是一项系统工程，必须坚持课程思政建设的方向和要求，而要实现课程思政，则需要完成以下几个步骤。第一，要树牢育人理念，在习近平新时代中国特色社会主义思想的指导下，坚持“以德为本”的教育观念；第二，要构建育人格局，加强课程思政的“铸魂式”教育，强化育人阵地建设；第三，优化课程建设，在社会主义核心价值观的引领下，实现课程思政建设的一体化；第四，改革教学方式，积极推动“隐形”与“显性”相结合的课程思政；第五，拓展协同通道，对各学科的思想政治资源与要素进行有效的开发与利用；第六，打造师资力量，全方位提高教师的素质，提升教师课程思政的意识和能力；第七，完善管理制度，全方位构建课程思政建设的评估制度和激励机制。

（3）化学课程思政建设目前存在的问题。

黄悦华[82]认为，把思政课融入其他课堂，既是把“立德树人”思想融入各课程教学中的一次新尝试，又是一次对高校学生立德修身的二次创新，还可以深化学校“开放、包容、分享、感恩”的文化理念，又能在一定程度上使课堂教学成为思政教育的主要途径，也是建立“大思政”的一项重要举措。

卢杨等人[83]认为，大学课程思政建设要从三个方面来进行，即全面提高专业课教师的育人意识和育人能力，深入挖掘专业课程自身所包含的思政元素，明确课程思政建设的规划、保障和实施机制。

张丹丹[84]认为，“课程思政”作为高校思想政治工作的重要一环，具有复杂的主客观关系。由于高校“课程思政”所面临的特殊情况，其实施过程也就不可避免地呈现出多元化的趋势。在“课程思政”的建设中，要突出“课程思政”的复杂性，提高其针对性、实效性；要始终坚持“整体性”，注重要素协同，构建“课程思政”的立体网络体系；以协调性为重点，持续改进教学手段和方法，增强“课程思政”教学的魅力。

（4）化学课程思政未来的建设重点。

张树永[85]认为，针对目前存在的问题，要想建设化学课程思政，首先，要进一步厘清课程思政的内涵；其次，要加强课程思政的系统设计；再次，要重视对课程思政的效果评估；最后，要加强对教师的培养与示范引导。

陆道坤[86]认为，课程思政实践中最受关注、最为显性的问题主要集中在课程与教材建设、教学改革与创新、教师课程思政素养发展等。课程和教学是课程思政实践的主体，二者的水平决定了课程思政实践的整体成效。当前，在课程建设和教学改革过程中，还存在形式繁荣但效用不高等问题。因此，如何推进高校的课程建设，进行教学改革和创新就成了人们关注的焦点。如果要加快课程思政建设的速度，就不得不加快上述主体的课程思政素养发展，从协同育人的视角出发，明确各主体需要发展什么，以及怎样发展的问题。在协同育人的框架下，根据学生的“增值”状况，比较科学地“切割”不同教育模式的实施效应，从而方便课程思政的系统性反思和完善，将成为未来相当长一段时期内推进课程思政的重点和难点。

杜琳等人[87]认为，化学课堂是高校专业课教学中的一个重要环节，与此同时它也肩负着对学生进行思想政治教育的责任与使命。在新时代的引领下，化学教育不仅要传授化学知识、化学技能，更要训练学生的科学思维和科学方法，培养学生的科研探究精神和创新创优意识，要对历史唯物主义和辩证唯物主义有深刻的认识。因此，在开展化学专业知识的教学过程中，高校化学教师要对学生进行德育渗透，从而达到立德树人的目的，推动学生的全面发展。

从上述分析中我们可以看到，我国非常重视对学生的思政教育，但思政教育的模式还需要改进，思政课程的改革是必要的。就我国目前教学情况来看，重视知识而忽视道德教育非常普遍，关于课程思政的研究通常都开展在高校，所涉及的学科多为通识课，反倒是针对高中教育的案例较少，尤其是关于高中化学课程思政的相关研究。

国家对课程思政的研究结果进行了总结，并明确指出，在高中阶段注重对学生的政治素质的提高。因此，在高校开展课程思政的指导下，本书建议以高中化学为例，结合高中生的年龄特征及其认知规律，采取合适的教学方式，将思政元素与教学相融合，从社会主义核心价值观、知识水平、思想品德、科学态度等各个方面着手，培养多领域、高素质的全方位人才。

4.1.3　基于课程思政的实验教学的研究目的和意义

4.1.3.1　研究目的

① 探查高中化学课程思政教育现状，明确课程思政建设的必要性、重要性、可行性。首先，我们要认识到课程思政建设是当前高等教育发展的必然要求。其次，我们要认识到课程思政建设的重要性，它不仅可以帮助学生学习知识，还可以提高学生的思想素质和道德修养。

② 以高中化学必修阶段教材为中心，以化学学科核心素养为导向，挖掘高中化学课程所包含的思政元素，引导高中化学教师将辩证唯物主义教育、科学态度和科学精神教育、爱国主义教育和文化自信教育、社会责任感教育、良好人格品质教育等教育理念相融合，以实现高中化学课程的育人作用，并提升教师整体教育教学水平。

③ 参考教育教学的具体环节，探究课程思政视角下的高中化学教学设计，为后面的教育者提供一些有价值的参考依据，让更多的高中化学教师参与到高中化学课程思政的建设中，推动课程思政在教学目的和教学设计方面的思考和探究。

4.1.3.2　研究意义

普通高中化学是一门与义务教育化学、科学等学科有机结合的基础教育课程，它是落实立德树人，发展素质教育，弘扬科学精神，提升学生核心素养的重要途径[88]。在高中化学教学中实施“课程思政”，既是国家意志的直接反映，又是高中化学课程的一个重要内容。在高中化学教学中，强化思想政治教育，可以使学生乐于探究其深层的差异和关联，加深对知识的认识，建立健全知识结构，领悟学科的思考方式，学会如何学习化学。因此，实施化学课程思政教育，可以有效地加强对学生的专业素质的培养，提高学生的综合素质。

化学作为自然科学的基础学科，与人类的生活密不可分，它在保证人类生存的同时，还能不断提高人类的生活质量。通过强化高中化学教学，使学生认识到化学知识的产生、发展过程，使他们认识到化学知识在生活、生产中的作用，从而提高他们对化学知识的认识和运用。

4.1.4 研究内容和方法

4.1.4.1 研究内容

① 通过文献资源和网络数据库，对所查阅的资料进行整理和分析，了解国内外对于课程思政的研究现状，以及化学课程思政在国内高中教育方面的应用研究现状，对课程思政的要素及内涵进行分析。

② 通过对一线教师的访问，了解高中化学必修教材的教学与课程思政结合的现状。设计调查问卷，了解高中学生思想政治观水平。

③ 挖掘化学必修教材中与思政有关的元素，从中选择代表性案例进行教学设计，之后实施教学并验收教学成果，得出实施课程思政对学生思想政治观的影响，总结其中的经验及不足。

4.1.4.2 研究方法

文献研究法。主要包括搜集、鉴别和整理文献这几个环节，通过对文献的学习和研究，最终形成对现实的科学认知方法。在开展课题的前期，通过查阅可利用的纸质图书资料和电子图书馆资源，收集与化学教学设计和课程思政等相关文献。同时，对资料进行分析、归纳和总结，从而为本书研究提供基础资料。

问卷调查研究法。问卷调查研究法是在大量问卷调查的基础上，通过问卷的设计、发放和回收、整理和分析这三个关键环节，对研究展开相应分析。本书调查的受试者是高中学生。通过对学生进行问卷调查，总结出高中化学思政中存在的几个问题，并采取相应的课程思政教学活动来帮助学生解决这些问题，以期取得更好的教学效果。

访谈法。对不同资历的化学教师进行访谈，进一步了解化学教师对于课程思政的认识以及高中化学必修教材的教学与课程思政结合的现状，为构建化学思政育人模式提出意见、建议。

4.2　基于课程思政的实验教学的核心概念界定与理论基础

本节以马克思主义关于人的全面发展理论为指导，进一步明确课程思政与化学课程思政的核心概念界定，为后续挖掘教材中的思政元素，进行教学设计以及开展教学实践提供理论依据。

4.2.1　基于课程思政的实验教学相关概念及特征

4.2.1.1　课程思政的概念界定

课程思政是以“立德树人”为根本教育任务，构建“全员、全过程、全学科”教学模式，使各种课程与思想政治理论课并驾齐驱，产生协同作用的一种全新教育体系。“课程”与“思政”并非一种狭义的概念，它意味着每一门学科都应该贯穿和渗透育人的思想和要素，在潜移默化中达到立德树人的目标。这里的“课程”是指在教学过程中与学生有关的教育类课程，而“思政”则是指在教学过程中进行的思想政治教育。它是一种由社会主导，以一定的教学模式进行的有目的的教育活动。

从概念上来看，“课程”和“思政”分别代表着显性教育和隐性教育。所谓显性，是指通过一种直观、形象、具体、生动的方式使学生获得与之有关的知识；而隐性教育指的是通过一种潜移默化、润物无声的方式，让学生在不知不觉中受到感染和熏陶，从而实现对学生进行德育的目的。

“思政”理念的提出，打破了单一学科的局，它注重把培养学生的价值观念融入全部课程中，把思政教育融入整个教育过程，把“育人”的思想融入课堂中，使“教书育人”成为一种现实。其目的就是要在每一门课程的课堂上，既可以教授学科知识，又可以培养学生的品德，潜移默化地渗透思想政治教育，发挥课堂教学的育人功能[89]。

“课程思政”与“思政课程”在字面意义上看似相近，但在内涵上却存在着巨大的差异。如果说“思政课程”是一门学科，那么“课程思政”就是一种教育体系。两者之间既有联系又有差别。从课程类型角度来看，课程思政属于一种隐性的教育活动，它主要表现为将思政教育与每一门学科的教育相结合，在每一门学科的教学过程中，潜移默化地对学生进行影响。而思政课程作为一种显性的教育活动，是为了达到思政教育的目标，其主要表现就是在社会主义核心价值观的引领之下，对其成员施加一定的影响，使其品德和行为符合社会的要求，在某种程度上带有政治属性。

从教学目标角度来看，课程思政旨在学科知识的传授与思想道德的培养协同并进，而思政课程的教学目标是思想道德的培养。因此，思政课程的教学目标和课程思政的部分教学目标是一致的，都要坚持“思政育人”的理念，坚持“立德树人”的教育原则，明确学校的办学方向，将培养社会主义事业接班人视为己任。

4.2.1.2　化学课程思政的概念界定

化学课程思政就是把社会主义核心价值观贯穿于整个化学教学中，深入阐述化学教育在提高学生综合素质、促进学生全面发展方面的作用。在这种“课程”的思维模式中，化学课本有着不可替代的地位，因为它具有很强的逻辑性、很强的渗透性和丰富的内涵，它所蕴含的丰富的思政资源，也为化学“思政”的实施创造了条件。

《普通高中化学课程标准（2017年版2020年修订）》在课程目标上突出了化学学科核心素养的要求，旨在培养学生具备正确的价值观、必备品格和关键能力。其中，“宏观辨识与微观探析”“变化观念与平衡思想”“证据推理与模型认知”要求学生形成化学学科的思想和方法，“科学探究与创新意识”在实践探究层面激励学生形成批判质疑、勇于创新的科学精神，“科学态度与社会责任”在价值观念层面要求学生具有严谨求实的科学态度和社会责任意识。

由此可见，“课程思政”理念和化学学科核心素养的育人价值是相契合的，两者都是以落实立德树人根本教育任务为宗旨，从教学观念上看，都是为了提高学生的价值观、思维方式和科学素养。因此，将“课程思政”引入高中化学教育中，可以更好地发挥其教育作用，促进学生发展核心素养，也为教学目标的实现提供更大的可能性。基于此，本书立足于立德树人目标和课程思政的基本要求，通过对高中化学课程思政要素的总结和分析，充分挖掘高中化学必修阶段的思政教育资源，探索高中化学课程内容与思政元素融合的切入点，以期为高中化学教学开展思政教育提供新的思路。

4.2.1.3　高中化学课程思政的特征

（1）隐性育人与显性育人相结合。

化学是一门与人类社会发展、科技进步紧密联系的学科，化学在人们的日常生活中随处可见，而一些与化学有关的社会热点问题也经常出现，比如垃圾的处置、垃圾分类、食品添加剂的应用等，都可以被用来充当化学学科的隐性教学材料，并将其与化学教学联系起来，指导学生观察和体验化学知识，感受生活中的化学现象和原理，有助于他们形成对科学的理解，进而提高他们的辩证思维能力、分析问题和解决问题的能力[90]。普通高中化学课程在培养高素质人才、弘扬科学精神等方面起着举足轻重的作用，是全面推进素质教育、大力弘扬科学精神、进一步提升学生核心素养、立德树人的重要载体。因此，把“隐性”和“显性”有机地结合起来，是“化学学科”实施“课程思政”的一个突出特点。

高中化学课程思政更注重将知识、要素、目标及主体相互联系，将教学与育人进行有机整合，通过引导启发、实验探究等教学方式将课程思政资源与课程资源作为整体，为教师的教学工作服务，以推动高中化学课程思政的实施。

（2）科学性与人文性相统一。

课程思政作为一种全面的教学思想，突出特征就是体现出人文精神。而化学作为一种基础科学，它所体现出来的科学精神，更是支撑了整个人类文明的发展。化学是培养学生科学素质的必要条件，化学实验、化学史实、化学家精神等都表现出了浓厚的人文精神，使科学知识内涵更加鲜活，课程知识教育更加有趣，学生能力培养更加实际。因此，要充分发挥它的科学性和人文性的特点，充分挖掘它的内涵，才能使它真正地承担起育人的作用。

（3）核心价值与创新意识相融合。

从教学内容上看，高中化学课程与思想政治课程虽然有很大的不同，但是它们所包含的科研精神、创新意识、民族情怀等理念是相辅相成的，从某个程度来讲，二者所表达的理念具有高度的相似性，将高中阶段的化学与思政相互融合，通过挖掘化学中的思政资源，以此提升学科价值意蕴，充分融合学科知识与思政内容，凸显高中化学课程思政的育人功能。

课程思政的核心理念在于将思想政治因素渗透到教学中，而这一理念不仅体现在理论知识的传授，还要充分地体现在对学生的精神追求和价值观的培养上。高中生心理素质的持续发展，需要悉心培养，将思想政治因素融入具体的课堂教学之中，引导学生树立正确的“三观”，从而引导学生产生正确的价值取向。而在化学教学中，既要让学生积累知识，掌握方法，又要培养学生的创造性思维和能力。化学课程思政可以将化学所蕴含的“家国情怀”、“人类命运共同体”意识与“百折不挠”的科学探索精神相结合，培养学生的逻辑思维和创新能力，既能激发学生对国家和社会的热爱，又能培育学生对祖国的忠诚，增强民族自豪感和自信心，坚定理想信念，使其在今后的人生中勇担时代使命。

4.2.2 基于课程思政的实验教学的支撑理论

4.2.2.1 马克思主义人的全面发展理论

马克思主义“人的全面发展”理论中的“人”指“类”和“个体”的统一，既指类存在的全面发展，又指个体的体力、智力、品德、能力等各领域的全面发展，二者既相互联系又相互区别，类以个体为基础，个体又表现着类，我们既不能排斥个体，也不能排斥整体[93]。

马克思、恩格斯认为，人的脑力劳动与体力劳动之所以被分离，根本原因在于旧式的分工，这种分工在导致人片面发展的同时，又对人提出了新的要求，具有个人全面发展的客观趋势。大工业的本性决定了劳动的变换、职能的更动和工人的流动性。大工业生产技术的不断变革，在对培养全面发展的人提出要求的同时，也为培养人的全面发展提供了必要的物质条件[94]。

马克思主义的先驱们，既从机械大工业的进程出发，也从人的解放出发，揭示了人的全面发展。人的全面发展，包括人的智慧、身体素质等各个方面的发展。

4.2.2.2 科尔伯格道德发展理论

美国发展心理学家科尔伯格在他的研究中，根据不同年龄段的孩子在面对同样的问题时所表现出来的思维模式，提出了一套儿童道德认识发展的阶段模式，也就是熟知的三水平六阶段品德发展理论[91]，见表4.1。

表4.1 三水平六阶段品德发展理论表

三水平	六阶段		儿童行为表现方式
前习俗水平	第一阶段	惩罚和服从	此阶段儿童根据行为后果来判断行为的好坏及严重程度，服从权威只是为了避免处罚，心中没有真正的准则
	第二阶段	朴素的享乐主义或功利主义	此阶段的儿童遵从准则只是为了获得奖赏或者满足个人的需要，判断行为的好坏只按照行为后果能否满足需求，具有浓重的实用主义色彩[92]
习俗水平	第三阶段	人际和谐，又称“好孩子”	此阶段的儿童以人际和谐为准则，他们认为取悦他人就是道德行为，他们希望被人看作好人，判断行为好坏主要取决于他人对行为的评价

表4.1（续）

三水平	六阶段		儿童行为表现方式
	第四阶段	尊重权威或维持社会现有秩序	此阶段的儿童已经有了社会的概念，他们认为每个人都应该承担社会责任和维持社会秩序，判断行为的好坏主要取决于是否符合社会秩序
后习俗水平	第五阶段	社会契约和法律	在这个时期，人们已经具备了责任心和义务感，他们将社会契约和法律作为自己的行为规范，但是，他们并不认可契约和法律的绝对性，他们认为，当一部法律与人民的需求无法相互适应时，它就是可以被修改的，法律应该符合大多数人的意志，可以为社会创造更大的民生福利，才算是道德行为
	第六阶段	普遍的道德准则和良心的定向阶段	此阶段的人认为评判道德应运用适合各种情况的道德准则以及普遍的公正原则。背离了这个道德准则就会产生愧疚感，道德准则已经内化成他们的自觉追求

4.2.3　化学课程思政实施的必要性

开展课程思政是时代赋予我们的要求，自觉的十八大以来，习近平总书记就多次强调思想政治教育对高校课程改革的重要性，并把立德树人作为教育改革的根本任务，这对于化学课程思政实施有极强的指导意义。之所以要把思政教育融入化学课堂中，主要原因如下。

4.2.3.1　化学课占比大，历时长

虽然高中已经开设了专门的思政课，但根据时代的发展，以及从思政对于一个人成长发展的作用来看，单纯的思政课堂已经无法满足学生对思政的需要，这就要求教育者必须把思政教育融入日常的方方面面[95]。而化学这门学科，在整个高中的专业课程体系中，占总学时的比例较高，且开设时间在学生入学的第一年，这一时期正是高中生世界观、人生观和价值观形成的重要时期，在这样一个关键时期，将思政元素融入化学课堂就显得十分有必要。

4.2.3.2　化学课学时长，内容多

化学知识纷繁复杂，涉及很多晦涩难懂的定义、原理以及流程复杂的实验操作，若想学习好化学这门课程，为未来学习打下一个坚实的基础，学生必须将这些知识熟练掌握，这对于学生来说是非常大的难题，因此，如何帮助学生快速理解记忆，就成了非常重要的问题。与此同时，思政这一学科又过于重视

原理的灌输，教学内容枯燥乏味，课堂气氛沉闷，与化学课堂正好形成了鲜明对比，将二者进行有机的结合，就十分有必要。

4.2.3.3 化学相关专业涉及社会治安与国家安全

纵观人类世界的发展，处处离不开化学，化学存在于人类生活的每一天，甚至可以说没有化学就没有人类的发展。当然仅凭高中化学，并不能在化学上有什么成就，但就长远来看，每一位高中生都有可能在未来从事与化学有关的行业，特别是药物化学、生态化学、病毒等相关专业，这类专业不仅关系到学生日后谋生或职业，甚至关系到社会治安和国家安全，它使“培养什么样的人，为谁培养人，怎样培养人”这类问题更加突出，因此，为了社会的长治久安，教育者需具有一定的前瞻性，需要将思政教育融入化学课，使学生在学习化学知识的同时，潜移默化地接受政治教育的熏陶，形成高度的社会责任感。

4.2.4 化学课程思政实施的可行性

在整个高中课程中，思政教育能够融入高中化学的必修教材中，主要可行性如下。

4.2.4.1 马克思主义基本原理与化学原理密切相关

化学是一门科学、自然的学科，它与辩证唯物主义的科学世界观是密不可分的，其研究的本质体现了整体事物发展的变化规律，从对其基本组成进行探索，到对物质变化的原因及规律进行自觉的探索，从而找到对物质世界进行改造的方法。马克思主义哲学中世界的物质性、量变、质变、对立统一、否定之否定等哲学思维与化学的基本原理和方法是紧密联系在一起的。而对于化学课堂而言，讲授化学基础知识、基础理论的过程中，将马克思主义哲学的基本原理融入其中，既显得十分自然，又具有可行性，容易被学生接受。

4.2.4.2 高中化学教师具备思政教育所需的条件

无论是从思想品德、智力水平、沟通能力、教学方法，还是从现代教育教学技术方面来看，化学教师都具备与思政教师同等的条件，甚至在逻辑思维能力以及对自然科学知识的理解方面，比思政教师更具有优势。且化学作为理工科目的代表，理工科教师与理工科学生之间在思维方式、学习习惯、记忆规律等方面，有很多相似之处，这些相似之处也正好有效地促进了师生间的沟通与交流。此外，很多化学教师同时也承担了班主任的角色，他们更了解学生的性格和习惯，在进行思政教育时也会更加得心应手。

4.3　实施现状和调查研究

本节通过教师访谈与学生问卷的方式，对当今化学课程思政的开展状况进行分析，并根据调查结论，为后续的教学设计提供数据支撑。

4.3.1　教师访谈

4.3.1.1　调查目的与对象

为了有针对性地在高中化学中融入课程思政，首要任务是对当今化学课程思政的开展状况以及存在的问题进行分析，并根据调查得出的结论，提出合理的策略和实施建议。本次调查地点在鞍钢高级中学，选取化学教研组的10位教师，将他们分为两组，分别是具有10年以上教学经验的资深教师，以及入职3年以内的新手教师，以访问的形式，围绕教师的思想政治水平、化学思政现状等方面展开调查。

4.3.1.2　调查结果分析

本次访谈共有10个问题（见本章附录A），以访谈的形式探讨课程思政在教师心中的地位、作用，他们对课程思政的理解认知，他们在课堂上是否贯彻课程思政的理念，对已实践过的方法进行总结，以及是否运用课程思政取得理想的教学成果。根据调查结果得知，10位教师均对课程思政有一定的了解，但了解程度有所不同，实施程度更是相差甚远。

经对比可知，具有10年以上教育经验的资深教师，对课程思政的了解并不全面，平时也很少参加与之相关的活动，他们大多是从杂志或网络等渠道了解到课程思政这一概念，不过并未进行系统的研究，但在访谈中，这些资深教师也表示，他们并非不认可课程思政的教育理念，也同意课程思政对于学生的培养有很大的意义，他们愿意在自己的课堂上进行改革创新，加之他们拥有多年的教学经验，对化学课堂的掌握程度已经到了炉火纯青的地步，所以在挖掘思政元素以及将思政元素与化学课堂进行融合时，也会更加得心应手，尤其是遇到一些难解的问题时，更能有效地发挥教育机制，灵活处理。

相反，教育经验尚浅的新手教师，对课程思政却有很深刻的见解，他们十分认可课程思政的教育理念，且经常参加与课程思政相关的各种活动，在实际教学过程中，他们经常融入思政元素，只不过由于经验不足，所以在融合时略显生硬，甚至有时会为了课程思政耽误正常的教学进度，教学成果也大打折扣，在遇到一些突发性问题时，他们也因为经验不足，不能够很好地处理解决。但新手教师的优势是他们思维发散，愿意学习新事物，且接受新事物的能力较强，他们不仅自己践行课程思政，而且提出了很多有效的意见，提升学校和教师对课程思政的重视。

4.3.2 学生问卷

4.3.2.1 调查目的与对象

为了解高中生价值观状况，本研究以高一年级的部分学生为调查对象，由于该校教学班级较少，所以仅选取100人，通过问卷形式调查高中学生思想政治觉悟及对化学课程思政的态度。

4.3.2.2 问卷的发放与回收

本研究从笔者所执教的高一A、B班中抽取了100名学生，问卷共设置17个问题，通过问卷星系统的调查和统计平台，共发出了100张问卷，其中98张为有效问卷，有效率是98%。

4.3.2.3 结果统计与分析

本研究所设计的调查问卷（详见本章附录B）一共有17个问题，1～5为学生对化学课程思政的态度调查问卷，用来了解学生对化学课程思政的态度。6～17是基于化学学科核心素养的学生思想政治观的调查。这份调查表涉及生命观念、科研精神、辩证思维、社会责任感等四个方面，旨在对学生的思想政治观进行全面的了解。样本数（N）为98，采用赋值法对选项进行赋值，A选项1分，B选项2分，C选项3分，D选项4分，问卷答题得分越高，说明学生的价值观水平越高。通过SPSS 26.0的统计分析，得出了这些问题的均值。

（1）问卷的信度与效度分析。

为检验本次调查所得到的数据是否有效，本研究利用SPSS 26.0软件进行分析处理数据，当信度系数在0.70以上时，量表的信度就比较好，而KMO值在0.7以上时，量表的效度就比较好，表4.2给出了对该量表进行信度和效度测试的结果。

表4.2　高中学生价值观现状的调查问卷信度和效度检验结果

项目	结果
样本数	98
项数	17

表4.2（续）

项目	结果
信度系数	0.73
KMO值	0.75

由表4.2可以看出，该问卷的信度系数（Cronbach's Alpha）为0.73，大于0.7，说明研究数据信度较好，问卷数据可靠；因子分析KMO值为0.75，大于0.7，表示数据效度较好，问卷数据有效。

（2）样本组成。

本次调查的对象为高一年级A班和B班，样本男女比例接近1∶1，样本结构合理。

（3）学生对化学课程思政的态度。

通过关于学生对化学课程思政的态度调查问卷发现，84.8%的学生认为化学课程对学生思想政治观是有影响的，只有15.2%的学生认为没有影响（表4.3）。且33.2%的学生认为教师在化学课堂上兼顾学生价值观培养是非常有必要的，75.1%的学生认为化学课堂上有必要培养学生的思想政治观，只有24.9%的学生认为完全没有必要（表4.4）。由此可见，化学课程思政具有可行性。

表4.3　关于化学课程对学生思想政治观影响的问卷调查结果

问题	选项	比例
化学课程对思想政治观有影响吗？	非常有影响	13.5%
	有影响	52.4%
	影响较小	18.9%
	没有影响	15.2%

表4.4　关于化学课堂是否有必要培养学生价值观调查结果

问题	选项	比例
化学课堂是否有必要培养学生价值观？	非常有必要	33.2%
	有必要	41.9%
	没有必要	24.9%

在思想政治观部分的12个问题中，有3个问题的平均分值小于2分，7个问题的平均分值为2～3分，2个问题的平均分值为3～4分，这表明大部分学

生已经形成了比较正确的价值观念。分数较低的题目，主要集中在辩证思维和社会责任两个方面，这表明在对学生的辩证思维能力和社会责任价值观这两个方面的教育时需要进一步加强，这也是为什么在后文中，以辩证思维能力和社会责任价值观作为主要研究样本。

4.4 挖掘教材中思政相关元素

通过对教师的访谈以及对学生的问卷调查，对教师关于思政元素的理解和运用、学生的思政水平已经有了一定的了解，总结来看，当今课程思政在化学课堂上的应用水平并不高，因此，如何将思政元素更好地融入化学课堂中，是当前化学教学的一个重要课题。鉴于本书的研究对象是高中化学，所以选取人教版（2019）高中《化学》必修一、必修二作为挖掘思政元素的载体。

4.4.1 高中化学必修教材中思政元素的类型

根据化学学科本质价值、社会价值以及育人价值，可将化学教材分为以下几个类型：化学与人类社会发展、化学与日常生活、化学与生产实践、化学史实、科学探究等几个类型[96]。

4.4.1.1 化学与人类社会发展

毫无疑问，在整个人类文明进步的历程中，化学一直起着推动作用，它与数学和物理等学科共同成为自然科学迅猛发展的基础，自然科学的任一领域都需要化学知识作为支撑，它是改造自然的强大支柱。

其中最为典型的也最为常见的，便是药物化学的发展，药物的合成减轻了病痛带来的折磨，在某种程度上也延长了人类的寿命。另外世界各国都颇为重视的能源，也少不了化学的支撑。近年来，随着煤、石油、天然气等传统化石燃料的不断减少，社会的发展对能源的需求又日益增大，开发可持续再生新能源，就成为了当今的首要问题，而新能源的开发必须依赖化学手段。合理利用这些元素，则可以培养学生形成正确的历史观、文化观，实现人类社会长久稳定的发展[97]。

4.4.1.2 化学与日常生活

现如今，化学已经完全深入人类的日常生活中，人类的吃、穿、住、行处处都离不开化学，例如，食品科学可以帮助人类更了解食物中的营养元素，合理地安排膳食；洗涤用品可以帮助人类形成更好的卫生习惯；棉麻、蚕丝等高分子材料制成了人类的衣物[98]；化石燃料的使用，也为人类提供了更美好、更便捷的生活。正因为化学给人类创造了巨大福利，所以更应该让学生认识到化学的重要性，激励学生重视科学，重视创新，为人类的发展谋福利。

4.4.1.3　化学与生产实践

除了与人类的日常生活息息相关，化学在大工业生产中的地位也同样不可小觑，它通过创造、开发新的物质以及产品，满足人类和社会发展的需要，使人类的生活更加现代化。

例如，化肥与农药的生产，提高了农作物的产量；新能源的开发，让人类的生活有了保障；燃料的利用，让人类的生活更加多彩，生活品质得到了有效的提高[99]。让学生意识到化学给人类世界带来的巨大价值，间接性激发学生的创新潜能，促进大工业化的生产实践。

4.4.1.4　化学史实与科研探究

化学史实中蕴含着前人丰富的智慧，以化学史材料为主线，指导学生理解化学知识的形成和发展。

以元素周期律的发展为例，拉瓦锡于1789年出版《化学概要》，三元素组的概念由德贝赖纳于1829年首次提出，门捷列夫于1869年首次编写第一张元素周期表，迈尔于1870年发表了更完整的元素周期表，维尔纳于1905年制成了现代形式的元素周期表，莫塞莱于1913年发现电子电荷与原子序数的关系[100]。这类史实可以培养学生的科研兴趣，激发他们的求知欲和创新欲，增强他们的历史责任感。

4.4.2　思政元素的挖掘

思政元素挖掘见表4.5。

表4.5　高中化学必修教材中的思政元素

章节	教学目标	素材类别	思政目标
第一章 第一节 物质的分类及转化	1. 根据物质的组成及性质，将化学物质划分成不同的类型。 2. 认识某类物质的性质，进而利用物质和物质之间的关系，制备人类生产生活所需要的物质	科研探究	1. 通过建立物质转化模型，培养学生的模型思维。 2. 通过对物质的分类，培养学生归纳总结的能力。 3. 碱性物质与酸性物质化学性质呈现对立关系，但却容易发生反应，在某种程度上也体现了辩证关系

表4.5（续）

章节	教学目标	素材类别	思政目标
第一章 第二节 离子反应	1. 结合初中做过的物质导电性实验，得知盐酸、氢氧化钠溶液、氯化钠溶液等都能导电，通过实验总结出电解质的性质，探讨电解质导电的原理。 2. 通过电解质能导电这一性质，进而引出离子反应，书写出离子方程式	化学与日常生活； 科研探究	1. 给电器设备通电时，湿手操作容易发生触电事故，授课时不仅要给学生传授知识，更要让学生注意安全、提高警惕。 2. 通过向学生介绍阿伦尼乌斯的电离模型，培养学生对模型的认知。 3. 通过离子反应方程式的书写，培养学生的变化观念与平衡思想
第一章 第三节 氧化还原 反应	介绍氧化还原反应的概念以及发展历程，在氧化还原反应中，一种物质失去电子，必然同时有物质得到电子	化学史实； 化学与日常生活； 化学与生产实践	1. 通过向学生介绍氧化还原反应的发展史，让学生在理解氧化还原反应的同时，也意识到真理是一个永无止境的过程，只有不断创新探究，才能无限趋近于真理。 2. 在氧化还原反应中，氧化反应和还原反应同时发生，一种物质失去电子，就一定有物质得到电子，这也体现了马克思主义哲学中的对立统一规律。 3. 氧化还原反应广泛存在于生产生活中，比如金属的冶炼、食物的腐败、植物的光合作用，只有掌握化学变化的规律，才能做到趋利避害，更好地为社会发展服务，这也体现了化学对人类的影响作用
第二章 第一节 钠及其化 合物	1. 探究学习钠元素的物理性质与化学性质，引出钠的化合物——氧化钠与过氧化钠、碳酸钠与碳酸氢钠，并研究它们的性质。 2. 焰色反应，观察钠燃烧时火焰的颜色，总结规律，很多金属在燃烧时都会呈现出特征颜色	化学史实； 科研探究； 化学与日常生活	1. 侯德榜经过数百次的试验，终于确定了新的制碱工艺流程，也就是所谓侯氏制碱法。这种自强不息的精神，永远都是后人学习的典范，而且更难能可贵的是，侯德榜在美国获得博士学位后，毅然回到了祖国怀抱，其家国情怀同样值得称赞。通过侯德榜的事迹，激发学生的爱国情怀和家国责任感。 2. 钠性质活泼，与水反应剧烈，反应放出热量，这也就能够解释在实际生活中，火灾现场放有大量活泼金属时，为什么不能用水而要用干燥沙土来灭火，使学生的安全意识得到提升。 3. 通过观察金属燃烧所发生的焰色反应，让学生感知到化学的美，同时提高他们的审美能力

表4.5（续）

章节	教学目标	素材类别	思政目标
第二章第二节氯及其化合物	1. 学习掌握氯气的性质，氯气与金属、非金属单质的反应，氯气与水的反应，氯气与碱的反应。 2. 氯气的实验室制法，氯离子的检验	化学史实；化学与日常生活	1. 舍勒将软锰矿与浓盐酸混合加热，产生了一种黄绿色气体，从发现氯气，再到氯气被确认为一种新的元素，三十多年的时间里，经历了无数科学家的不懈探索，由此引导学生在科研道路上勇于探索、永不言弃。 2. 氯气与水的反应，可以应用到日常生活中，很多自来水厂都会采用氯气来杀菌消毒，但使用过量也会产生负面影响，由此来引导学生形成正确的社会责任感，化学只有得到合理的使用，才能为人类谋福祉。 3. 氯气的实验室制法，可以培养学生的动手能力，通过让学生选择尾气处理装置，培养学生保护环境的意识
第二章第三节物质的量	学习掌握物质的量、气体摩尔体积、物质的量浓度的定义	科研探究	1. 从宏观上看，发生化学反应的物质是按照一定的质量关系进行的，物质是可称量的，从微观看，化学反应是微观粒子按一定的数目关系进行的，而微观粒子是难以称量的，由此帮助学生理解化学核心素养中的宏观辨识与微观探析，从宏观与微观相结合的视角分析与解决问题。 2. 通过气体摩尔体积的数值随温度和压强的变化而变化这一化学变化规律，使学生体会马克思主义关于真理的相对性
第三章第一节铁及其化合物	1. 认识铁、学习铁、掌握铁单质的性质，铁元素可以形成三种氧化物，分别是氧化铁、氧化亚铁、四氧化三铁。 2. 铁的氧化物都不溶于水，也不与水发生反应，氧化铁与氧化亚铁是碱性氧化物，与酸反应。 3. 铁还有两种氢氧化物，分别由相对应的可溶性盐与碱溶液反应制得	化学与社会发展；化学与日常生活；科研探究	1. 通过展示古代铁制品的图片，让学生了解炼铁工艺从古至今的演变，感受我国古代炼铁技艺的高超，产生文化自信和强烈的民族自豪感。 2. 目前我国已经实施在某些酱油中加入铁强化剂的措施，以减少缺铁性贫血问题的发生，呼吁学生注意身体健康，在日常生活中注重铁元素的补充。 3. 通过讲解电子工业中覆铜板的使用，引导学生形成绿色化学的概念。 4. 通过“检验食品中的铁元素”这一探究实践，培养学生的探究精神，以及团结合作的能力

表4.5（续）

章节	教学目标	素材类别	思政目标
第三章 第二节 金属材料	1. 生铁和钢是含碳量不同的铁碳合金，因为含碳量不同，在性能上也有较大的差异。 2. 铝作为一种活泼金属，在常温下就能与空气反应，生成致密的氧化铝薄膜，无论是铝还是氧化铝，都能与氢氧化钠溶液反应	化学与日常生活； 化学与社会发展； 科研探究	1. 通过向学生介绍铁合金，让学生在学习知识的同时，更多了解生活的常识。 2. 本节课还引入了测试工程师这一个职业，为学生的职业发展提供了参考。 3. 引入“超级钢”这一研究热点，丰富学生对科技前沿的了解，激发他们的科学探索意识，以及对减少环境污染的重视。 4. 纯铝硬度较小，不适合制造机器零件，而加入少量合金元素，就成为用途广泛的铝合金，由此激发学生对未来科学技术的创新。 5. 通过向学生介绍稀土资源，以及我国的稀土储量、产量、出口量均居世界第一位，增强他们的民族自豪感，同时产生珍惜稀土资源的责任感，实现能源的可持续发展
第四章 第一节 原子结构与元素周期表	1. 原子结构以及核外电子排布的规律。 2. 在已有元素周期表的基础上，探究元素之间的内在联系以及规律性。 3. 通过已知元素的性质，利用原子结构以及相关的规律性，推测其他元素的性质	化学史实； 科研探究； 化学与社会发展	1. 原子结构模型的演变经历了五个阶段，最终形成了现代的电子云模型，体现出科学家百折不挠、勇于进取的精神。与此同时也向学生传达了人类对科学的认知是永无止境的，真理具有相对性，人类能做的只是无限趋近于真理。 2. 通过门捷列夫制出元素周期表一事，培养学生积极探索的精神。 3. 通过原子的构成以及结构，向学生传达事物的内在联系与规律性，使学生掌握归纳、分析的科学方法。 4. 通过介绍核素引出放射性元素，让学生了解放射性元素在医疗方面的应用，鼓励学生重视科研创新。 5. 本节还引入了科技考古人员这样一种职业，为学生未来的职业发展提供了新的思路。 6. 通过对碱金属化学性质的实验，引导学生根据规律预测未知事物

表4.5（续）

章节	教学目标	素材类别	思政目标
第四章第二节元素周期律	1. 通过对碱土金属、卤素的原子结构和性质的研究，推测周期表中同周期元素的性质。 2. 了解原子结构与元素性质之间的关系	科研探究	通过对元素周期表中元素性质的研究，培养学生求知欲与探究欲
第四章第三节化学键	1. 化学键与离子键的学习。 2. 研究证实，化学反应的过程，本质上就是旧的化学键断裂和新化学键形成的过程	科学探究	通过化学键与离子键的学习，分析其他化学反应，最后总结出结论，培养学生推理论证的能力
第五章第一节硫及其化合物	1. 掌握硫的性质，通过二氧化硫与水的反应，引出可逆反应的概念。 2. 掌握硫酸的性质，以及硫酸根离子的检验。 3. 实现在实验室中不同价态含硫物质之间的相互转化	化学与日常生活	1. 通过亚硫酸的分解反应，引出化学中的可逆反应，理解马克思主义哲学对立统一的规律。 2. 工业上常使用二氧化硫作漂白剂，食品中也可以使用二氧化硫进行漂白防腐，但过量会对人体产生负面影响，由此向学生传达“适度”的概念，同时也可培养学生的社会责任感
第五章第二节氮及其化合物	1. 了解氮的两种固氮方式，分别为自然固氮和人工固氮。 2. 区分一氧化氮和二氧化氮两种物质的性质与应用。 3. 掌握氨的性质，以及氨如何反应生成铵盐，铵盐在工农业中的应用。 4. 学习硝酸的强氧化性，及其与不同金属的反应现象	科研探究；化学与日常生活；化学与社会发展	1. 尽管氮的性质稳定、不易发生改变，但人类还是可以通过一些手段实行人工固氮，这也体现了人的主观能动性。 2. 哈伯与博施两位科学家，通过不懈的努力，最终攻克了合成氨的难题，由此培养学生向二位科学家看齐，养成探究创新的习惯。 3. 提示学生硝酸具有腐蚀性和挥发性，在使用时需要注意防护和通风，提高学生的安全意识。 4. 二氧化硫和二氧化氮都是十分有用的化工原料，但当它们分散到大气中时，就会产生巨大的危害，由此培养学生要用辩证的角度看问题

表4.5（续）

章节	教学目标	素材类别	思政目标
第五章 第三节 无机非金属材料	1. 了解硅酸盐材料的历史以及未来的应用前景。 2. 学习粗硅制备高纯硅的反应。 3. 了解新型无机非金属材料的应用前景	化学与 社会发展	1. 通过对陶瓷的学习，让学生了解我国的陶瓷制造历史，从而产生文化自信和强烈的民族自豪感。 2. 通过了解石墨烯和富勒烯等物质，让学生了解纳米材料研究和应用的新时代
第六章 第一节 化学反应与能量变化	1. 学习化学反应中能量的变化。 2. 通过原电池装置学习化学能如何转化为电能，一级反应过程中发生的氧化反应与还原反应	化学与 社会发展	1. 为解决化石燃料不可再生且需求量日益增高的问题，呼吁学生充分有效地利用能源，同时鼓励学生培养创新精神，促进社会的绿色发展。 2. 通过介绍电池研发人员这样一种职业，为学生的职业选择提供可能
第六章 第二节 化学反应的速率与限度	1. 学习化学反应的速率概念，并了解哪些因素能够影响化学反应速率。 2. 学习化学反应中的化学平衡及其相关的影响因素。 3. 通过对化学反应条件的控制，促进有利的化学反应	化学与 社会发展	1. 快与慢是相对而言的，因此不存在绝对的快与慢，这也就是常说的辩证思维。 2. 变量控制方法的使用，可以传达出一个重要的哲学道理，有什么样的因就有什么样的果，因变了果自然也跟着变了。 3. 从化学平衡这一概念得出，运动是永恒的，同时也体现了对立统一的辩证思维
第七章 第一节 认识有机化合物	1. 了解有机化合物中碳原子的成键特点。 2. 通过甲烷这种有机物，归纳总结得到烷烃物质的性质，以及烷烃物质在化工生产中的应用	化学与 生产实践	1. 使用模型研究物质结构，体现了化学核心素养中的证据推理与模型认知。 2. 通过列举不同烷烃的结构简式，总结出烷烃的通式，这也是哲学中的从个别到一般。 3. 同分异构体这一概念也体现了哲学中的质量互变规律，之所以在质上有所差异，是因为其不同排列的空间结构造成的，很好地诠释了从量变到质变
第七章 第二节 乙烯与有机高分子材料	1. 学习乙烯的结构、性质，以及在生产生活中的应用。 2. 根据甲烷、乙烯等物质的结构、性质，总结烃类物	科学史实； 化学与 生产实践	1. 通过向学生介绍我国乙烯的产能排名，让学生了解到我国石油化工的发展水平，产生民族自豪感。 2. 以甲烷、乙烯和乙炔为例，借助模型认识烃的分子结构，体现了核心素养中的

表4.5（续）

章节	教学目标	素材类别	思政目标
第七章第二节乙烯与有机高分子材料	质的成键结构。了解高分子材料在当今的发展与应用		证据推理与模型认知，这也是哲学思想中的分析与综合。 3. 通过介绍苯环的发现与提出这一历程，教育学生勇于探索创新
第七章第三节乙醇与乙酸	1. 学习掌握乙醇的结构与性质，以及乙醇的氧化反应。 2. 学习掌握乙酸的结构性质，以及乙酸的酯化反应。 3. 区分官能团以及化合物的分类	化学与生产实践	1. 向学生介绍中华民族中的酒文化，使学生产生民族自信，同时告诉学生饮酒过量会损伤身体。 2. 乙醇和乙酸乙酯在存放时应放置于密闭容器中且必须远离热源，教导学生注意实验规范，提高安全意识。 3. 通过向学生介绍认识有机物的一般思路，进而得出“从个别到一般，再从一般到个别”的规律
第七章第四节基本营养物质	1. 区分葡萄糖与果糖，了解葡萄糖的银镜反应，检验葡萄糖的方法。 2. 学习蛋白质的水解反应。 3. 了解油脂的特性	化学与日常生活	1. 本节课向学生介绍了营养师这一职业，为学生的发展提供了选择。 2. 通过“了解食品中的有机化合物”这一课后任务，让学生了解到日常食物中有哪些属于“垃圾食品”，同时也能更加注重身体健康
第八章第一节自然资源的开发利用	1. 了解金属矿物的开发利用，根据金属的活泼性不同，采取不同的冶炼方法。 2. 了解海水中的化学元素，以及对海水资源的开发利用。 3. 了解煤、石油、天然气的利用	化学与生产实践	1. 通过自然资源有限性这个问题，呼吁学生合理利用自然资源，实现资源的可持续发展。 2. 通过介绍金属矿物资源的有限性，引导学生合理开发和利用金属，寻找替代方法，遇事懂得变通。 3. 我国对于海水的开发和利用具有广阔的前景，因此引导学生要勇于探索。 4. 聚乙烯和聚丙烯的研制使乙烯和丙烯这样的“废弃物”得到充分利用，从而教导学生变废为宝。 5. 通过展示化石燃料燃烧对环境造成的危害，提高学生的环保意识

表4.5（续）

章节	教学目标	素材类别	思政目标
第八章 第二节 化学品的 合理使用	1. 了解化肥、农药的合理利用。 2. 了解人体如何合理用药。 3. 了解食品添加剂的安全使用	化学与 生产实践； 化学与日 常生活	1. 化肥、农药可以保障农作物增产，但使用不当会对人体造成伤害，由此培养学生辩证看待问题。 2. 药物在促进人体健康的同时，也会对人体产生副作用，因此要适度用药，注重身体健康。 3. 通过介绍屠呦呦研制出青蒿素获得诺贝尔奖这一成就，让学生体会到我国化学科研的成就，激发他们的创新精神。 4. 通过展示《食品安全国家标准》，向学生普及法律，提高他们的法律意识
第八章 第三节 环境保护 与绿色 化学	懂得如何利用化学保护环境，实现绿色化学	化学与 社会发展	1. 通过向学生介绍当今社会的环境问题，以及问题形成的原因，让学生产生保护环境的责任感。 2. 通过向学生介绍绿色化学，培养学生的环保理念。 3. 介绍环境保护工程师这一职业，为学生的职业发展提供新的选择

4.5 课程思政视角下高中化学必修教材的教学设计

本节在挖掘思政元素的基础上，有针对性地进行教学设计，以弥补学生在思想政治素养上的不足，实验化学课堂的育人功能。

4.5.1 教学设计的原则

4.5.1.1 最近发展区原则

将思政因素纳入教学时，要注意学生近期的发展区，所融入的思政元素与安排的教学内容应该是高中阶段的学生智力和身心上所能接受的，切不可为了融入而融入，为了思政而思政，而忽视学生的承受能力，让他们承受巨大的压力，从而产生消极的影响[101]。

4.5.1.2 因材施教原则

因材施教就是在共同的培养目的下，根据被教育对象的性格、兴趣、能力等特征，采用不同的教学方式，以取得更好的教学效果。在因材施教的过程中，要注意对学生进行全面了解，准确把握学生的特点，以充分发挥学生的潜能[102]。

将思政元素融入高中化学教学的过程中，避免生搬硬套，要针对学生的个性特征进行量体裁衣，采用不同的教学方式对待不同性格特征的学生，以达到有针对性的目标[103]。

4.5.1.3　有机渗透原则

把思政要素融入化学教学中，是一种潜移默化地影响学生思想道德的方法。与获得知识不同，思想政治教育的渗透并非一朝一夕，它是一种潜移默化的过程，它的实施需要长期实践。要使思想政治教育有机地渗透，要求教师在课堂上用简洁、易懂的语言和丰富的教学方法，培养学生正确的价值观[104]。

4.5.1.4　适度融入原则

将思政元素融入化学教学的目的是使学生在学习化学的过程中不仅有知识的获取，还有思想道德上的升华，促进学生的全面发展。切不可为了思政而思政，而忽略了化学知识的传授与能力的培养。

在化学教学中引入思政要素，旨在让学生在化学学习中获得知识，同时也能获得思想品德上的升华，从而促进学生的综合发展。但也不能只想着思政，一门心思扑在思政上，而忽视了知识的学习和技能的培养。在实际教学过程中，要正确处理学生的价值塑造、能力培养、知识传授三个方面的关系，让思想政治要素成为学生学习的亮点[105]。

4.5.2　选择案例进行教学设计

4.5.2.1　案例选择的依据

按照化学课程思政的要求，将课本的内容以及学生的实际情况、特点相结合，选取人教版《化学》必修一课本中活泼的金属单质钠、氯气的性质作为实践案例展示。在实际教学中，按照教学内容，选用适当的教学方法，运用情景教学、问题引导等方法，提高课堂的趣味性，提高教师和学生之间的交流，从而取得最好的教学效果。

4.5.2.2　案例呈现

表4.6和表4.7是分别为案例一和案例二的具体呈现。

案例一：

表4.6　活泼的金属单质钠教学设计

<table>
<tr><td colspan="4">一、教材分析</td></tr>
<tr><td colspan="4">（一）本节教材的地位</td></tr>
<tr><td colspan="4">本课题是人教版《化学》必修一第二章第一节的内容。钠是一种具有代表性的金属元素，也是高中化学课程体系中研究的第一个元素，它是人们掌握研究物质特性的方法与过程的载体，也为后续其他元素的学习奠定了基础</td></tr>
<tr><td colspan="4">（二）本节教材的作用</td></tr>
<tr><td colspan="4">这一部分知识，不仅能为先前所学的实验与理论提供感性的知识素材，同时，也为学习化学必修第二册中的物质结构、元素周期律、化学反应与能量等理论知识奠定了重要的基础。学习本节内容对以后其他金属元素的学习具有指导性作用</td></tr>
<tr><td colspan="4">二、教学目标</td></tr>
<tr><td colspan="4">1. 通过对金属钠的性质进行研究，认识到钠是一种非常活泼的金属，对氧化钠和过氧化钠进行学习，学会分类、比较等学习方法，加深对氧化还原反应等有关概念的理解</td></tr>
<tr><td colspan="4">2. 通过引导学生对实验现象进行观察和分析，让学生对研究物质性质的基本方法有一个清晰的认识</td></tr>
<tr><td colspan="4">3. 利用对钠及其化合物的研究，培养学生学习化学的兴趣，并树立起将化学知识与生产、生活实践相联系的意识</td></tr>
<tr><td colspan="4">三、教学重点和难点</td></tr>
<tr><td colspan="4">1. 教学重点</td></tr>
<tr><td colspan="4">钠和氧气、水的反应；过氧化钠的性质、碳酸钠和碳酸氢钠的性质</td></tr>
<tr><td colspan="4">2. 教学难点</td></tr>
<tr><td colspan="4">性质实验现象观察和分析推理；能从微观视角分析物质性质</td></tr>
<tr><td colspan="4">四、教学方法和手段</td></tr>
<tr><td colspan="4">本节课教学主要体现“科学探究”的教学理念。主要采用引导探究的教学方式，运用观察、引导、探索、实物展示、实验、多媒体辅助教学等形式展开教学</td></tr>
<tr><td colspan="4">五、教学环节设计</td></tr>
<tr><td>教学环节</td><td>教师活动</td><td>学生活动</td><td>设计意图</td></tr>
<tr><td>情景引入</td><td>【魔术激趣】展示魔术“滴水生火”，将一小块金属钠放于酒精灯灯芯中，用滴管在灯芯上滴一滴水，可以看到酒精灯被点燃。</td><td>观看小魔术，思考、分析</td><td>以“滴水点火”这一小魔术激发学生对金属钠的兴趣，培养学生的求知欲和辩证思维</td></tr>
</table>

表4.6（续）

教学环节	教师活动	学生活动	设计意图
情景引入	【提问】众所周知，水是灭火的，那么水为什么可以点火呢？ 【过渡】根据学生猜测，可能与放进去的金属钠有关，所以这节课我们开始对金属钠的学习，来验证猜想是否属实		
方法引导	本节课将通过实验探究金属钠的性质，学生重点观察实验现象，掌握钠的反应	观察、思考	让学生掌握学习方法
探究钠的物理性质	【演示实验】老师已经为大家准备了金属钠，现在我们将钠从煤油中取出，用滤纸吸干表面的煤油，用刀切割一小块，然后将其放入盛有水的烧杯中。 【交流讨论】同学们认真观察实验现象，并思考总结钠的物理性质。 【教师总结】由此我们可以总结钠的物理性质，钠浮在水面上说明钠的密度比水小，熔化成闪亮的小球，说明钠的熔点很低，能用刀切割，说明钠的质地很软，切开后表面具有银白色金属光泽	观察实验现象：钠可以浮在水面上，熔化成闪亮的小球，小球在水面上四处游动至完全消失，与水反应发出滋滋的响声	引导学生观察钠的颜色，判断钠的硬度；培养学生观察能力、信息加工能力、分析概括能力
探究钠与水的反应	【提问】现在我们再来想一下，钠与水反应生成了什么新物质呢？ 【演示实验】为了验证，我们向钠与水反应的烧杯中滴加酚酞试液，观察实验现象。 【产物猜想】从物质组成和氧化还原的角度，预测反应生成物。 【教师总结】溶液变红，钠与水反应剧烈，生成氢氧化钠和氢气。氢气易燃，且该反应发生后会放出大量热，这也就解释了“滴水生火”。 【PPT展示】钠与水反应的化学方程式： $2Na + 2H_2O \xlongequal{} 2NaOH + H_2\uparrow$	观察钠与水的反应实验； 观察到钠与水反应剧烈，酚酞试液变红	通过钠与水反应剧烈的现象，引导学生认识到为什么在生活中，火灾现场有大量活泼金属时，不能用水灭火而要用干燥沙土来灭火，使学生的安全意识得到提升
观察钠与氧气的反应现象	【提问】写出钠的原子结构示意图，预测钠的化学性质。 【观察提问】请同学们观察切好放置在一旁的钠的切面颜色，发生了什么样的变化？请分析原因	观察分析	提升学生宏观辨识与微观探析素养，体现课程思政的系统性

表4.6（续）

教学环节	教师活动	学生活动	设计意图
探究钠与氧气的反应	【交流讨论】学生回答钠与氧气发生了反应，且在反应过程中生成了新的物质。 【PPT展示】钠与氧气在常温下反应的化学方程式： 常温：$4Na + O_2 = 2Na_2O$（氧化钠） 【提问】大家注意，在这里，老师特意强调了常温，那么在加热状态下，钠与氧气又会发生什么反应？ 【视频播放】播放演示视频，指导学生注意观察火焰颜色以及燃烧产物的状态和颜色。 【观察总结】让学生描述观察到的实验现象。 【教师讲授】生成了新的物质——过氧化钠。 【PPT展示】钠与氧气在加热条件下反应的化学方程式： $2Na + O_2 \xrightarrow{\triangle} Na_2O_2$（过氧化钠） 现象：钠熔化，发出黄色火焰，生成淡黄色固体	学生通过钠的切面发现钠与氧气发生了反应，并推断钠与氧气反应的化学方程式，在教师引导下思考钠与氧气在加热条件下的反应	引导学生预测钠的性质活泼，具有强还原性；观察思考钠和氧气反应，钠失电子，氧得电子，发生氧化还原反应 引导学生思考预测反应条件变了，反应现象和产物可能不一样。实验证明钠与氧气常温和加热反应现象和产物不同。通过对比观察，比较钠与氧气在空气中加热的实验现象与在常温下进行的反应现象，培养学生比较和辩证思维能力
小结	【教师总结】教师以问答的形式带领学生回顾这节课所学知识。包括钠的物理性质，钠与水的反应，钠与氧气在常温和加热两种不同状态下的反应	回顾所学知识，与教师一起总结	强化学生记忆
教学反思			

案例二：

表4.7　氯气的性质教学设计

一、教材分析
（一）本节教材的地位
本课题为人教版《化学》（2019）高中（必修）第一册第二章第二节氯气的性质教学设计。这一部分内容，是继典型的金属元素钠及其化合物知识之后，对典型的非金属元素氯的学习，这对于学生积累元素化合物知识，以及元素周期律等有着非常重要的影响

表4.7（续）

<table>
<tr><td colspan="4">（二）本节教材的作用</td></tr>
<tr><td colspan="4">学习氯气的性质，要将注意力集中在含氯化合物之间的转换上，从而建立起不同价态物质之间的转换关系，让学生更好地运用氧化还原反应和离子反应原理。同时在形成非金属单质及其化合物的研究思路和方法的过程中巩固认识金属元素及其化合物的思路和方法，起到承上作用。这一部分的学习是对元素化合物知识的积累，以及学习思路和方法的掌握，为后续学习铁及其化合物等知识打下基础，起到了启下的作用</td></tr>
<tr><td colspan="4">二、教学目标</td></tr>
<tr><td colspan="4">1. 通过有关氯气的化学史以及氯气泄漏的处理办法的资料分析，用分析归纳的方法认识氯气的物理性质</td></tr>
<tr><td colspan="4">2. 从氯原子的结构特点出发，预测并认识氯的化学性质，知道氯强氧化性的原因，并能结合氧化还原反应和离子反应原理分析氯气与金属、非金属单质、水以及碱的反应实质并正确书写化学方程式</td></tr>
<tr><td colspan="4">3. 通过对氯气性质的实验探索和对氯气用途的研究，体会科学探索的方法，感受化学与生活之间的联系，领悟化学对环境保护的重要意义，让学生初步形成正确认识、合理使用化学物质的意识</td></tr>
<tr><td colspan="4">三、教学重点和难点</td></tr>
<tr><td colspan="4">1. 教学重点</td></tr>
<tr><td colspan="4">（1）氯气的化学性质。
（2）氯水的性质</td></tr>
<tr><td colspan="4">2. 教学难点</td></tr>
<tr><td colspan="4">（1）氯气与水、氢氧化钠的反应。
（2）氯水的性质</td></tr>
<tr><td colspan="4">四、教学方法和手段</td></tr>
<tr><td colspan="4">本节课教学主要体现“科学探究”的教学理念。主要采用实验探究法、演示法、启发讲授法、讨论交流法、多媒体辅助手段等形式展开教学</td></tr>
<tr><td colspan="4">五、教学过程设计</td></tr>
<tr><td>教学环节</td><td>教师活动</td><td>学生活动</td><td>设计意图</td></tr>
<tr><td>情景引入</td><td>【化学史激趣】舍勒将软锰矿与浓盐酸混合加热产生一种黄绿色、有刺激性气味气体。
【提问】这种气体是什么？它有什么性质</td><td>讨论
交流</td><td>由舍勒的实验再到氯气被确认为一种新的元素，其间三十多年的时间里，经历了无数科学家的不懈探索，由此引导学生在科研道路上勇于探索、永不言弃</td></tr>
</table>

表4.7（续）

教学环节	教师活动	学生活动	设计意图
方法引导	【提问】学习物质的性质时，用什么方法学	思考 回答	了解物质性质的正确学习方法
氯气的物理性质	【PPT展示】展示氯气泄漏爆炸案：2004年重庆天原化工厂的氯气发生泄漏，15万名群众被紧急疏散，贮存液氯的钢瓶发生了泄漏，旁边的工人看到了一股浓浓的黄绿色气体逸出，接着便闻到了一股刺激性气味，随后就被毒倒了	观看图片； 分析探究； 分工合作； 交流总结	通过氯气泄漏事故，让学生意识到氯气使用不当带来的危害，培养学生的安全意识和社会责任感
	【提问】通过这场事故，同学们能分析出氯气具有什么样的性质吗？ 【教师总结】通过学生的分析讨论，由教师总结氯气是一种黄绿色气体，有刺激性气味，有毒，易液化。 【PPT展示】当消防员到达现场时，立即将周围群众往高处疏散，同时在周围筑起了水墙以降低空气中氯气的浓度。并将液氯钢瓶扔进投放了大量烧碱的水坑内。 【提问】消防员为何要这样做呢？ 【教师总结】那是因为氯气的密度比空气大，它能溶于水，且在碱液中的溶解度比在水中的溶解度大	观察； 分析总结	通过让学生观察与分析，得出氯气的性质，培养学生的分析概括能力、信息加工能力
过渡	【PPT展示】展示氯原子结构示意图以及氯气分子构成示意图。 【提问】预测氯气的化学性质	观察分析	提升学生宏观辨识与微观探析素养，体现课程思政的系统性
实验探究氯气的化学性质：与非金属单质反应	【科学预测】从氯原子结构预测氯气可能的化学性质。 预测：氯气具有氧化性，能与非金属单质反应。 【演示实验】纯净的H_2在Cl_2中燃烧。 【视频展示】用镁条燃烧所产生的光照射Cl_2和H_2的混合气体。 【提出问题】实验中，你观察到什么现象？燃烧产物是什么？写出氢气与氯气反应的化学方程式。 【总结实验】氯气具有氧化性，能与非金属单质反应	思考、交流； 观察思考； 分析讨论	在强光照射下，氯气与氢气会发生爆炸现象，所以一旦混合气体中氢气的体积分数过大，爆炸风险就难以控制，由此提示学生保护自身安全，珍爱生命，培养他们的社会责任感

表 4.7（续）

教学环节	教师活动	学生活动	设计意图
实验探究氯气的化学性质：与金属单质反应	【科学预测】预测：氯气具有氧化性，能与金属单质反应。 【视频演示】铁丝、钠、铜丝在 Cl_2 中燃烧。 【提出问题】实验中你观察到什么现象？燃烧产物是什么？写出几种金属在氯气中燃烧的化学方程式。 【总结实验】氯气具有氧化性，能与金属单质反应	观察思考；讨论总结	培养学生观察能力、信息加工能力、分析概括能力
实验探究氯气的化学性质：与水反应	【过渡】氯气溶于水只是物理变化吗？它们之间是否有化学反应？ 【播放视频】将干燥的氯气依次通过盛有干燥红纸条的集气瓶 A 和盛有湿润红纸条的集气瓶 B，观察实验现象。 【教师总结】通过干燥红纸条不褪色，而湿润红纸条褪色这一现象，可以得出氯气与水反应生成了一种新物质，这种新物质导致了红纸条褪色。 【提问】这种使红纸条褪色的物质是什么？它如何起到漂白的作用？ 【教师总结】这种具有漂白性的物质叫次氯酸，它遇到有色物质时能破坏其中的有机色质，使有色物质褪色	猜测、提看法； 分析材料； 交流、讨论	通过氯气溶于水的同时也发生化学反应，教导学生要透过现象看本质。 培养学生观察能力、信息加工能力、分析概括能力
	【追加提问】从元素守恒的角度分析，氯气与水反应的产物中还可能含有哪些微粒？如何检验呢？请设计合理的实验验证方案	交流、讨论	从元素守恒的角度，培养学生的变化观念与平衡思想
	【PPT 提示】信息提示：氯化银是不溶于稀硝酸的白色沉淀。并给出可供使用的试剂清单。 【指导实验】分别指导学生检验 Cl^-、H^+。 【教师总结】氯水中含有 Cl^-、H^+。 【启发】氯水中的氯气、水、HCl 有无漂白性？请设计实验方案检验。	设计实验方案； 进行实验； 书写； 归纳总结	通过让学生设计实验方案，培养学生的科学探究精神，提升学生分析、推理能力

表4.7（续）

教学环节	教师活动	学生活动	设计意图
实验探究氯气的化学性质：与水反应	【指导实验】检验氯气、水、HCl有无漂白性。 【提出要求】写出氯气与水反应的化学反应方程式，并从氧化还原反应和离子反应的角度对该反应进行分析。 【归纳总结】氯气的水溶液被称为氯水，氯水因溶有氯气而呈浅黄绿色，部分氯气与水反应，生成HCl和HClO，其中HClO具有漂白性		
实验探究氯气的化学性质：与碱反应	【史实展示】展示贝托雷对氯水的研究实验。贝托雷将氯水溶液置于太阳光下，发现其漂白性消失，说明次氯酸与碳酸具有相似的性质，具有弱酸性和不稳定性，易分解。 【过渡】由于次氯酸不稳定，易分解，新制氯水不稳定，保存困难，且具有挥发性，故不能直接使用，那么生活中我们是如何用它来消毒的呢? 【PPT展示】生活中常用的漂白粉、漂白液的主要成分标签。 【介绍】漂白粉的有效成分是$Ca(ClO)_2$或者NaClO，其实它们是用Cl_2与NaOH或$Ca(OH)_2$反应得到的	分析思考；观看	1. 通过贝托雷对氯水的研究实验这一化学史实，引导学生向科学家看齐，培养他们的科研精神。 2. 通过展示生活中常见的漂白粉，拉近学生与化学之间的距离，使他们体会化学给人类生活带来的巨大便利，培养他们的社会责任感
	【提出要求】根据Cl_2与水反应的方程式写出制备$Ca(ClO)_2$或者NaClO的化学方程式。 【提出问题】漂白粉的主要成分为次氯酸钙和氯化钙，其中有效成分为次氯酸钙，而具有漂白性和消毒作用的是HClO，请从离子反应角度思考：如何将盐转化为酸? 【提出要求】尝试写出漂白粉使用过程中产生HClO的化学反应方程式。 【课后作业】在使用84消毒液时，为什么不能同时使用洁厕灵	观察思考；书写练习；思考交流	氯气可以用于自来水厂的杀菌消毒，但过量使用会带来负面影响，也就是说化学只有合理使用，才能为人类谋福祉，由此来引导学生社会责任感的形成

表4.7（续）

教学环节	教师活动	学生活动	设计意图
总结	【小结】通过这节课的学习，你学会了什么？谈谈你的收获。 【PPT展示】本节课主要内容： 1. 氯气的物理性质。 2. 氯气具有氧化性，可与金属、非金属单质反应。 3. 氯气与水反应、与碱反应	讨论总结	培养总结知识能力，促进知识结构化、系统化
教学反思			

4.5.3　教学实践

4.5.3.1　实践对象

本次实践对象与第3章中的调查对象相同。实践结束后，对他们进行问卷调查，收集反馈信息，评估教学效果实践情况，探究实施化学课程思政对学生的影响。

4.5.3.2　问卷的发放与回收

本次问卷调查发出问卷100份，回收有效问卷98份，问卷回收率为98.0%，超过了70.0%，因此该调查结果的数据有效。

4.5.3.3　调查结果与分析

（1）问卷选择情况——以辩证思维和社会责任感为例。

问题12：实验失败了，您会怎么做？（　　）

A. 放弃实验　　B. 请同学帮助实验

C. 按照原来的方法重新实验　　D. 分析失败原因再重新实验

问题13：化学中有很多有毒物质，所以人们应该远离化学，对此您的看法是（　　）。

A. 完全认同　　B. 基本认同

C. 不太认同　　D. 完全不认同

问题14：您觉得对立的事物有没有统一的可能？（　　）

A. 没有

B. 不清楚

C. 有可能

从表4.8可以看出，本班学生在课程思政实践前辩证思维能力较薄弱，大多数学生无法从失败中寻找经验，容易被眼前的现状所迷惑，接受课程思政教育后有了明显提高。

表4.8　高中生的辩证思维前后测调查对比

辩证思维						
题号	前后测		A	B	C	D
12	前测	人数	21	42	31	4
		百分比	21.4%	42.9%	31.6%	4.1%
	后测	人数	8	22	18	50
		百分比	8.2%	22.4%	18.4%	51.0%
13	前测	人数	32	43	18	5
		百分比	32.7%	43.8%	18.4%	5.1%
	后测	人数	14	26	38	20
		百分比	14.3%	26.5%	38.8%	20.4%
14	前测	人数	26	32	40	
		百分比	26.5%	32.7%	40.8%	
	后测	人数	12	22	64	
		百分比	12.3%	22.4%	65.3%	

问题15：您是否有过志愿者经历？（　　）

A. 没有　　B. 偶尔　　C. 经常

问题16：假如您未来大学毕业后，准备就业时您的专业非常紧缺，国家号召您去边远地区工作，您会去吗？（　　）

A. 不会　　B. 视情况而定　　C. 会

问题17：您学习的目的是什么？（　　）

A. 顺从家长意愿

B. 为了考一所好大学

C. 未来想为社会奉献一份力量

从表4.9可以看出，大多数学生在进行课程思政课以前，就已经具有了一定的社会责任感，但程度不高，在实施课程思政以后有了较大的提高。

表 4.9　高中生的社会责任感前后测调查对比

社会责任感					
题号	前后测		A	B	C
15	前测	人数	18	32	48
		百分比	18.4%	32.6%	49.0%
	后测	人数	6	23	69
		百分比	6.1%	23.5%	70.4%
16	前测	人数	29	45	24
		百分比	29.6%	45.9%	24.5%
	后测	人数	12	28	58
		百分比	12.2%	28.6%	59.2%
17	前测	人数	29	58	11
		百分比	29.6%	59.2%	11.2%
	后测	人数	16	34	48
		百分比	17.3%	34.7%	49.0%

（2）学生价值观前后测数据对比。

依据高中学生思政观调查问卷第二部分（详见本章附录B），共12个问题（question，Q），对本班进行了化学课程思政实践前及实践后的思想政治观测试，并对各测试题的选项分值进行均值计算。其中问题6～8反映的是生命观念，问题9～11反映的是科研探究，问题12～14反映的是辩证思维，问题15～17反映的是社会责任感。N为样本数，通过赋值法对选项进行赋值，A选项1分，B选项2分，以此类推，得分越高，思想政治水平越高。表4.10为实践前的测试结果，表4.11为实践后的测试结果。

表 4.10　思政观前测均值分析

	Q6	Q7	Q8	Q9	Q10	Q11	Q12	Q13	Q14	Q15	Q16	Q17
N	98	98	98	98	98	98	98	98	98	98	98	98
均值	3.06	2.47	3.00	2.44	2.31	2.48	2.18	1.96	2.14	2.31	1.95	1.82

表4.11 思政观后测均值分析

	Q6	Q7	Q8	Q9	Q10	Q11	Q12	Q13	Q14	Q15	Q16	Q17
N	98	98	98	98	98	98	98	98	98	98	98	98
均值	3.25	2.55	3.07	2.51	2.79	2.99	3.11	2.65	2.53	2.65	2.42	2.32

由以上数据发现，课程思政实施后，学生的思想政治观发生了一定的变化，主要表现为：在生命观念方面，实验前三个问题的答题得分均值为2.84分，试验后为2.96分，提高了0.12分，说明学生对生命有了更清晰更正确的理解，对人、社会、自然以及它们之间的关系有了更深刻的认识。

在科研探究方面，实验前三个问题的答题得分均值为2.41分，试验后为2.76分，提高了0.35分，评分差异不大，说明课程思政的实施短期内对学生的科研精神影响有限，需进行长期的培养和引导。

在辩证思维方面，实验前三个问题的答题得分均值为2.09分，试验后为2.76分，提高了0.67分，说明学生的辩证思维得到了很大的提升，更加善于从对立统一中把握事物及其发展过程，具体问题具体分析。

在社会责任方面，实验前三个问题的答题得分均值为2.03分，试验后为2.46分，提高了0.43分，说明学生的家国情怀和社会责任感都得到了有效的提升，可见化学课程思政对学生社会责任价值观也有不错的培养效果。

4.6 结论

课程思政作为一种立德树人的教育理念，融入化学教学之中，可以更好地发挥化学的育人功能，提高育人效果，让思想政治教育不仅仅限于思政课，在其他科目上也能更好地完成立德树人的根本任务。在此基础上，通过对思政因素的挖掘和运用，在立德树人根本目标的引领下，对高中《化学》必修第一册和第二册的内容进行思政元素的挖掘，有针对性地设计了“活泼的金属单质钠”“氯气的性质”两节教学案例，并进行教学实践。通过对调查问卷的结果进行分析，本研究获得以下结论。

（1）根据学生实际需要和《普通高中化学课程标准》（2017年版2020年修订）的要求，探查“大思政”背景下高中化学必修教材教育现状。

（2）根据所凝练的思政元素，对人教版（2019）高中《化学》必修第一册和第二册的内容进行思政元素的挖掘，并有针对性地设计了“活泼的金属单质钠”“氯气的性质”两节教学案例，进行教学实践，从实践结果得知，化学课程思政对学生辩证思维和社会责任感的培养效果较好。

总之，高中阶段的化学教材具有丰富的思政元素，它是实施思政的极好载体。将思想政治元素引入高中化学课堂，具有一定的意义。

附录A　对教师的访谈问题

1. 能否简单介绍一下您对课程思政的了解？

2. 您参加过课程思政有关的活动吗？可否列举说明？

3. 您认为课程思政的意义在于什么？实施课程思政是否具有重要意义？

4. 在进行化学课程思政教学时，您是否能立足于学科特点，以及自身的教学风格，准确找出课程的切入点，挖掘有关思政的相关元素？

5. 您能采取有效的教学方法将思政元素有机融入化学课堂吗？

6. 在课程思政的教学改革之下，您是否取得了理想的教学效果？

7. 面对化学课程思政教学过程中出现的异常状况，您是否能够灵活化解？

8. 据您所知，您所在学校对化学课程思政的重视程度如何？

9. 您在实施课程思政的过程中遇到过的最难解的问题是什么？

10. 为了更好地开展化学课程思政，您有什么更好的建议吗？

附录B　课程思政融入高中化学教学现状学生问卷

亲爱的同学，您好！欢迎参加本次问卷调查，此次调查仅用于进行课程思政融入高中化学教学情况的现状分析，不存在任何商业用途，更不会泄露您的任何隐私。问卷中的问题均不涉及对错，请您根据自己的真实看法进行选择，谢谢您的合作！

1. 您的性别是（　　）。[单选题]

A. 男　　B. 女

2. 您喜欢上化学课吗？（　　）[单选题]

A. 非常喜欢　　B. 喜欢

C. 一般　　D. 不喜欢

3. 您喜欢上政治课吗？（　　）[单选题]

A. 非常喜欢　　B. 喜欢

C. 一般　　D. 不喜欢

4. 您认为化学课对你的思想政治观有影响吗？（　　）[单选题]

A. 非常有影响　　B. 有影响

C. 影响较小　　D. 没有影响

5. 您认为老师有必要在化学课上培养学生的价值观吗？（　　）[单选题]

A. 非常有必要　　B. 有必要

C. 没有必要

6. 您了解生命观念的含义吗？（　　）[单选题]

A. 不了解　　B. 有一些了解

C. 基本了解　　D. 完全了解

7. 您能在所学化学知识中找到蕴含生命观念的内容吗？（　　）[单选题]

A. 不能　　B. 基本能

C. 能　　D. 完全能

8. 您觉得化学课对您的生命观念有影响吗？（　　）[单选题]

A. 没有影响　　B. 影响较小

C. 有影响　　D. 影响很大

9. 化学实验课上，您的实验数据不小心弄丢了，您会怎么做？（　　）[单选题]

A. 抄袭同学数据　　B. 编造数据

C. 自己努力回忆　　D. 重新实验

10. 您觉得化学课对您的科学品质和科学素养有影响吗？（　　）[单选题]

A. 没有影响　　B. 影响较小

C. 有影响　　D. 影响很大

11. 对于实验方案，您更喜欢哪种形式？（　　）[单选题]

A. 没有想法　　B. 完全按照教材实验

C. 参照教材并加以改进　　D. 自己设计实验方案

12. 实验失败了，您会怎么做？（　　）[单选题]

A.放弃实验　　B.请同学帮助实验

C.按照原来的方法重新实验　　D.分析失败原因再重新实验

13. 化学中有很多有毒物质，所以人们应该远离化学，对此您的看法是（　　）。[单选题]

A. 完全认同　　B. 基本认同

C. 不太认同　　D. 完全不认同

14. 您觉得对立的事物有没有统一的可能？（　　）[单选题]

A.没有　　B.不清楚　　C.有可能

15. 您是否有过志愿者经历？（　　）[单选题]

A.没有　　B.偶尔　　C.经常

16. 假如您未来大学毕业后，准备就业时您的专业非常紧缺，国家号召您去边远地区工作，您会去吗？（　　）[单选题]

A.不会　　B.视情况而定　　C.会

17. 您学习的目的是什么？（　　）[单选题]

A.顺从家长意愿

B.为了考一所好大学

C.未来想为社会奉献一份力量

第 5 章　中学化学实验教学与实验设计

5.1　中学化学实验室的使用和管理

5.1.1　化学实验室管理制度

在化学实验中使用化学药品、仪器、设备、水、电、煤气等，若缺少安全防护意识，会造成巨大的生命和财产损失。因此实验室应该建立健全各种安全制度，加强安全管理[106]。

（1）学校实验室化学药品管理要按学校实验室化学药品管理制度执行。

（2）化学药品保管室要干燥、阴凉、通风，有防火、防盗设施。

（3）化学药品由专人负责管理。

（4）化学药品应分类存放，并且保管办法要科学。有毒的、有腐蚀性的化学药品，必须妥善保存，保存时应注意以下几点。

① 防潮解。吸水性、吸湿性强的物质尽量少与空气接触。

② 防分解。见光受热易分解的物质要用棕色瓶保存于阴凉处。

③ 防风化。在常温下易失水的物质应密封保存并放在阴凉处。

④ 防氧化。强还原性物质应密封保存，防止与空气接触。

⑤ 防挥发。挥发性物质要密封放在阴暗处保存。

（5）对危险药品要严加管理。

① 可能造成危险的药品必须存入有锁的专用仓库或专柜。

② 危险药品都要密封，并定期检查密封情况。

③ 对剧毒类、易爆易燃类药品，学校要制定具体的领用办法，并定期清点。

④ 危险药品仓库（或柜）周围和内部严禁有火源。

（6）实验前务必对实验资料进行预习，明确实验要求、实验步骤和操作方法等。

(7)进入实验室后，应先检查实验用品是否齐全。

(8)实验时听从实验教师和实验员的指导，认真做好实验记录。

(9)保持室内安静，严禁喧哗、打闹。

(10)注意安全，严格遵守安全守则。

(11)爱护公共财物，注意节约试剂等。

(12)实验室内一切物品未经教师许可，不允许带出实验室。

5.1.2 危险品及仪器的管理

(1)实验教学中的剧毒、易燃、易爆等物品均属危险品。

(2)危险品务必放在危险品柜内，要分类隔离存放，要认真密封。

(3)危险品柜摆放要规范，并备有灭火器等设施。

(4)要有监控制度及设备。

(5)危险品的清理必须先上报学校，由学校同公安部门等共同负责清理。

(6)教学仪器赔偿制度。

① 对于质量问题、自然老化而引起的仪器损坏，可免于赔偿。

② 实验教师（员）在操作中不慎损坏的仪器，一般可免于赔偿。

③ 如人为损坏仪器，照价赔偿。

(7)仪器实验室安全卫生制度。

① 实验室门窗应及时关闭。贵重仪器要专人保管。

② 每次使用后应保证室内所有水电设施处于关掉状态。

③ 实验室应坚持每日打扫，做到窗明几净。

(8)仪器管理制度。

① 教学仪器要分类、编号、入账。

② 各种仪器、药品应根据不同性质、性能和要求分类存放，做到存放整齐，取用方便。

③ 对贵重仪器和剧毒、易燃、易爆药品须设置专柜，双人双锁管理。

④ 实验室仪器、药品等未经批准不予外借。

⑤ 平时要做到仪器的保管与保养相结合，延长使用寿命。

5.2 中学化学实验的安全性教学研究

化学是一门以实验为基础的自然科学。实验室及教学的安全性是实验顺利进行的基本前提，在化学实验教学[107]中对于安全教育问题必须给予足够重视。要培养和提高教师和学生的安全意识，要夯实知识基础，也要对实验操作进行规范，防止发生安全事故，更要让学生了解事故的急救措施，从而减轻危害。下面介绍在化学实验教学中如何做好安全教育工作。

5.2.1　强调化学知识对实验的指导作用

化学实验以化学知识为基础，它包括以下方面。

（1）了解物质性质，掌握化学原理。如，可燃性气体和氧气或空气混合时，达到一定的比例遇明火会发生爆炸，所以点燃可燃性气体前必须检验纯度。

（2）了解化学事故的急救措施。

① 当酒精等易燃有机溶剂泼洒在桌面上着火时，用湿抹布或沙子盖灭；当衣服着火时，用湿布盖住，使之与空气隔绝；衣服燃烧面积较大，迅速躺在地上滚动身体。

② 中毒急救：中学化学实验药品中有些是有毒的，对人体可能会造成危害。

③ 由于操作不小心手上可能沾染药品，不及时洗手，饮水或吃饭时药品有可能进入消化道，引起中毒。

④ 有些化学药品接触皮肤，对眼、鼻、喉等器官黏膜有刺激作用，要事先做好预防。

5.2.2　遵守实验操作规范

（1）掌握常用仪器的使用方法。如学生用手拿酒精灯去对准试管或烧瓶加热，这是非常危险的。

（2）加热固体制取气体时，要防止液体倒流引起仪器炸裂。如制取氧气用排水集气法收集完毕时，若先撤酒精灯，冷水就会倒流回热试管，引起试管炸裂。

（3）配制混合溶液的顺序一般按照将密度大的液体加入密度小的液体中混合均匀。例如，浓硫酸稀释是将浓硫酸缓缓注入水中，如果顺序错误，因水的密度比浓硫酸小并且混合时放出大量热量，会使液体沸腾飞溅而引起烫伤。

（4）可燃性气体点燃之前必须检验纯度。例如，在制取氢气的实验中，当锌粒与盐酸反应完，打开装置补充药品，再次点燃氢气就会发生爆炸。这是因为打开仪器装药品的同时也进入了一部分空气，点燃氢气和氧气的混合气体就可能发生爆炸。

（5）实验中取用药品时要看清标签，不能错用，以免发生危险事故。

5.2.3 做好安全事故的预防工作

（1）保证实验室内空气的流通。如果实验室空气不流通，有毒气体扩散到空气中，会引起师生中毒。因此，实验室应安装通风橱、换气扇等设施，及时将有毒有污染的气体排除，营造良好的实验环境。

（2）配备足量的灭火器。还应准备一定量的细沙和充足的水源等。

（3）配备简单药品。要及时检查实验室急救箱中的消毒液、医用酒精、止血药物等医用药品和器械是否过期或失效，以备应急使用。

5.2.4 树立学生的安全意识

（1）对学生进行学习安全知识的竞赛活动，或是使学生亲身感受不安全因素的存在及危害。

（2）带领学生参加安全调查，以社会实践活动的形式进行安全教育。

（3）适当使用反例。对于一些可以模拟的错误操作导致的后果，教师可设计一些错误的反例，以加深学生印象。

5.3 中学化学实验基本技能训练

5.3.1 固体试剂的取用

（1）一定要用清洁、干燥的药匙取试剂。药匙的两端为大小两个匙，分别用于取大量固体和取少量固体。要做到专匙专用。用过的药匙必须洗净擦干后才能再使用。

（2）注意一定不要超过指定用量取药，多取的药品不能倒回原瓶，可放在指定的容器中供他人使用。

（3）按要求取用固定质量的固体试剂时，可把固体药品放在干燥的纸上称量。而具有腐蚀性或易潮解的固体要放在表面皿上或玻璃容器内称量。

（4）当往试管中加入固体药品时，可用药匙或将取出的药品放在对折的纸条上，伸进试管约2/3处加入药品。加入块状的固体时，应将试管倾斜，使其沿管壁慢慢滑下，以免碰破试管。

（5）当固体颗粒比较大时，可在清洁且干燥的研钵中将其研碎。研钵中所盛的固体的量不能超过研钵容量的1/3。

（6）有毒药品必须在教师指导下才能取用。

5.3.2　液体试剂的取用

（1）从滴瓶中取用液体药品时，要使用滴瓶中配置的滴管，将试剂滴进试管中时，须用无名指及中指夹住滴管，并垂直地靠近试管口的上方，然后用大拇指及食指捏乳胶头，使药品滴入试管中。不能将滴管伸入所用的容器中，从而避免接触器壁而玷污药品。如要用滴管从试剂瓶中取少量液体药品，则必须用附于该试剂瓶的专用滴管取用。装有药品的滴管不允许横置或滴管口向上斜放，避免液体流入滴管的乳胶头里，将乳胶头腐蚀或玷污。

（2）在细口瓶中取用试剂时，要用倾斜法。首先将瓶塞取下，倒置放在桌面上，左手拿住所用的容器或放在实验台上，右手握住试剂瓶上贴有标签的一面，逐渐倾斜试剂瓶，让试剂缓慢地沿着洁净的试管壁流入试管中或用玻璃棒引流缓慢流入烧杯中。倒出所需要的用量后，把试剂瓶口在容器或玻璃棒上靠一下，再慢慢竖起瓶子，以避免遗留在试剂瓶口的药品液滴流到试剂瓶的外壁，造成浪费。试剂倒完后，应立即将瓶塞盖上，并将试剂瓶放回试剂柜，要使标签朝外放置。

（3）当取用的试剂不需要准确的用量时，要学会估计取用液体的量。例如用滴管取用液体时，要学会估计1 mL大约多少滴，5 mL液体大约占一个试管容量的几分之几等。倒入试管中溶液的量，一般不能超过其容积的1/3。

5.3.3　试管操作

试管是少量试剂的反应容器，便于进行操作和观察实验现象，因而是化学实验中用得最多的仪器，要求熟练掌握试管的使用方法，并且操作自如。

（1）试管的振荡。

要用拇指、食指及中指持住试管的中上部，试管略有些倾斜，借助手腕的力量用力振动试管，这样可以保证试管中的液体不会被振荡出来。

（2）试管中液体的加热。

可将试管中的液体直接放在火焰上加热。加热时，不可用手拿，应该使用试管夹，夹住试管的中上部，试管要倾斜，与桌面大约成60°角。试管口不能对着别人和自己。先加热试管中液体的中上部，缓慢往下移动试管，然后不断地移动或振荡试管，使试管中的液体各部分均匀受热，避免试管内的液体因为局部受热沸腾而导致液滴飞溅，引起烫伤。

（3）加热试管中固体试剂。

将固体药品装入试管底部，将药品铺平，试管口要略向下倾斜，以免凝结在试管口的水珠倒流致使灼热的试管炸裂。可以用试管夹夹住试管加热，也可用铁架台固定试管加热。先要用酒精灯火焰来回加热试管，然后再固定在有固体物质的位置加热。

5.3.4 药品的称量：托盘天平的使用

（1）托盘天平要放置在水平的地方，游码要归零。

（2）调节天平两端的平衡螺母，调节零点直至指针对准中央刻度线。

（3）左托盘放置称量的物品，右托盘放置砝码。根据称量物品的性质等选择应放在玻璃器皿上还是洁净的纸上，事先应在同一天平上称得玻璃器皿或纸片的质量，然后再称量物品。

（4）添加砝码时应从估计称量物的最大数值加起，依次减小。托盘天平称量准确只能到0.1 g。通过加减砝码或移动标尺上的游码，直至指针再次对准中央刻度线。

（5）过冷或者过热的物体不可放在托盘天平上称量。应先将物品放置在干燥器，待至室温后再进行称量。

（6）物体的质量=砝码+游码。

（7）取用砝码时必须使用镊子，取下的砝码要放回砝码盒中，称量完毕后，应把游码移回零点。

（8）砝码如果生锈，会导致测量结果偏小；砝码如果磨损，测量结果则偏大。

案例一：二氧化碳制取

【问题的提出】

二氧化碳的制取在人教版《化学》第六单元“碳和碳的化合物”的第二课时。本节课在全书乃至整个化学学习过程中所占有的地位十分重要。它是培养学生在实验室中制取某种气体时，药品的选择、装置的设计、实验的方法等思路的最佳素材。学生在前面学习了氧气的实验室制法，具备了一些气体制备的实践经验，各项实验技术也已经具备，此时，在课堂教学中更应体现学生的主体性，让学生真正参与到教学过程中来。教师提出需要探究的问题，引发学生自主思考；通过小组合作以及设计方案、实施方案、总结表达等环节来完成整个探究。通过对氧气的实验室制法的学习，学生对于气体的制法与收集较为熟悉，懂得气体的收集方法与物理性质有关，并且学生懂得要制取某种物质，必须用含有该物质元素的其他物质通过化学变化或物理变化来实现。如何制取二氧化碳？学生很快想到的是木炭的燃烧、碳还原氧化铜，除了看书之外不会想到用大理石与盐酸反应来制取，所以要在课前安排学生查阅资料，收集能产生二氧化碳的物质。

【教学目标】

（1）在理解二氧化碳反应原理的基础上，熟练掌握气体的制取方法和思路。

（2）充分利用实验演示，对实验所需的药品与仪器能做到正确组装。

（3）通过观看演示实验，应做到实验装置的准确快速组装，同时对实验现象应进行细致的观察，可以进行独立实验。

（4）教师应该对学生进行合理的引导，以提升学生对实验的观察、独立思考、自主学习能力以及团队合作能力，培养科学思维态度。培养学生耐心、细致的观察能力，引导学生关注社会与环境，养成保护环境的习惯，并且培养学生积极假设、验证的科学态度。

【实验教学方案】

环节一：回顾旧知识，导入新知识。

教师活动：回忆一下氧气有哪些特点，制备它的化学方程式又是什么样的。

学生活动：思考，写出实验室制氧气的化学方程式。

教师活动：教师对制取氧气的实验进行演示，并充分地激发学生动手实验的积极性与热情。

学生活动：观察。

教师活动：对比实验室制氧气，请学生思考以下问题。

（1）实验室制取气体的装置由哪几部分组成？

（2）确定气体发生装置时应考虑哪些因素？

（3）收集气体一般有哪两种方法？

（4）确定气体收集装置时应考虑哪些因素？

学生活动：通过氧气和二氧化碳相关性质的比较，了解制备氧气与制备二氧化碳时其发生装置与收集装置的异同。初步确立实验室制取气体的一般思路与方法。

环节二：确定反应物，展开探究。

教师活动：同学们能想到的生成二氧化碳的反应物有哪几种？请大家设计出一个实验方案并验证。

学生活动：分组交流，探讨实验方案的可行性。

教师活动：不断进行巡视并进行适当的指导，对于实验进度相对缓慢的学生给予引导。由于本次实验中的药品反应在常规的实验中不能完成，所以教师应借助建构工具来进行模拟实验，以便学生能更直接观察与理解。

环节三：确认反应装置，进行深入探究。

教师活动：引导学生思考把二氧化碳与氧气发生装置进行结合。同学们是不是就可以想到二氧化碳制取的装置了？

学生活动：进行小组实验，按照自己设计的方案对实验仪器进行选择，通过小组之间的对比，整合出一个最合适的二氧化碳制取装置。

环节四：教学反思。

实验不但体现了教师自身的主导地位，也增强了学生的主体地位。教师在整体教学中应该将学生的自主实践放在首位，既培养了学生的探究能力，又提升了学生的自主学习能力，而且在学习过程中，还增加了同学间的合作能力。

总结：通过该实验进一步巩固中学化学实验基本操作。

5.4 中学化学实验教学改进的研究

就中学化学实验教学而言，培养学生的创造能力、实施素质教育，首先要改变教学观念。这就应该在课程、教材、教法、研究等方方面面都进行深入思考和研究，敢于对实验教学进行改革和创新。化学实验应该通过实验教学培养学生的创造力、动手能力，以及学生的科学思维、科学态度[108]。

5.4.1 如何进行实验创新和改进

5.4.1.1 实验方案设计遵循的原则

（1）设计的科学性。

（2）实施的可行性。

（3）思路的创新性。

（4）过程的安全性。

（5）药品的简约性。

5.4.1.2　实验方案设计满足的要素

（1）改进设计目的。

（2）用品选取与装置选择。

（3）实验过程与操作方式。

（4）实验记录、现象分析与结果讨论。

（5）注意事项与改进反思。

5.4.1.3　教师应从以下角度进行思考

（1）实验材料创新。

材料是化学实验的必备条件，在教学中有的教师准备的材料在实验中并不适用，或者导致现象不明显，我们要尽可能化抽象为直观。

（2）实验教具创新。

化学教学以实验探究为基本手段，教师应归纳实验探究的重难点，结合实际学情对实验教具进行创新，化模糊为清晰。

（3）实验设计创新。

探究式学习是学生学习化学的重要方式，有的教师追求省事和高效，对实验进行简化处理，缺乏探究性，我们应化验证为探究。

5.4.2　中学化学实验改进的案例

案例一：焰色反应实验的改进

【问题的提出】

本选题焰色反应来自高中《化学》必修一的第三章第二节，它是“几种重要的金属化合物”中钠的重要化合物的内容中的实验3-6，该实验有助于学生直观地了解自然学科，有利于增强学生的动手能力和对金属的认识水平。学生已学习了金属单质的重要化学性质和几种重要的金属化合物，对于金属和金属与其他物质反应的实验现象也已经有了一定的了解。可以帮助学生建立一个完整的金属学习体系，知道金属灼烧的火焰有一定的颜色。

【教学目标】

（1）了解焰色反应的概念，能够说出几种金属灼烧时的焰色。能从宏观和微观相结合的视角分析与解决实际问题。

（2）通过实验探究，认识到焰色反应与生活的密切联系，认识科学探究是进行科学解释和发现、创造和应用的科学实践活动。

（3）初步学会观察、实验等方法，并能对实验中出现的问题给予解释。

（4）在欣赏美丽烟花的同时，也应该认识到保护环境的意义。形成远离污染，保护环境的意识。

【实验教学方案】

环节一：初识焰色反应。

教师活动：将学生分组，课前要求学生了解焰色反应的相关知识。

学生活动：自主查阅资料，了解焰色反应的原理和应用等。

查找到的资料：焰色反应，也称作焰色试验及焰色测试，是某些金属和它们的化合物在无色火焰中灼烧时使火焰呈现特征颜色的反应，见表5.1。实验的样本通常是粉末或小块状的。用一条清洁且具有化学惰性的金属，如铂或镍铬合金来盛载样本，再放到无光焰中。实验室常用来测定化合物中是否存在某种金属。在日常生活中也常常应用焰色反应，如人们在烟花中按一定比例加入特定的金属元素，使焰火变得更加五彩斑斓。焰色反应为物理变化，体现元素的性质。此过程并未有新物质生成，其原理是物质原子内部电子发生跃迁，即原子中的电子能量发生变化，未发生物质结构和化学性质上的改变。

表5.1　常见焰色反应

元素符号	元素名称	焰色
As	砷	蓝
B	硼	青绿
Ba	钡	黄绿
Ca	钙	砖红
Cs	铯	浅紫
Cu（Ⅰ）	铜（没卤素）	浅蓝
Cu（Ⅱ）	铜（Ⅱ）（没卤素）	祖母绿
Cu（Ⅱ）	铜（Ⅱ）（有卤素）	蓝绿
Fe（Ⅲ）	铁（Ⅲ）	无色
In	铟	蓝

表5.1（续）

元素符号	元素名称	焰色
K	钾	紫
Li	锂	紫红
Mn（Ⅱ）	锰	黄绿
Mo	钼	黄绿
Na	钠	金黄
P	磷	黄
Pb	铅	绿
Rb	铷	浅紫
Sb	锑	浅绿
Se	硒	天蓝
Sr	锶	洋红
Te	碲	浅绿
Zn	锌	蓝绿

环节二：情景引入。

教师活动：介绍春节燃放烟花习俗，可以用图片展示。小故事：关于春节放鞭炮的由来，有这样一个传说。据传在远古时期，我们的祖先曾经被一种凶猛的野兽威胁。我们把这种猛兽称为“年”，它非常凶猛，可以捕食百兽，当冬天到来，山中食物不足时，就会闯入人们生活的村庄，猎食人和圈养的牲畜，百姓整日处于惶恐中。人们和“年”争斗了几百年，渐渐发现，年特别害怕三样东西：巨大的响声、红颜色的物品、火光。于是人们都在自己家门外贴上红颜色的纸，门口烧上旺旺的火堆，整夜不睡，不停地敲敲打打。一天夜里，“年”又一次进入村庄，看到家家门口有红色和不断燃烧的火光，听见震天的声响，害怕地跑回深山，再也不敢踏出深山半步。黑夜过去，人们高兴地互相祝贺道喜，大家饮酒摆宴，张灯结彩庆祝赶走了“年”。因此，以后每年冬天的这个时间，每家每户都在门上贴红对联，敲锣打鼓，点灯笼，燃放鞭炮烟花；也形成了通宵守夜的习惯；第二天一大早，人们互相祝贺道喜。这样世世代代流传下来，就变成了“过年”。

学生活动：观看图片，初步了解焰色反应的现象。

环节三：观看传统的焰色反应，找出不足。

教师活动：板书焰色反应过程，接下来给学生播放教材上的焰色反应实验的有关视频，让学生通过仔细观看，找出实验中的不足。

学生活动：观察实验，分析不足之处。

环节四：给出改进方案，并进行实验。

教师活动：给出实验仪器和药品，并讲解注意事项。

饱和碳酸钾溶液的配制：浓度不够，火焰颜色不呈浅紫色。混合液的配制：酒精的体积不够会导致火焰小且浅紫色不明显。

【实验仪器及药品】

火柴、胶头滴管、细铁丝、小陶瓷坩埚盖子（6个）、试管架、乙醇、甲醇、待测物（氯化锂、氯化钠、氯化钾、氯化钙、氯化钡、氯化铜的饱和溶液）。

学生活动：学生分析交流并派代表讲解改进方案。

思考问题：

（1）什么样的装置可以满足同时完成多个焰色反应实验？

（2）什么溶剂会使实验现象更加明显？

（3）选择哪些常考的元素进行实验？

教师活动：对各组方案进行点评和总结，最终给出最佳方案。

实验步骤如下：

（1）分别将6个小陶瓷坩埚盖子依次固定在试管架的小孔上，制成一种可以长期重复使用的焰色反应装置。

（2）分别在6个小陶瓷坩埚盖子对应的试管架上贴上6个标签，从左到右依次为Cu，Na，K，Li，Ca，Ba。

（3）依次把无水乙醇和待测物的饱和溶液按照6∶3的比例混合均匀。

（4）用胶头滴管分别吸取大约4 mL上述不同的待测混合液，依次滴加在上述小陶瓷坩埚盖子里，同时点燃。发生不同的焰色反应。

学生活动：观察实验现象，并做好记录。

教师活动：对学生的实验进行点评并引导学生思考改进的实验有什么优势。

（1）实验材料易得，装置简单，操作简便，成本较低。

（2）实验现象明显，持续时间长，课堂演示效果好。

（3）可以同时观察多种待测物的焰色，便于对比记忆，课堂上学生兴致高。

学生活动：做好记录，思考改进实验的要点。

环节五：课后活动。

教师活动：同学们可以了解焰色反应在生活中的应用，如烟花的制作。

学生活动：查找烟花的制作方法。

烟花是花炮和爆竹的结合，既像升到半空中爆炸的爆竹，又像爆炸后发光的花炮。明清时代我国就有一定规模的爆竹烟花生产了。逢年过节，人们都要按习俗燃放爆竹烟花来祭神祭祖，求神灵和祖先保佑平安，祈求万事如意。清咸丰年间，制作鞭炮的庄号已经遍及湖南省内外，烟花鞭炮年产量很大，大瑶、澄潭江、文家市及城区等地百分之九十的居民以家庭作坊式生产，素有“十家九爆”之称。烟花一般分成四个部分：发光剂、助燃剂、燃烧剂和发色剂。燃烧剂就是被称为爆竹的部分，由黑火药做成，成分是碳、硫、硝酸钾；助燃剂则由硝酸钾等物质组成，遇热后释放出大量的氧气，燃烧变得更加充分；发光剂用的是镁粉或铝粉或二者混合，放完烟花后人们会看到大量的白烟，就是镁和铝燃烧后生成的氧化物；发色剂是烟花最重要的部分，它利用了金属元素的焰色反应，如硝酸钡能发出红色的光，硝酸锶则发出绿色的光，钠盐会发出黄色的光，铜盐会发出蓝色的光，镁粉或铝粉则发出白色的光。点燃烟花之后，以上提到的化学反应首先会引发爆炸，而爆炸反应中放出的巨大能量，大部分由化学能转化成光能出现在我们面前。制作烟花的过程中加入的发光剂和发色剂能够使烟花呈现五彩缤纷的颜色。烟花便是利用金属的这种特性制成的。制作烟花的人经过精心的排列，设计了燃烧的先后次序。所以烟花引爆后，在漆黑的天空中便绽放出五彩缤纷的图案。在焰色反应中，钾是呈浅紫色的，但是通常情况下我们是看不见的，只能看到明显的黄色，必须通过蓝色的钴玻璃才能看到钾的焰色反应。在看烟花时，我们不可能携带蓝色钴玻璃，这是不切实际的。因此，要让烟花显得五彩缤纷，各种金属盐混合的比例就尤为重要了。根据资料可知，相同的几种金属盐物质，比例不同，所得到的颜色也不同。因此，要想得到美丽的颜色效果，化学物质的配比起着至关重要的作用。例如，红玫瑰烟花所展现的红色效果是由多种化学成分按照一定比例混合在一起形成的。其中，酚醛树脂占5%，铝镁合金占20%，高氯酸钾占40%，聚氯乙烯占15%，碳酸锶占20%。如果配比有所改变，就会呈现深浅不同的红色。在制作红玫瑰烟花过程中，一般将酒精等物质加入红色效果的药品中，进行搅拌，使其变成许多小珠，称之为红色药珠，即红珠。同样也可以制得其他颜色的药珠。由于比例的细微差别都会导致烟花颜色变化，所以，各种颜色的配比数据极其重要。采用这些药剂，可制得各种色彩的发光体（如药粒、药柱、药球），也可制得边旋转边喷花的转花、魔术棍，还可制成各式各样的花形图案等。

案例二：电解饱和食盐水

【问题的提出】

电解饱和食盐水是人教版《普通高中课程标准实验教科书》选择性必修一第四章第二节的内容。电解池原理在中学阶段的基础理论知识中，占有极其重要的地位，不仅是本章内容的重点，也是整个中学化学学习的重点和难点之一。在高中化学教学中，电解池原理也是电化学的重点内容，是历年高考的热门知识点，而且近年来高考题更加注重对电解池原理应用的考查，不仅考查了电解池原理的基本内容，也考查了学生知识迁移的能力，所以我们有必要学习电解池原理的应用部分内容，让学生可以明确该内容的考查方向和出题方式，接触新题型、新理念，敢于创新，从而在高考中不惧题型变化，达到学会自己分析和解决有关电化学问题的目的。在学习本课内容之前，学生已初步了解基本的电解池原理的概念，明确电解池的工作原理，因此，在教学中可通过教材中学生最为熟悉的电解原理应用部分的“电解饱和食盐水制取烧碱、氯气和氢气”引入，请学生自行设计实验装置图，并书写出正确的电极方程式。而该实验同时可以加深学生对氯碱工业的理解，更有助于掌握电解原理。学生已经完成原电池以及化学电源的学习，能从化学能向电能转化的角度认识原电池，开始理解此类反应的本质是氧化还原反应并能从该角度分析常见的化学电源。通过氧化还原反应，拥有了从理论角度去分析电解原理的能力。同时，由于学生对于电化学还比较陌生，在生活中接触电化学相关知识不多，学生有一定的求知欲、一定的合作意识与探究精神。

【教学目标】

（1）运用对比记忆，初步掌握电解池的原理，掌握用分析、综合、归纳的方法书写电极反应方程式。通过分析、推理等方法认识电解的本质，建立认知模型，并运用模型解释化学现象。

（2）通过演示实验，分析讨论，掌握电解池的原理，熟悉电解质溶液中离子的放电顺序。培养学生的实验操作能力、团结协作能力、观察能力、分析能力、归纳总结能力以及运用知识解决问题的能力。

（3）培养学生积极参与、探究电解池原理的求知欲。调动学生学习化学的热情，充分感受电化学在生活、生产中的作用。深刻认识化学对创造更多物质财富和精神财富、满足人民日益增长的美好生活需要的重大贡献。

【实验教学方案】

环节一：初识电解饱和食盐水。

教师活动：将学生分组，要求学生复习有关电解原理及其应用的相关知识。

学生活动：复习电解原理。

环节二：情景引入。

教师活动：PPT展示，工业上用电解饱和NaCl溶液的方法来制取NaOH、Cl_2和H_2，并以它们为原料生产一系列化工产品，这称为氯碱工业。氯碱工业是最为基本的化学工业之一，它的产品除应用于化学工业本身外，还广泛应用于轻工业、纺织工业、冶金工业、石油化学工业以及公用事业。我国是世界氯碱生产大国，氯碱产品种类多、关联度大，其下游产品达到上千个品种，具有较高的经济延伸价值，它广泛应用于农业、石油化工、轻工、纺织、建材、电力、冶金、国防军工、食品加工等国民经济命脉部门，在我国经济发展中具有举足轻重的地位。据有关部门测算，1万吨氯碱产品所带动的一次性经济产值在10亿元人民币以上。我国一直将主要氯碱产品产量及经济指标作为我国国民经济统计和考核的重要指标。生产原理：氯碱工业是利用电解饱和食盐水溶液制取烧碱（氢氧化钠）和氯气并产生副产物氢气的生产过程。包括盐水精制、电解和产品精制等工序，其中主要工序是电解，电解主要采用电解饱和食盐水反应原理。电解过程的反应：电解过程的主反应物食盐水溶液中主要有四种离子，即Na^+、Cl^-、OH^-和H^+。当直流电通过食盐水溶液时，阴离子向阳极移动，阳离子向阴极移动。

学生活动：仔细阅读，进行分析思考，体会该反应的重要性。

教师活动：提出问题。请写出该实验的反应原理。

学生活动：在黑板上写出反应原理。

阳极反应式：$2Cl^- - 2e^- = Cl_2\uparrow$

阴极反应式：$2H^+ + 2e^- = H_2\uparrow$

总反应式：$2NaCl + 2H_2O = H_2\uparrow + Cl_2\uparrow + 2NaOH$

环节三：对传统实验进行分析，找出不足之处。

教师活动：展示传统实验装置图，如图5.1。

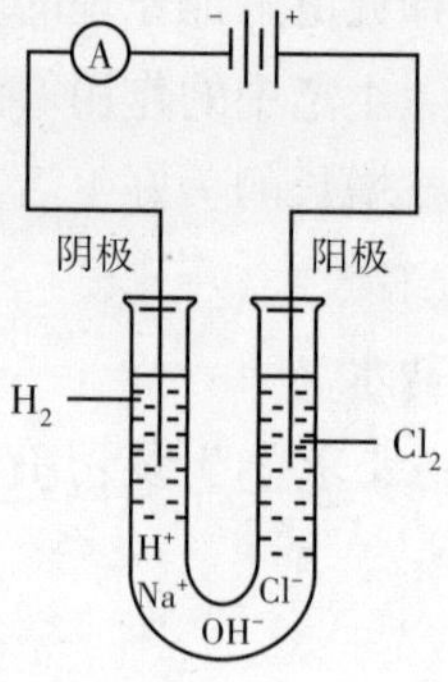

图5.1 电解饱和食盐水装置图

学生活动：找出不足之处。

（1）气体收集检验比较困难。

（2）该装置与氯碱工业的试剂生产装置有一定距离。

（3）产生的氯气、氢气混合，存在爆炸隐患。

（4）没有尾气处理装置，氯气溢出会污染环境。

环节四：探究改进措施，进行实验。

教师活动：给出实验装置，引导学生设计实验方案。

【实验用品】

碳棒用铅笔芯（10 cm）替代、低压电源（24 V）、铁钉用长铁丝（20 cm）替代、两边带支管的U形管、小烧杯、电线、蒸发皿、威尼尔（Vernier）数据采集器、计算机（电脑）、pH值传感器、乳胶管、单孔橡皮塞、双孔橡皮塞、玻璃直角弯管、饱和食盐水、淀粉碘化钾试纸、氢氧化钠溶液、泡泡液、火柴、木条、酒精灯。

学生活动：学生分析交流给出实验改进方案，并给出理由。

（1）将铁钉替换为长铁丝，碳棒替换为铅笔芯，可以增大电极和电解液之间的接触面积，增加自由移动的离子的放电概率，加快反应速度，还有利于气体逸出，有利于收集氢气，用吹气泡的方式更容易进行操作，提高检验氢气成功率的同时增加了实验的趣味性，有利于调动学生的学习积极性。

（2）用数字化的传感器，测得溶液pH值的改变，思考并从微粒层面认识化学反应。思考、分析、理解电极方程式。写出阴极反应的两种反应式：$2H^+ + 2e^- \xlongequal{} H_2\uparrow$，$2H_2O - 2e^- \xlongequal{} H_2\uparrow + 2OH^-$。

（3）在铅笔芯上固定淀粉碘化钾试纸，检验氯气时可以不打开塞子，用来减少有害气体的污染。

教师活动：总结几组学生的方法，给出实验装置图，如图5.2。

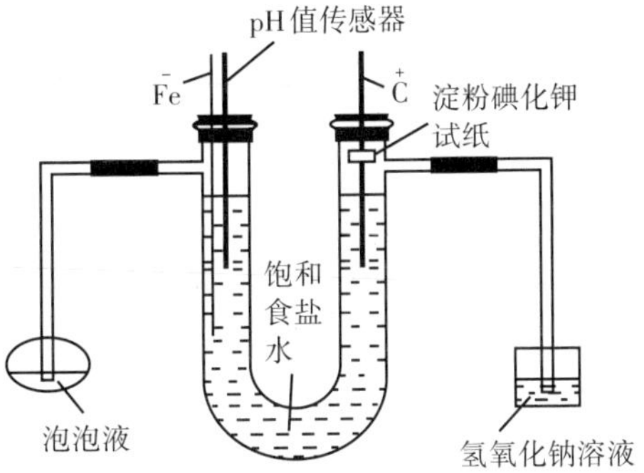

图5.2　改进后的电解饱和食盐水装置

教师活动：给出实验步骤，给出注意事项。

【实验注意事项】

（1）U形管内液面的高度应在支管以下，以防止液体从支管口流出。

（2）塞子要尽可能多插入管内，用来减少空间，使收集氢气更容易。

（3）等被吹出的气泡变得较大时，再用点燃的木条来检验氢气。

（4）pH值传感器不能与铁丝电极接触，防止其影响实验结果。

学生活动：按图组装仪器，准备进行实验并观察实验现象。

（1）观察实验装置。

（2）实验步骤和现象。实验前一定要对pH值传感器进行校对，打开电源开关，经过1 min后看到液面以下的铁丝和铅笔芯上产生大量气泡。大约1 min时间，观察到淀粉碘化钾试纸变蓝，泡泡液逐渐出现气泡，气泡由小变大，pH值曲线也在变化。接下来，可使用点燃的木条去点气泡，可听到明显的爆鸣声，说明铁电极上所产生的气体为氢气。

教师活动：对学生实验中出现的操作问题进行指导，对本节课进行总结。

案例三：乙酸乙酯制备实验装置的改进

【问题的提出】

乙酸乙酯的制备与性质是人教版教材中选择性必修三第三章整理与提升部分实验活动1的教学内容。教材中要求了解乙酸乙酯的组成和结构特点、性质、转化关系和在生产生活中的重要应用，知道乙酸乙酯的制备方法。要求学生通过本课的学习能描述和分析酯类化合物的合成，能从官能团、化学键的特点与反应规律角度分析和推断含有典型官能团的有机化合物的化学性质。学生在该阶段，已经学习了乙酸和乙醇的物理化学性质，对羟基和羧基两个官能团有了一定的认识，也具备了一定的有机实验观察、分析能力，但知识迁移能力、发散思维、综合应用能力等方面仍有欠缺。传统的实验方法存在明显的缺点，如进行程度低和未将物质分离。该反应是可逆反应，所以反应不彻底、产率低。又未直接设置分离装置，后续再进行分离时比较麻烦。为了解决以上问题，在学生已掌握冷凝管使用方法的基础上，我们对实验进行了改进，有助于在该实验中提高乙酸乙酯的产率，并使分离操作同时进行。从而进一步培养学生的创新思维能力、勇于探索的品质，使其乐于体验科学探究历程，提高探索意识。

【教学目标】

（1）通过基础实验探究乙酸乙酯的反应条件，能从结构角度出发，认识物质，形成结构决定性质的观念。

（2）通过对反应条件的掌握，知道化学反应需要一定的条件，并遵循一定的规律，同时认识化学变化是有一定限度、速率的，是可以调控的。

（3）通过思考，让学生学会运用自己已掌握的知识，通过比较归纳事物的本质。

（4）通过分组查找资料，培养学生获取信息的能力和合作意识。

（5）通过探究过程，提高学生的创新意识，能从问题和假设出发，依据探究目的，设计探究方案，并能应用化学实验、调查等方法进行实验探究。

【实验教学方案】

环节一：课前学生对乙酸的相关结构、性质的初步探索。

教师活动：布置任务，课前以学生小组为单位创设乙醇和乙酸的球棍模型，组织学生讨论酸与醇反应可能产生的结构变化。

学生活动：课前预习教材实验内容，查找相关实验视频。

环节二：课程导入。

教师活动：化学来源于生活，也应用于生活，厨师烧鱼时加醋加酒，这样会使鱼的味道变得香醇，我们分析一下发生了什么化学反应。

学生活动：利用预习的知识，思考生成的有香味的物质是什么以及反应类型。

环节三：呈现教材实验方法，引导学生思考。

教师活动：演示教材上的活动1乙酸乙酯制备实验。

【实验用品】

烧杯、试管、试管夹、量筒、胶头滴管、乳胶管、玻璃导管、橡胶塞、火柴、铁架台、酒精灯、秒表、碎瓷片。

浓硫酸、乙醇、乙酸、饱和Na_2CO_3溶液、蒸馏水、乙酸乙酯、3 mol/L H_2SO_4溶液、6 mol/L NaOH溶液。

【实验装置】

实验装置见图5.3，表5.2罗列了各物质的熔沸点。

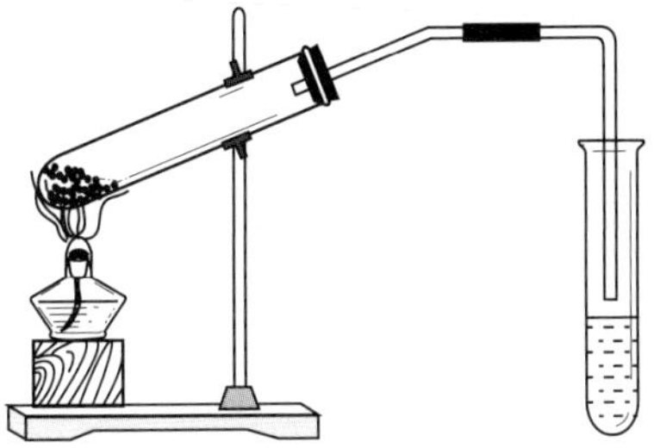

图5.3　乙酸乙酯的制备

表5.2　熔沸点表

	乙酸/℃	乙醇/℃	乙酸乙酯/℃
熔点	16.6	−117.3	−83.6
沸点	117.9	78.5	77.1

【实验步骤】

步骤1：乙酸乙酯的制备。

（1）向一支试管中加入5 mL乙醇，然后慢慢加入1.2 mL浓硫酸和3 mL乙酸，同时缓慢地振荡试管，再加入几片沸石。在另一支试管中加入5.0 mL饱和Na_2CO_3溶液。按图5.3所示连接装置。

（2）用小火加热试管里的反应物，将产生的蒸气经导管通到饱和Na_2CO_3溶液的上方约0.5 cm处，注意观察试管内的变化。反应一段时间后，取下盛有Na_2CO_3溶液的试管，并停止加热。

（3）振荡盛有Na_2CO_3溶液的试管，静置片刻。待溶液分层完成后，仔细观察上层的油状液体并注意闻气味。

步骤2：乙酸乙酯的水解。

在甲、乙、丙三支试管里分别加入10滴乙酸乙酯。再向甲试管里加入

6.0 mL蒸馏水，向乙试管里加入0.5 mL NaOH溶液和5.5 mL蒸馏水，向丙试管里加入0.5 mL 3mol/L的H_2SO_4溶液和5.5 mL蒸馏水。振荡均匀后，把三支试管都放入70～80 ℃的水浴里，方便比较试管里乙酸乙酯气味消失速度的快慢。

学生活动：观察、记录实验现象，总结实验原理。

实验原理：$CH_3COOH + CH_3CH_2^{18}OH \underset{\triangle}{\overset{浓硫酸}{\rightleftharpoons}} CH_3CO^{18}OCH_2CH_3 + H_2O$

教师活动：给出乙醇、乙酸熔沸点并提出讨论问题。

科学探究：

（1）实验原理分析。

（2）各部分装置的作用是什么？

（3）各部分装置的效果如何？

（4）如何进行装置的优化？

教师活动：以学生小组为单位回答上述问题，分析该实验是否可以进一步完善。

启发学生优化实验装置，并回答回流装置能否优化，反应装置能否优化。

学生活动：给出改进措施，用冷凝管代替导管，用三颈烧瓶代替试管等。

教师活动：综合学生的改进方案，给出优化方案，PPT展示方案。

【实验仪器】

三颈烧瓶、酒精灯、铁架台、铁夹、温度计、分液漏斗、球形冷凝管。

【实验药品】

乙醇、冷水、浓硫酸、乙酸。

【实验装置】

实验装置见图5.4。

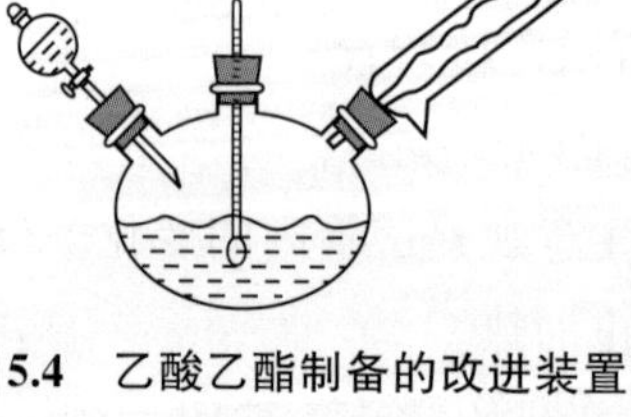

图5.4　乙酸乙酯制备的改进装置图

【实验步骤】

（1）按图5.4所示组装仪器，要注意的是图中加热装置、铁架台、铁夹已被略去。

（2）在三颈烧瓶中加入乙醇，大约占容积的一半，并加入适量浓硫酸；将一定量的乙酸注入分液漏斗中；温度计固定在如图5.4所示实验装置中，并将水银球浸没在溶液中；在右口处固定球形冷凝管，并把冷水水龙头接上，冷凝水方向是下进上出。

（3）通过分液漏斗向三颈烧瓶中逐滴加入乙酸，然后对三颈烧瓶加热，使用温度计控制该反应温度，以保证反应的温度不会过高，反应进行一段时间后能观察到有一层油状液体在三颈烧瓶液面上形成，同时蒸气又从冷凝管不断回流到三颈烧瓶中。若需要停止该反应，则需要撤走酒精灯，对混合液进行分离。

教师活动：进行演示实验，讲解实验注意事项。

注意事项：

（1）连接好装置后要用铁架台等进行固定。

（2）分液漏斗中液体要逐滴加入。

环节四：学生观察后进行动手实验。

教师活动：鼓励学生自己动手组装仪器，进行实验。

学生活动：学生组装实验仪器，加入实验药品，进行实验，并观察记录实验现象。

环节五：讨论、反思。

教师活动：引导学生思考并总结实验改进的优点。

学生活动：思考交流，给出答案。

（1）冷凝时采用逆流原理，冷凝效果更好。

（2）分离乙酸乙酯、乙酸、乙醇时，用分液和蒸馏的方法。

（3）使用温度计控制发生装置的温度。

（4）增加了分液漏斗，可以及时补充反应物以提高产率。

案例四：原电池的高效化创新改进

【问题的提出】

铜锌原电池，又称丹尼尔电池，是人教版教材选择性必修二第六章实验活动教学内容。教材中要求理解氧化还原反应在化学能转化成电能过程中的作用，体会化学的价值及认识原电池的构成要素及其作用。而在人教版选择性必修一第四章第一节原电池中，要求了解从原电池工作原理、认识简单的原电池发展到带有盐桥原电池的过程变化，并理解带有盐桥原电池的实用性。体会提高电池效率和研制新型电池的重要性。学生已经知道化学反应可以实现化学能与其他能量形式的转化，学习了化学反应与热能之后，再学习化学能与电能之间的转化就有前例可依，为必修二中化学能转化为电能的学习奠定了深厚的基础。实验起到承上启下、深化拓展的作用。

【教学目标】

（1）通过原电池的创新实验，使学生深化对原电池工作原理的认识，初步建立化学电池的基本模型，提高模型认知能力、创新能力，并能运用模型解释化学现象，揭示现象的本质和规律。

（2）通过温度传感器、数字化电流，初步形成分析推理的能力及从宏观与微观相结合的视角分析与解决实际问题的能力。

（3）通过创设真实的教学情境，认识化学与人类生活之间的密切联系，激发学生学习化学的兴趣与激情，激发学生的社会责任感。深刻认识化学对创造更多的物质财富和精神财富、满足人民日益增长的美好生活需要的重大贡献。

【实验教学方案】

环节一：课前学生对电池的微型化高效化进行探索。

教师活动：布置任务，课前以学生小组为单位创设原电池中化学能与电能相互转化的模型，使用盐桥可增加电流强度，查找KCl淀粉凝胶的制作等相关知识，并思考如何组装装置可形成新型电池。

学生活动：课前复习必修二中化学能转化为电能的实验内容，查找相关实验视频及相关知识。

KCl淀粉凝胶的制作：向烧杯中加入8.0 g KCl和100 mL蒸馏水，对其进行加热，溶解并配制成1 mol/L的KCl溶液，然后一边加入30.0 g可溶性淀粉一边搅拌至均匀，加热至微沸时停止加热，趁热将加热后的溶液倒到早已准备好的培养皿中，接下来把它放入冰箱进行冷冻，冷冻大约20分钟后取出，这时就形成了白色的KCl淀粉凝胶。

环节二：情景引入。

教师活动：课件展示多种类型的电池图片和一节干电池组成的闭合电路。

学生活动：观看、倾听、思考、交流。

教师活动：

（1）提到电池，大家再熟悉不过了，在日常生活中，我们几乎每天都要用到电池，电池与我们的生活密切相关。

（2）介绍丹尼尔、伏特两位电池创造者，介绍“丹尼尔电池”和“伏特电池”的构造。大屏幕展示，并简要介绍电池的发展史。用图片展示伏特、丹尼尔的照片。

（3）那么电池是一种怎样的装置？

学生活动：

（1）记笔记、倾听、比较、思考。

（2）设计将化学能转变为电能的装置。

（3）从能量转化角度看原电池，是将化学能转化为电能的装置。

教师活动：原电池相关知识我们在高一时已介绍过，这节课我们将站在巨人的肩膀上继续前行。展示一节干电池，结合生活实际，学生提出问题。

（1）制成原电池，需要满足哪些条件？

（2）原电池正、负极是怎样规定的？

（3）电池内部结构是怎样的？为什么能提供电流？

学生活动：小组讨论，提出自己小组的疑问并由组长集中记录，交流探讨，解决疑问。

教师活动：板书给出上述三个问题的答案。

教师提问：PPT展示，根据反应：$Zn + CuSO_4 = ZnSO_4 + Cu$，设计单液和双液两种原电池，并画出装置简图（标注出正、负极材料，电解质溶液，电极反应式，电子方向，电流方向）。

学生活动：学生小组根据查找的资料给出设计方案并写出反应原理。

【反应原理】

负极：$Zn - 2e^- = Zn^{2+}$

正极：$Cu^{2+} + 2e^- = Cu$

总反应：$Zn + Cu^{2+} = Zn^{2+} + Cu$

环节三：各种类型电池的比较分析。

教师活动：分组并用PPT展示要求和实验仪器，让学生自主进行实验。

第一组：原电池的探究——单液与双液的优缺点。

【实验用品】

平板电脑、导线若干、数据采集器、传感器、铜片、锌片、小烧杯、硫酸锌溶液、硫酸铜溶液、KCl琼脂盐桥。

学生活动：请同学们装置连接，进行实验，观察现象，记录实验数据。

【实验步骤】

（1）连接数字化传感器。由平板电脑、传感器、数据采集器三部分组成，先打开快捷图标，再打开通用软件。

(2) 一个导线夹与铜片连接，另一个导线夹与锌片连接，采用电化学软件，以时间t作为横坐标，以电流I作为纵坐标，然后点击开始按钮，采集大约2分钟的数据。

(3) 仔细观察锌片、铜片、平板电脑上的电流示数变化并认真记录，保存电流数据。

(4) 实验结束后，从电解质溶液中取出电极，用滤纸将电极板擦干；认真书写实验现象。

教师活动：引导学生思考分析电流变化趋势、温度变化方式。

学生活动：学生分析思考并给出结论。

单液电池：电流曲线不稳定并逐渐减小，观察到溶液温度升高了几摄氏度。

双液电池：电流的示数稳定且溶液温度变化不明显。

教师活动：为什么单液电池和双液电池会有如此大的差异？说明哪些问题？

学生活动：小组讨论得出结论：单液电池部分化学能转化为热能；双液电池化学能基本全部转化为电能。

教师活动：单液电池的优点、缺点是什么？(从电流示数、电流稳定性、放电效率、药品用量的角度思考)

学生活动：

单液电池的优点：电流示数大；单液电池的缺点：放电效率低，电流不稳定，药品用量多。

双液电池的优点：能量转换率高，电流稳定；双液电池的缺点：电流示数小，药品用量多。

环节四：概括归纳实验探究思路。

教师活动：板书阐述实验探究思路。

(1) 发现问题；(2) 分析问题；(3) 设计方案；(4) 实施实验；(5) 得出结论；(6) 反思评价。

环节五：原电池的高效化创新改进。

教师活动：U形管双液原电池电流变小的原因是什么？

一是当盐桥距离变长，离子运动的距离就会变长；

二是如果盐桥与电解质溶液接触的面积较小，离子运动的通道就会变窄；导致原电池内阻变大，从而电流变小。面对这种现象该如何改进？

学生活动：我们可以将盐桥加宽、变短。学生加宽、变短盐桥后再重复上面的实验操作并记录实验结果。

教师活动：要求各组总结汇报实验结果，给出结论。

学生活动：给出实验报告，经过验证，将盐桥加宽、变短确实可以提高电池的效率。

教师活动：课程小结，评价学生的学习状况与表现。

案例五：铜和浓硫酸反应实验的改进

【问题的提出】

人教版教材必修一中，在研究浓 H_2SO_4 的化学性质时，为了说明浓 H_2SO_4 具有很强的氧化性，设置了 Cu 与浓 H_2SO_4 反应这一典型反应，为使学生理解并掌握这一重要化学反应，教材中设计了有关 Cu 和浓 H_2SO_4 发生反应的演示实验。人教版教材必修一中的实验装置如图 5.5 所示。

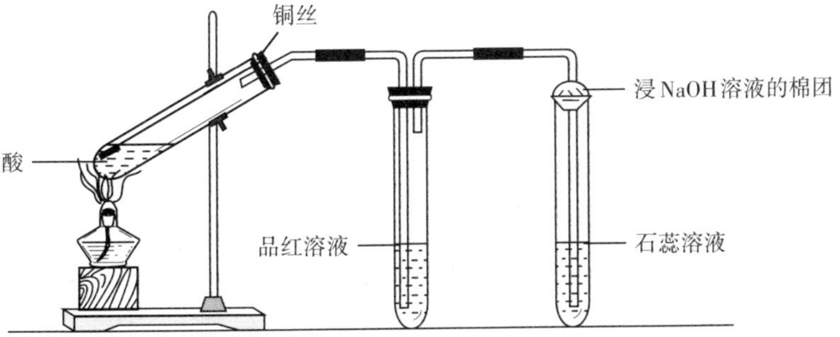

图 5.5　铜与浓硫酸的反应

但若按人教版化学课本中提供的实验装置进行实验，很难观察到预想的实验现象，而且在实验过程中，会产生大量的有毒气体，二氧化硫尾气处理得不够充分会污染环境。装置中的铜丝是从凹槽处伸出的，反应结束后，当铜丝被抽出液面后，反应立即停止。但是，在实际操作时我们会发现，在胶塞上挖的孔洞的大小不好把握，铜丝穿过胶塞后不能保证紧紧贴合，导致气密性不好，导出的气体的量不足，品红溶液褪色现象不明显。因此，我们可以从实验装置入手，在原有实验设计的基础上对实验进行适当的改进。学生在初中阶段学过稀硫酸的相关性质，在此基础上学习浓硫酸的性质，特别是其强氧化性，能够帮助学生建立完整的知识体系。我们主要针对 Cu 与浓 H_2SO_4 反应进行讲解。

【教学目标】

（1）通过浓 H_2SO_4 与 Cu 的反应，掌握浓 H_2SO_4 的强氧化性。能认识物质是运动和变化的，知道化学变化需要一定的条件，并遵循一定的规律。

（2）通过找出原有实验的不足，学会发现问题，提出问题，从问题出发，运用学过的化学知识设计实验方案，从实验中得出结论，解决问题。

（3）通过改进实验，培养创新能力、动手能力，体会设计实验以及验证实验的乐趣。

【实验原理】

Cu与浓H_2SO_4之间反应的化学方程式如下：

$$Cu + 2H_2SO_4(浓) \xlongequal{\triangle} CuSO_4 + SO_2\uparrow + 2H_2O$$

Cu与浓H_2SO_4发生反应，生成了SO_2，能够说明浓H_2SO_4具有很强的氧化性，而产生的SO_2不仅具有漂白性，还是一种酸性气体，在实验中可以用品红溶液验证SO_2具有漂白性，用石蕊溶液验证SO_2是一种酸性气体。

【实验教学方案】

环节一：情景引入。

教师活动：PPT展示，浓硫酸对温柔的水有话要说："温柔的水，请允许我这样称呼你，这么长时间以来，我第一眼就想跟你做朋友，每当我遇到你，就会释放出正能量。我有时候会变得很暴躁，这是正六价的中心硫元素捣的鬼。虽然别人对我印象不好，他们总是说我经常欺负金属，金属碰到我会发生危险，其实，我也有温柔的一面。温柔的水，请你不要逃走，我也会用氢氧变成你，因为你是我最好的朋友！"这堂课我们就从浓H_2SO_4写给水的这段话来展开对浓H_2SO_4性质的探索之旅。

学生回答：稀H_2SO_4的性质。

稀H_2SO_4具有酸的通性，$H_2SO_4 \xlongequal{} 2H^+ + SO_4^{2-}$

（1）与酸碱指示剂反应。

（2）与活泼金属反应。

（3）与碱反应。

（4）与碱性氧化物反应。

（5）与盐发生复分解反应。

环节二：引导学生分析原有实验方案。

教师活动：讲解浓H_2SO_4的强氧化性，引导学生根据氧化还原反应写出该反应原理。

学生活动：学生通过分析氧化反应模型推导出反应原理。

$$Cu + 2H_2SO_4(浓) \xlongequal{\triangle} CuSO_4 + SO_2\uparrow + 2H_2O$$

教师活动：讲解产生的SO_2具有漂白性，同时SO_2也是一种酸性气体。

学生活动：思考并回答在实验中可以用品红溶液验证SO_2具有漂白性，用蓝色石蕊溶液验证SO_2是一种酸性气体。

教师活动：教师板书给出反应原理的方程式，并用PPT展示原实验装置图。让学生分组讨论该实验的弊端。

学生活动：观察、思考并给出答案。

教师活动：引导学生改进实验。可用具支试管代替大试管，可用单孔胶塞和注射器结合代替单孔胶塞。

环节三：鼓励学生自己设计实验。

教师活动：给出实验仪器，鼓励学生设计实验方案。

【实验仪器及用品】

具支试管、5 mL的注射器、品红试纸、单孔胶塞、湿润的石蕊试纸、细铜丝、饱和NaOH溶液、酒精灯、铜丝。

学生活动：独立思考，小组合作，讲解实验方案。

教师活动：点评各组实验设计，并总结出最佳实验方案。

PPT展示实验步骤。

【实验步骤】

（1）取适量浓H_2SO_4加入到具支试管中，用量不超过试管体积的三分之一（约10 mL）；由具支试管代替试管导出气体。

（2）胶塞选用单孔胶塞，将7 mL的注射器插入胶塞。

（3）在注射器的柱塞末端系上一段细铜丝，并在细铜丝的另一端系上一段螺旋状的粗铜丝。

（4）反应时，推动注射器柱塞，使粗铜丝浸入液体中。

（5）反应结束后，拉出注射器柱塞，使铜丝与液体分离，反应即停止。

（6）在玻璃管中分别放上湿润的石蕊试纸、湿润的品红试纸，在烧杯中加入适量的饱和NaOH溶液。

（7）组装好，用酒精灯加热浓H_2SO_4。

（8）待反应结束后，使具支试管中浓H_2SO_4与金属铜片发生脱离，移去酒精灯，加热硬质玻璃管，观察试纸颜色的变化。

学生活动：观察并记录实验现象。

【实验现象】

（1）玻璃管中蓝色石蕊试纸变为红色，品红试纸由红色变为无色。

（2）加热结束后，具支试管内液体变为浅绿色，试管底部有灰色粉末状沉淀。铜丝末端有少量黑色固体。

（3）酒精灯加热硬质玻璃管时，品红试纸由无色恢复成红色，红色石蕊试纸不变色。

（4）具支试管冷却后，将试管内液体和沉淀倒入水中，得到蓝色溶液，并且有少量灰色不溶物。

环节四：问题讨论。

教师活动：请同学们认真思考，找出实验的不足之处。

学生活动：分析交流，给出答案。

（1）实验方案不成熟之处。在本次实验中，最初的实验方案是垂直加热的，会导致试管破裂，浓H_2SO_4洒出，有危险性，实验中教师更正后学生进行正确操作。

（2）实验现象的分析。

教材关于Cu与浓H_2SO_4反应的实验现象是这样描述的：浓H_2SO_4与Cu在加热时会发生反应，产生能使品红溶液褪色或者能使紫色石蕊试液变红的气体，生成物的水溶液显蓝色，说明Cu与浓H_2SO_4反应时被氧化为Cu^{2+}。但是经过实验，我们发现在学生实验过程中，学生可能会观察到Cu与浓H_2SO_4反应的不同现象。例如，加热浓H_2SO_4时会产生大量白雾，在实验中，这种白色的雾是一种酸雾，是由于反应生成了SO_2和H_2O，这两种物质在具支试管中发生反应：$SO_2 + H_2O = H_2SO_3$，白雾是H_2SO_3；也有可能是浓H_2SO_4在加热时水分蒸发了，浓H_2SO_4的浓度逐渐升高，最终产生了SO_3。

硬质玻璃管中的品红试纸由红色变为无色，蓝色石蕊试纸变为红色。品红试纸由红色变为无色，说明SO_2具有漂白性，可以使品红试纸褪色；而蓝色石蕊试纸变为红色，说明SO_2是一种酸性气体。

加热结束后，具支试管内液体变为浅绿色。实验停止加热后我们观察发现试管内溶液颜色是浅绿色，而不是预想的蓝色，这是因为浓H_2SO_4具有较强的吸水作用，吸收部分生成的水，形成水合H_2SO_4分子，而当温度比较高时，水合H_2SO_4分子离解，产生一定数量的自由水分子，这些自由水分子便与Cu离子络合为四水合铜离子，反应方程式为：$Cu^{2+} + 4H_2O \rightleftharpoons [Cu(H_2O)_4]^{2+}$。但是当试管冷却时，温度下降，$H_2SO_4$分子吸附水分子的能力增强，使上述络合平衡向左移动，溶液颜色变浅，甚至变为无色。

在实验中我们会发现试管底部有灰色粉末状沉淀，铜丝末端有少量黑色固体，这些固体有可能是副产物，可能是浓H_2SO_4氧化了Cu，但具体这些沉淀和黑色固体是什么，有可能是CuO或者CuS，还需要进一步检验。

教师活动：该实验改进的优点有哪些?

学生活动：思考交流，给出答案。

与教材必修一中的实验装置相比，我们改进之后的实验方案有以下几个优点。

（1）反应可控性更强，注射器的使用保证紧紧贴合，气密性更好，导出的气体的量足够，品红褪色现象明显，避免了药品的浪费和环境污染。

（2）用品红试纸和石蕊试纸代替相应的溶液，反应见效快，缩短实验时间，也使产生的二氧化硫气体大大减少。

（3）本实验采用的装置还增加了尾气吸收装置，防止二氧化硫逸散到空气中造成污染。

5.5　探究型化学实验教学

传统化学教学中，过于偏重对学生传授化学知识和训练解题方法，在进行实验教学时，忽视了教学实验的探究性和发展性，形成了教师讲解实验和学生只需记住实验结论的恶性循环，非常不利于培养学生的实验探究能力。针对上述情况，我们要进一步加强初中实验教学，多带领学生开展探究性的实验研究，为学生提供开放自由的实验环境，力图培养和不断提高学生的探究能力、创新能力。把实验作为发现问题、探究知识的有效途径和手段，按新课程要求，认真剖析典型实验的探究过程，通过创设真实情境，不断启发学生的思维，改变传统的灌输式、讲授式的教学模式，将单调的演示实验变为神秘的探究实验，使学生从被动“看实验”转变为主动探索实验本质和原理，设计实验方案，自主地进行分析总结。本书针对化学中比较典型的实验进行研究。通过剖析典型的实验案例，教师引导学生学会探究，培养学生探究能力，并给予合理评价，这是学生自主获得知识的过程。所谓“探究性实验”，指的是在教师的引导下，学生根据化学教学内容或日常生活、生产中遇到的问题，对自然界及研究对象提出问题，从问题或任务出发，通过形式多样的探究实验活动，利用已知的、外加的因素去作用于研究对象，借助探究性化学实验，独自或合作加以探索，来认识研究对象的未知性质、组成、变化特征，以及与其他对象或现象的联系等的一种教学方式。其教学过程中一般围绕八个要素开展活动，分别是：提出问题、进行猜想与假设、制定计划、进行实验、收集证据、解释与结论、反思与评价、表达与交流。借助该形式，引导学生主动进行实验设计、现象观察、结果分析，从中发现科学概念或原理，达到获得知识、形成概念、掌握技能、优化思维、培养情感体验、提高综合能力的目的。

5.5.1 探究型化学实验教学的内容

（1）通过本课题的研究，提炼出有助于学生探究性实验实施的指导策略。

（2）使学生掌握探究性实验的学习方法，培养学生独立思考、合作交流的意识，自主探究和主动学习的能力。

（3）转变教师的教学行为和教育观念。借助创造性的实验和研究，把课程的定位从“特定知识体系”转到“师生共同探索、共同发展”。

（4）通过运用化学探究性实验的指导策略，培养学生的独立思考、自主实验习惯，培养学生的创新思维、探索精神、勇于实践的能力，进而不断开发学生潜在能力，促进学生的自主发展。

（5）培养学生独立收集、处理信息的能力，制定探究计划、自主进行实验设计和实践的能力，以及科学解释和评价的能力、表达与合作的能力。

（6）典型实验，在本课题中界定为探索性实验。探索研究对象的未知性质，了解它有怎样的组成，有哪些属性和变化特征，以及与其他对象或现象的联系。简单理解为运用一些已知的外部因素去研究一些我们未知的东西，然后得到一个结果，这个结果就是我们探索的结果。

（7）如何引导学生进行探究。

① 创设情景，引导学生“发现问题”，培养学生提出问题、解决问题的能力。带着疑问做实验是学生进行探究的引擎。改变教师提问学生回答的模式，变“学答”为“学问”，活跃学生的思维，培养学生的探究能力。

② 鼓励学生勇敢“猜”，培养学生作出假设的能力。鼓励学生对知识进行猜想，不仅要培养学生的想象思维能力，还要激发学生的科学探究能力。

③ 指导学生“动手”，培养自主学习和实践的能力。让学生独立进行操作，在操作中获得新知识，培养探究能力。

④ 领悟过程，鼓励学生推理和猜测，培养学生的创新能力。对学生的想法给予及时的鼓励，让学生真正体会成功的乐趣，有利于增强学生的探究能力。

5.5.2　探究型化学实验教学的案例

（1）主题的设计要联系生活实际，尽可能引起学生的兴趣。也可创设真实的情境，引导学生发现问题，提出问题。

（2）变传统的讲授式为探究式，深入剖析实验原理，把知识的发现过程展示给学生，引导他们不断地分析、假设、论证，掌握化学学科的探究方法。

（3）教学活动不仅要面向全体学生，还要做到关照个体的差异。

（4）注重知识在实践中的运用。新课标中将“运用所学知识解决简单的实际问题”改为“探索和解决简单的实际问题”，重点强调的是解决问题的探索过程，而不是简单机械的应用，所以教师设计的选题，不仅要有利于巩固、掌握知识，更重要的是要有利于学生应用意识和实践能力的培养。

（5）充分挖掘并利用各种信息资源为学生的探究活动提供足够的支持。

案例一：浅析铜与硝酸反应的实验探究

【问题的提出】

Cu与HNO_3反应制备NO和NO_2是高中化学的一个重要内容。浓HNO_3与Cu反应制备NO_2，稀HNO_3与Cu反应制备NO，两个制备反应可用同一仪器装置，通过控制HNO_3的浓度和铜丝高度的升降来控制反应产物。在高考中经常考查学生的仪器连接、药品放置、除杂、净化、收集、尾气处理、环境保护等操作，是综合性较强的实验操作题目。新课学习之前，学生学习过浓H_2SO_4能与Cu反应，但是稀H_2SO_4却不能，利用这种矛盾导出本节课的主题，探究HNO_3与Cu的反应。再者，高一的学生具有一定的实验操作能力和实验分析能力，但是HNO_3属于较为危险的实验用品，因此最好采取教师演示实验来引导学生分析学习。学生心理特征分析：HNO_3具有强氧化性和强腐蚀性，这种强烈、极端的性质本身就会引起学生注意，但是它的这种性质导致学生在做关于HNO_3的实验时都会有种畏惧的心理，也存在安全隐患，因此，应选择由教师亲自演示实验而学生主要观察实验现象以及分析，在教学过程中还要注意消除学生的畏惧心理，让他们明白，只要操作的方法正确，再危险的药品也能为我们所用。

【教学目标】

（1）通过运用氧化还原反应模型正确地分析浓、稀HNO_3与Cu的反应。

（2）通过创设问题情境，学生经历假设、设计实验证明自己的假设并运用观察、实验的方法获取信息的过程，同时学习运用比较、归纳、概括等方法对收集的信息进行加工，提取。

（3）通过探究HNO_3与Cu的反应，培养学生的动脑习惯、运用知识的能力以及观察力。

（4）通过新旧知识的联系，培养知识迁移、扩展的能力。

（5）通过这次探究活动，学生可以较完整地体会科学探究的过程和方法；初步获得从身边发现要探究的问题的意识，增强用探究的方法学习化学的兴趣。

【实验教学方案】

环节一：学生对HNO_3和金属反应的初步探索。

教师活动：布置任务课前以学生小组为单位，初步探索HNO_3与金属反应的相关知识。

学生活动：查找HNO_3性质的相关资料。

环节二：情景引入。

教师活动：PPT展示图片，有人用黄铜冒充黄金，我们该如何辨别真假？

学生活动：分析思考，考虑利用Cu与HNO_3反应原理进行辨别，不同组给出不同答案，有的用稀HNO_3，有的用浓HNO_3。

教师活动：给出答案，并引导学生以组为单位进一步进行探究。

环节三：问题探究。

学生活动：［探究1］浓HNO_3与Cu反应生成NO_2，稀HNO_3与Cu反应生成NO。浓、稀HNO_3哪种氧化性强？

甲组认为稀HNO_3的氧化性强，原因是浓HNO_3和Cu反应产生NO_2，氮元素的化合价降低1价，而稀HNO_3和Cu反应产生NO，氮元素的化合价降低3价，氮元素得电子数目后者大于前者。

乙组认为浓HNO_3的氧化性强，原因是从反应条件看，浓HNO_3与Cu反应的速率快，稀HNO_3与Cu反应的速率很慢，加热时才有明显反应。

教师活动：怎样确定哪种答案正确？

学生活动：思考，给出答案。

教师活动：引导学生分析，根据反应：$Cu + 4HNO_3(浓) = Cu(NO_3)_2 + 2NO_2\uparrow + 2H_2O$，$3Cu + 8HNO_3(稀) = 3Cu(NO_3)_2 + 2NO\uparrow + 4H_2O$，可推测浓$HNO_3$与NO不能共存，反应产物是$NO_2$，而稀$HNO_3$和NO能共存。因此，只要设计一个实验可证明浓$HNO_3$能氧化NO，稀$HNO_3$不能氧化NO，就能说明浓$HNO_3$的氧化性比稀$HNO_3$强。

学生活动：设计方案，方案如下。

用排水法收集两试管NO气体，用胶塞塞好，然后用注射器向其中一支试管中注入一定量的浓HNO_3，另一支试管中注入一定量的稀HNO_3，看哪种酸能将NO氧化成红棕色的NO_2。能将NO氧化成红棕色NO_2的酸氧化性强。化学方程式为：$2HNO_3 + NO = 3NO_2 + H_2O$。

学生活动：[探究2] Cu和浓HNO_3反应生成红棕色的NO_2气体，Cu和稀HNO_3反应生成无色的NO气体。学生做这两个实验时，发现了两个有趣的现象：（1）Cu和稀HNO_3反应应该生成无色的NO气体，但NO的生成实验，现象不太明显，气体颜色还是红棕色，对照性不强。（2）分别将等质量的铜片与等体积均过量的浓HNO_3、稀HNO_3反应，所得到的溶液前者呈绿色，后者呈蓝色。

教师活动：在此可设计两个极好的探究问题给学生讨论。

（1）为什么Cu和稀HNO_3反应看不到无色的NO气体？怎样改进实验才能看到？

（2）为什么Cu和浓HNO_3反应所得到的溶液呈绿色？提议让学生猜想，并对每个猜想进行实验探究。

教师活动：可提出如下问题让学生思考。

（1）是什么原因引起现象不明显呢？

（2）怎样解决？

设计方案：经学生分组讨论，各组均设计了一套方案，其中较好的方案如图所示。

学生活动：给出方案，实施方案，观察现象。

方案一（如图5.6），先把铜丝上提，打开漏斗活塞，往烧瓶中加入稀HNO_3至液体占烧瓶容积的一半左右。待Ⅱ中澄清石灰水变浑浊，把铜丝插入稀HNO_3中。观察到铜丝上产生无色气泡，溶液变蓝，Ⅰ中气体为无色，过一会儿，Ⅱ中a管出口处有明显的红棕色气体。

方案二（如图5.7），先按图装好U形管左边的带铜丝的漏斗，打开b、c，从U形管右口注入稀HNO_3到与活塞b处平齐，关闭b。在U形管右口塞上带导管的胶塞，并在U形管左边微热，一段时间后，铜丝与液面分离。再轻启活塞b，观察。在此过程中，铜丝上会产生大量无色气泡，气体将液面压下，某时刻后铜丝与液面分离，右端液体被压入烧杯中，左端可观察到无色气体。轻启活塞b，在漏斗中可看到明显的红棕色现象。

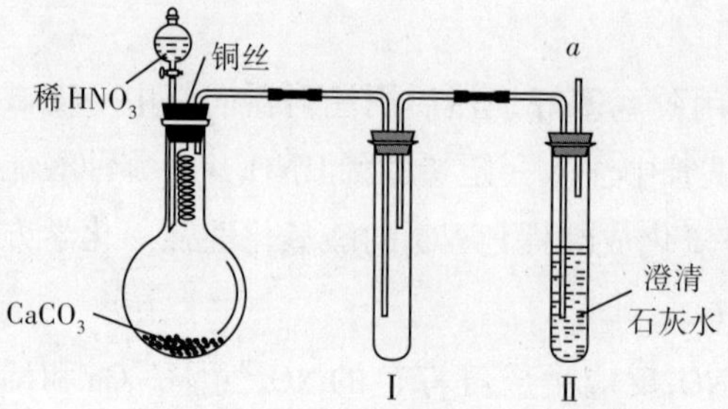

图5.6 Cu和稀HNO_3反应对比实验1

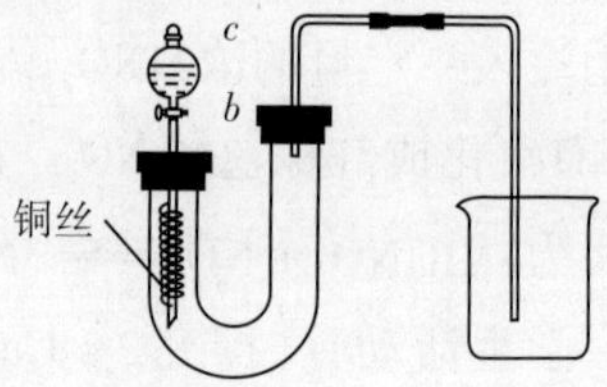

图5.7 Cu和稀HNO_3反应对比实验2

实验结论：Cu与稀HNO_3反应产生无色的NO，NO不溶于水，也不和碱反应。

教师活动：可启发学生猜想，然后进行实验探究。

学生活动：各组给出猜想。

教师活动：启发学生按小组制定验证方案。

学生活动：研究交流，给出方案。

猜想一，可能是Cu^{2+}的浓度不同造成的（如表5.3）。

表5.3 分组实验与现象

分组	m（Cu）/g	HNO_3（过量）	现象
甲组	1	浓HNO_3（5 mL）	溶液为绿色，试管内有红棕色气体
	1	稀HNO_3（5 mL）	溶液为蓝色，试管口有红棕色气体
乙组	0.5	浓HNO_3（5 mL）	溶液为绿色，试管内有红棕色气体
	1	稀HNO_3（5 mL）	溶液为蓝色，试管口有红棕色气体
丙组	2	浓HNO_3（5 mL）	溶液为绿色，试管内有红棕色气体
	1	稀HNO_3（5 mL）	溶液为蓝色，试管口有红棕色气体

在上面三组实验中HNO_3的体积是一样的，只是Cu的质量不相同。甲组中，Cu的质量相同，即反应后溶液中Cu^{2+}的浓度也相同，观察发现浓HNO_3反应完成后溶液为绿色，而稀HNO_3为蓝色；乙组中，与浓HNO_3反应的Cu的质量要小一些，即反应后Cu^{2+}浓度低一些，然而溶液依旧为绿色；丙组中Cu^{2+}的浓度较大，溶液依旧是绿色。可见，$Cu(NO_3)_2$溶液为绿色不是由Cu^{2+}浓度引起的。

猜想二，可能是$Cu(NO_3)_2$铜溶于浓HNO_3引起的。

把$Cu(NO_3)_2$晶体溶于浓硝酸，溶液依旧为蓝色。可见此假设不成立。

猜想三，可能是温度不同引起的。

方案1：把绿色的$Cu(NO_3)_2$溶液加热。溶液依旧为绿色，且试管中产生大量的红棕色气体。原因是在加热的时候，浓HNO_3发生了分解，生成了NO_2，无法将NO_2和$Cu(NO_3)_2$分开。

方案2：用流水不断地冲正在反应的试管壁，溶液颜色为蓝色。这个改变的核心是降低温度。因为$Cu + 4HNO_3$(浓) $=\!=\!=$ $Cu(NO_3)_2 + 2NO_2\uparrow + 2H_2O$的反应为放热反应，降温使反应的速度减慢，产生的$NO_2$的量减少；而$2NO_2 \rightleftharpoons N_2O_4$（正反应为放热反应），所以降温使平衡向正反应方向移动，生成了无色的N_2O_4，NO_2的量逐渐减少，溶液很快变成蓝色。

猜想四，可能是NO_2溶于$Cu(NO_3)_2$溶液形成的。

方案1：先把Cu和浓HNO_3反应后的溶液迅速倒入干燥的烧杯中，再倒入另一个干燥的烧杯中，溶液快速变为蓝色。

方案2：在Cu和浓HNO_3反应后的试管口塞一团沾有NaOH溶液的棉花，放置半天后，溶液为蓝色。其原因是随着时间的推移，反应后的溶液温度降低，NO_2慢慢从溶液中挥发出来被棉花中的NaOH溶液吸收，溶液的颜色仅仅由$Cu(NO_3)_2$呈现出来。

由此可见，$Cu(NO_3)_2$溶液的绿色是由黄色的HNO_3溶液（溶有NO_2）和蓝色的$Cu(NO_3)_2$溶液两者混合而成的。

环节四：原型拓展。

教师活动：布置作业，引导学生展开思考，给出答案。

拓展1：方案评价型。

某化学课外兴趣小组做Cu与浓HNO_3、稀HNO_3反应实验时发现：相同质量的Cu分别与等体积且足量的浓HNO_3、稀HNO_3充分反应后，前者溶液颜色是绿色的，后者溶液颜色是蓝色的。

（1）一种观点认为：这可能是Cu^{2+}浓度差异的结果，你同意这种看法吗？（填“同意”或“不同意”）＿＿＿＿＿＿，原因是＿＿＿＿＿＿＿＿＿＿＿＿＿＿。

（2）另一种观点认为：Cu与浓HNO_3反应时产生的NO_2溶于过量浓HNO_3显黄色，加上和蓝色的$Cu(NO_3)_2$溶液混在一起，使溶液呈绿色。为了验证推断是否正确，A、B、C三名同学分别设计了三种方案进行验证。

① A同学方案：将盛绿色溶液的试管加热，看是否有红棕色气体产生。你认为A同学的方案是否妥当？为什么？＿＿＿＿＿＿＿＿＿＿＿＿＿＿＿＿。

② B同学方案：用双氧水和二氧化锰制得氧气，并把氧气通入绿色溶液中，观察其溶液是否变为蓝色。请用方程式表示其中的反应原理____。

③ C同学方案：在通风橱内，将一根下端弯成螺旋状且可抽动的铜丝插在盛有足量浓HNO_3的试管甲中，立即可观察到试管中充满红棕色的NO_2气体。将气体经导管通入到倾斜的另一支盛有淡蓝色$Cu(NO_3)_2$的试管乙中，随着实验进行，试管乙中的溶液蓝色加深，很快又变成绿色，继续通入NO_2，绿色保持不变，向上抽起铜丝，使反应停止。写出Cu与浓HNO_3反应的离子方程式____。

④ 从环保的角度看，你认为三个方案中最好的是哪一个？__________，其原因是____。

学生活动：思考分析，给出答案。

拓展2：装置改进型。

图甲是课本中验证Cu和浓HNO_3反应的装置，图乙和图丙是师生对演示实验改进后的装置（如图5.8、5.9、5.10）。

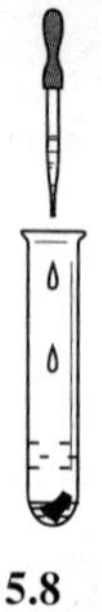

图5.8　甲

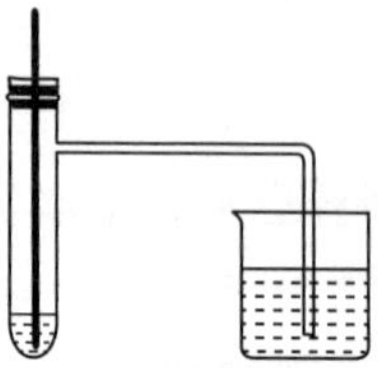

图5.9　乙

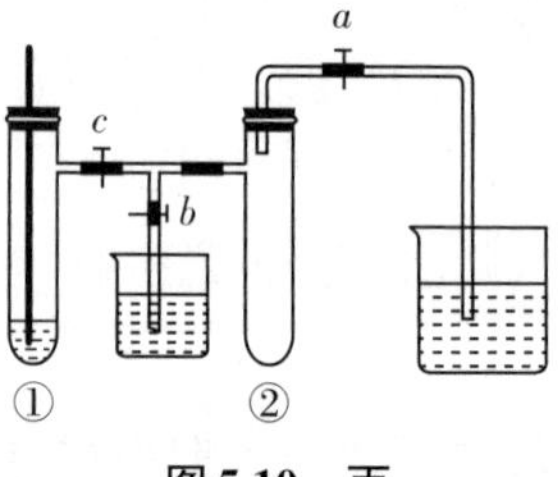

图5.10　丙

（1）甲、乙、丙三个装置中共同发生的化学反应方程式是____________。

（2）和甲装置相比，乙装置的优点是____________。

（3）为了进一步验证NO_2和水的反应，某学生设计了丙装置。先关闭弹簧夹____________，再打开弹簧夹____________，才能使NO_2气体充满②试管。

（4）当气体充满②试管后，将铜丝提起与溶液脱离，欲使烧杯中的水进入②试管应如何操作？____。

（5）当②试管中的NO_2和水充分反应，所得溶液物质的量浓度的最大值是多少？（气体按标准状况计算）________________________________。

案例二：二氧化碳的实验室制法药品选取的探究

【问题提出】

本实验是初中《化学》教材第六单元第三节内容。在讲述二氧化碳的实验室制法时，主要用含CO_3^{2-}的$CaCO_3$和含H^+的HCl溶液来制取，在分析其原理后，引导学生提出问题：用Na_2CO_3能否代替$CaCO_3$？稀H_2SO_4能否代替稀HCl？学生在前面曾学习O_2的实验室制法，对于气体的制法与收集较为熟悉，懂得气体的收集方法与其物理性质有关，并且懂得要制取某种物质，必须通过含有该物质元素的其他物质经过化学变化或物理变化来实现。学生具备了一些气体制备的实践经验，也具备各项实验技术，且初步形成了以小组合作完成实验的学习方式，具有强烈的探索欲望，在教师的指导下主动探索，发现和归纳化学知识。但是初中学生的自我管理和调控能力还不够，学习过程中仍需要教师的管理和引导。

【教学目标】

（1）通过对获得CO_2气体途径的讨论与分析，探究实验室制取CO_2的理想药品，培养学生多角度、多层次地观察和分析问题的意识。

（2）通过探究实验室制取CO_2的装置，并利用设计的装置制取CO_2，能从问题和假设出发，依据探究目的，设计探究方案，运用化学实验、调查等方法进行实验探究。

（3）通过对CO_2和O_2有关性质的对比，了解制备CO_2和O_2时，其发生装置与收集装置的区别和联系，初步确立实验室制取气体的一般思路和方法。

（4）初步认识观察分析、讨论、归纳、总结、理解及运用的科学方法。

【实验教学方案】

环节一：课前学生对CO_2性质及H_2CO_3相关知识的认识。

教师活动：预习课本内容，了解生活中关于二氧化碳的知识。

学生活动：预习，通过阅读书籍和网络查询关于二氧化碳的例子。

环节二：课程导入。

教师活动：PPT展示有关CO_2的谜语。

学生活动：猜测谜底是CO_2。

教师活动：展示一瓶CO_2气体，并请学生观察和闻气味。组织学生列举日常生活或学习。

学生活动：讨论交流，并回答生活中的事例，CO_2使人窒息死亡，呼出的气体中含有CO_2，CO_2可以使燃着的木条火焰熄灭，碳酸型饮料中含有CO_2，

CO_2使澄清的石灰水变浑浊等。

环节三：设计基础实验。

教师活动：用哪种方法作为实验室制取CO_2的方法？分组讨论、学生作答。

学生活动：回答实验室用大理石（或石灰石）和稀HCl反应制取CO_2。

教师活动：提问，$2CuO + C \xlongequal{高温} 2Cu + CO_2\uparrow$

$CO_2 + C \xlongequal{高温} 2CO$能否用于实验室制取$CO_2$？

学生活动：思考、回答。

教师活动：板书反应原理：$CaCO_3 + 2HCl \xlongequal{} CaCl_2 + CO_2\uparrow + H_2O$

学生活动：记笔记，并进行背诵。

教师活动：我们已知道实验室制取CO_2的原理，你能根据实验室制取CO_2的原理设计出CO_2的发生装置吗？下面我们就来进行这方面的探究和实践。

请同学们回顾实验室用$KMnO_4$制取O_2的装置。（投影）

学生活动：回忆、思考。

教师活动：提问$KMnO_4$制取O_2的发生装置是否也适合于用大理石和稀HCl制CO_2？投影展示气体发生装置，讲解其选择是由反应条件和反应物状态决定。

学生活动：思考、回答，气体的收集装置的选择是由气体溶解性和气体密度决定。

教师活动：实验室提供了多种仪器，你认为制取CO_2的装置应选择哪些仪器？又该怎样进行组合呢？请同学们根据上述问题，分析设计实验室制取CO_2的装置。

学生活动：学生动手组装仪器。

教师活动：老师点评。

学生活动：讨论装置的优、缺点并回答。

学生活动：

（1）检查装置气密性；

（2）加药品；

（3）收集。（怎样收集？为什么？）

环节四：提出猜想。

教师活动：以问题激发学生的思考，他们提出了多种猜想与假设，教师适当地对学生的思路加以引导。

学生活动：思考、交流、提出假设。

假设一：Na_2CO_3也是含有CO_3^{2-}的物质，它能够与稀HCl反应生成CO_2。

假设二：稀H_2SO_4也含有H^+，它也能够与$CaCO_3$反应生成CO_2。

教师活动：但它们的反应速率如何？反应进行的程度如何？是否适宜用于在实验室制取CO_2？这也是探究中应考虑的问题。

学生活动：思考、回答。

环节五：设计实验，进行验证。

教师活动：让学生在提出假设的基础上，设计出实验方案，教师检查学生的实验设计，给予适当的指导。

学生活动：进行实验验证。

实验一：用大理石和稀HCl反应。能反应，放出CO_2，速率适中。

实验二：用Na_2CO_3和稀HCl反应。能反应，放出CO_2，瞬间完成。

实验三：用大理石和稀H_2SO_4反应。能反应，放出CO_2，但很快停止。

学生活动：学生观察现象并记录。

环节六：解释与结论。

教师活动：让学生分组分析、讨论实验现象（引导学生查阅资料）。

学生活动：分析交流，派代表给出结论。假设一、假设二都是正确的，但实验二尽管能反应放出CO_2，可是反应速度太快，不易控制，实验三中大理石与稀H_2SO_4能反应，但由于生成的$CaSO_4$微溶，覆盖在大理石的表面，阻止了反应的继续进行。从而得出结论：不宜用稀H_2SO_4代替稀HCl或用Na_2CO_3代替大理石制取CO_2。

案例三：铁及其化合物的性质

【问题的提出】

本节教学内容是人教版高中《化学》必修第一册第三章“铁金属材料”实验活动2——铁及其化合物的性质。该部分的教学内容涉及金属材料中铁及其化合物的重要化学性质以及检验铁离子是否存在的方法，是通过理论分析出铁及其化合物的化学性质等。本节将通过实验探究的方法，用化学实验展示铁及其化合物在实验过程中的现象，从而去了解、认识铁及其化合物的重要化学性质。

【教学目标】

（1）从宏观上观察铁、铁盐、亚铁盐的实验现象，从微观上找到铁及其化合物化学性质的区别与共同点，体会微观粒子的变化对宏观物质性质的影响。

（2）通过具体的化学实验，直观地观察到不同物质反应的现象，通过理论与实际结合感知化学学习的魅力，为后续化学知识的学习奠定坚实的基础。

（3）熟悉掌握铁及其化合物的相关实验现象，学会铁离子的检验方法，熟练掌握合金性能的调节方法，体会化学研究过程中的科学方法。

（4）通过对不同合金性能调节方法的理解，认识可通过氧化还原反应实现含有不同价态同种元素的物质间的相互转化，培养高效学习的科学精神。

【教学方案】

环节一：学生初步了解铁及其化合物知识。

教师活动：让学生课前复习铁及其化合物相关知识，提前了解化学实验中常使用的实验器材有哪些，并加以思考。

学生活动：复习铁及其化合物相关知识，了解铁的价态变化和转化关系。

环节二：课程导入。

教师活动：PPT引入，五千年对宇宙来说只是一瞬间，可是对于人类来说，却是非常遥远而又古老的进程。五千年来，人类经历了石器时代—黄金时代—青铜时代—铁器时代—工业时代，从茹毛饮血到基因工程，从刀耕火种到电子技术，从跋山涉水到遨游太空……亿万人类智慧的沉积凝聚，创造出我们五千年来的辉煌。

学生活动：对比古代和现代人类发展，联想人类历史上与金属有关的内容。

环节三：提出探讨问题。

教师活动：引导学生利用学过的知识预测物质的性质。

学生活动：学生思考并提出，金属铁——还原性；二价铁——氧化性和还原性；三价铁——氧化性。

教师活动：为解决这一问题，我们以金属铁、$FeCl_2$、$FeCl_3$为例进行探究。

学生活动：思考金属铁、$FeSO_4$和$FeCl_3$中，哪些具有氧化性？哪些具有还原性？依据是什么？请思考、分析。

教师活动：知识回顾。物质所含元素处于最高价态，则该元素具有________性，所含元素处于最低价态，则该元素具有________性，所含元素处于中间价态，则该元素既有________性又有________性。

学生活动：回答。氧化性、还原性、氧化性和还原性。

教师活动：如何证明一种物质具有氧化性或还原性？

学生活动：分析讨论、给出结论。验证物质有氧化性，就要验证该物质与还原性的物质发生氧化还原反应；验证物质有还原性，就要验证该物质与氧化性的物质发生氧化还原反应。

环节四：设计实验方案。

教师活动：引导如何检验Fe^{3+}。

学生活动：学生思考并回答。先加KSCN溶液，展示实验操作及现象。

教师活动：将学生分组，要求各组用以下实验试剂设计并完成实验，探究铁及其化合物的氧化还原性，完成实验报告中提出的预习问题。

【实验试剂】

$FeSO_4$溶液、稀H_2SO_4、$FeCl_3$溶液、锌粉、铁粉（铁片）、$KMnO_4$溶液、氯水、$CuSO_4$溶液、KI溶液、KSCN溶液、淀粉溶液。

学生活动：思考、讨论如何设计实验。

教师活动：PPT展示实验注意事项。

（1）胶头滴管不能伸到试管中，应在试管口上方。

（2）振荡10～20秒后静置，观察现象。

环节五：进行实验验证。

学生活动：分组进行实验，并记录实验现象。

第一组：铁与盐溶液的反应。

在1支试管里滴入3 mL $CuSO_4$溶液，再将一段铁丝投入$CuSO_4$溶液中，一段时间后，取出铁丝，观察发生的现象。

第二组：$FeCl_3$的氧化性探究实验。

（1）取1支试管加入4 mL $FeCl_3$溶液，然后放入几小块铜片，观察现象。

（2）在1支盛有4 mL H_2O的试管中加入几滴$FeCl_3$溶液，然后滴加4滴KI溶液，最后滴加3滴淀粉溶液，观察实验现象。

第三组：Fe^{2+}的氧化性和还原性的探究性实验。

（1）Fe^{2+}的氧化性。在1支试管里加入4 mL的$FeCl_2$溶液，然后加入几小块锌片，振荡，一段时间后，观察实验现象。

（2）Fe^{2+}的还原性。在1支试管里加入少量$KMnO_4$酸性溶液，然后向试管中加入少量的$FeSO_4$溶液，观察溶液的颜色变化，当溶液紫色褪去时，再滴入3滴KSCN溶液，振荡，观察实验现象。

教师活动：对各组进行实验指导，要求各组进行实验汇报。

学生活动：汇报实验现象，给出原理。

教师活动：对实验得出的结论进行总结。

环节六：思考与讨论。

教师活动：提出问题，要求各小组进行讨论。

（1）以铁屑为原料，如何制备$FeSO_4$晶体？

（2）实验室在短时间保存$FeSO_4$溶液时，需要加入铁钉。其目的是什么？

环节七：教学反思。

本节课的设计通过实际操作，效果还可以，比较满意的有以下方面。

（1）方法上，通过学生实验的形式探究铁及其化合物的性质，采用定性分析的方法来研究物质的性质，在研究物质的方法上，起到了加深和巩固的作用。

（2）难点突破上，如何选择氧化剂和还原剂，可能学生比较迷茫，同样是氧化剂或是还原剂，选哪一个更好，这就需要学生运用已有的知识进行选择。对实验法教学内容的处理，更加突出了对学生实验设计能力的培养，同时，将化学知识对学生进行潜移默化地逐步渗透，为将来解决这一教学难点做好铺垫。

本课设计的缺点有以下几点。

（1）时间安排上有待进一步细化。

（2）学生动手实验能力不高，基本操作不到位。

（3）对学习自觉性差一点的同学效果一般。

案例四：速率的影响因素

【问题的提出】

本实验是人教版新课标学生必做实验6化学反应速率的影响因素的内容。新课标倡导化学教学要面向学生的生活，从学生的兴趣和经验出发，让学生学会学习，学会生活。同时强调“以学生的发展为本”，注重学生的可持续发展。新课标还提出“提高科学素养，在课堂中开展探究性学习”的理念，即通过提倡探究式教学，培养学生的自主科学探究能力，加强学生对科学本质的认识。本节课的设计是根据新课标的要求来进行的，以好奇心为驱动，充分发挥学生在教学活动中的主体性。同时注重从学生的生活经验出发，学生知道温度、催化剂、浓度和固体表面积等因素能影响化学反应速率。关于如何影响的问题，可以根据生活经验提出假设，然后引导学生通过实验来验证假设。“学生的学习取决于他自己做了些什么，而不是教师做了些什么。”这是美国著名的教育家、课程理论专家泰勒的一句话，指出了学生学习的本质。因此，具体实验方案的设计交给学生来完成，学生在交流讨论后制订可行的实验方案，再通过小组合作完成实验，实现对知识的构建与提升，最终得出结论。学生在合作探究的过程中不仅体会知识获得的乐趣，还学习了控制变量和对照实验的科学研究方法。本节课的设计从生活经验出发，最后再回归生活，用所学的知识来解决生活实际问题，学以致用，进一步激发学生学习的兴趣。本节课旨在通过探究式教学让学生充分享受课堂，在合作交流中获得知识、方法以及积极的情感体验，培养他们主动学习和创新学习的精神，养成自主学习的良好习惯，逐渐获得终身受益的自学能力。在此之前学生已经储备了一定的相关知识，诸如了解催化剂对化学反应速率有影响等，积累了一些化学反应及方程式，掌握了最基本的实验技能。本节内容的教学重点不是在知识的深度上，而是让学生通过实验探究和问题解决的过程，提高学生分析问题的水平和实践水平，体会到化学学习的乐趣，并真正做到学以致用。所以，如何引导学生进行合理的探究是本节课的关键所在。

【教学目标】

（1）通过资料的查找掌握影响化学反应速率的内因、外因。同时知道化学变化需要一定的条件，并遵循一定的规律，更深刻认识到化学反应的速率，是可以调控的。

（2）通过实验的设计培养学生能够设计简单的实验方案测定并比较化学反应速率的因素，体会由定性到定量，由简单到复杂的科学探究过程；通过实验的过程强化控制变量思想在科学探究中的作用。

（3）通过控制化学反应速率在实际生活中的应用，培养学生科学探究意识和实事求是精神，并将化学知识应用于生产生活实际，注重与化学相关的热点问题。

【教学方案】

环节一：初步了解反应速率的影响因素。

教师活动：课前以小组形式查找资料，思考化学反应在实际生活中的应用。

学生活动：查找资料，在实际生活中找出影响反应速率的因素。

环节二：创设情境。

教师活动：提问化学反应速率是有快有慢的，你能否列举出生活中化学反应速率较慢的例子呢？

图片展示：通过图片展示生活中化学反应速率较慢的反应，如“铁制品生锈”“食物的腐败”；化学反应速率较快的视频，如“爆炸”；引入新课程。

教师活动：为什么化学反应速率有快有慢？影响化学反应速率快慢的因素

又有哪些呢？为了搞清楚这些问题，必须先搞清楚化学反应是如何发生的。

学生活动：通过回忆化学反应发生的过程可知，分子间通过碰撞发生反应，有的碰撞是无效的，有的碰撞是有效的，我们把能够发生有效碰撞的分子称为活化分子，只要活化分子百分数越大或单位体积内的活化分子数越多，有效碰撞的概率就越大，化学反应速率就越快。

教师活动：可见，影响化学反应速率的主因应该是物质自身的性质，这也是内因，是我们无法改变的。

环节三：提出问题。

教师活动：提出问题，影响化学反应速率的因素有哪些呢？

思考以下问题。

（1）为什么向H_2SO_4溶液中同时加入锌片和碳棒，锌片会产生气泡，而碳棒则完全没有变化？

（2）为什么同样是金属，Na遇水剧烈反应，Au却在任何条件下保持光亮？

学生活动：思考、交流，并得出结论。决定化学反应速率的主要的因素是物质本质属性——内因。

教师活动：板书一，内因：物质本身（决定性作用）。

物质能否发生化学反应、化学反应速率的快慢，物质本身的固有性质起决定性作用。内因是变化的依据，外因则是不断变化的条件，外因通过内因而起作用。因为C的性质决定了它不会与H_2SO_4反应。Au自身的性质也决定了它在自然界中的稳定性。虽然物质本身的属性决定了它能否发生反应，但是在生活、化学实验和生产实际中，对能发生的化学反应我们也在设法控制他们的反应速率，请大家举例。

学生活动：分组讨论并举例。

（1）在生火做饭时，为了使火燃烧得更旺些，我们会鼓入更多的空气……

（2）在实验室，当希望化学反应快些时，我们会用酒精灯加热或采取持续震荡搅拌等方式进行操作，气体参与反应时我们会给气体加压……

教师活动：总结并过渡，这些都是控制化学反应快慢的方法，这些控制都是依赖于外界的力量——外因。板书二，外因。

从上述各类生活和实验实例中你能总结出外因可能有哪些吗？

学生活动：讨论、归纳、总结。鼓入更多的空气（浓度），酒精灯加热（温度），采取持续震荡搅拌（扩大接触面）。

教师活动：除了浓度、温度、扩大接触面外，还有催化剂、压强等因素。

你能设计实验说明其中的道理吗?

环节四：分组实验探究。

教师活动：根据下列两个反应设计实验并进行验证。

【实验原理】

(1) $Na_2S_2O_3$与H_2SO_4的反应。

$Na_2S_2O_3$与H_2SO_4反应会生成不溶于水的S：反应生成的S使溶液出现乳白色浑浊，比较浑浊现象出现所需时间的长短，可以判断该反应进行的快慢。在不同浓度和温度条件下分别进行上述反应，并比较其反应快慢，可以看出反应物浓度和温度对该反应速率的影响。

(2) H_2O_2分解反应。

H_2O_2分解会产生O_2，分别在有、无催化剂存在下进行对比实验，通过观察O_2产生的快慢可以看出催化剂对该反应速率的影响。

学生活动：思考、交流、设计实验。

教师活动：总结学生设计方案，给出实验步骤。

实验步骤：

(1) 浓度对化学反应速率的影响。

取2支大小相同的试管，分别加入2 mL和1 mL 0.1 mol·L^{-1}的$Na_2S_2O_3$溶液，向盛有1 mL $Na_2S_2O_3$溶液的试管中加入1 mL蒸馏水，摇匀。再同时向上述2支试管中加入2 mL 0.1 mol·L^{-1}的H_2SO_4溶液，振荡。观察、比较2支试管中溶液出现浑浊的快慢（如表5.4）。

学生活动：进行实验，观察实验现象，记录实验结果。

表5.4 浓度对化学反应速率的影响实验记录表

实验编号	加入0.1 mol·L^{-1}的$Na_2S_2O_3$溶液的体积/mL	加入水的体积/mL	加入0.1 mol·L^{-1} H_2SO_4溶液的体积/mL	出现浑浊的快慢
1	2	0	2	较快
2	1	1	2	较慢

教师活动：请同学们根据实验结果进行总结。

学生活动：得出结论。其他条件不变时，反应物浓度越大，反应速率越快。

教师活动：请同学们进行温度对化学反应速率的影响的探究。

(2) 温度对化学反应速率的影响。

取2支大小相同的试管，各加入2 mL 0.1 mol·L^{-1}的$Na_2S_2O_3$溶液，分别放入盛有冷水和热水的2个烧杯中。再同时向上述2支试管中加入2 mL 0.1 mol·L^{-1} H_2SO_4溶液，振荡。观察、比较2支试管中溶液出现浑浊的快慢（如表5.5）。

学生活动：进行实验，观察实验现象，记录实验结果。

表5.5　温度对化学反应速率的影响实验记录表

实验编号	加入0.1 mol·L^{-1}的$Na_2S_2O_3$溶液的体积/mL	加入0.1 mol·L^{-1} H_2SO_4溶液的体积/mL	水溶液的温度/℃	出现浑浊的快慢
1	2	2	0	较慢
2	2	2	40	较快

教师活动：请同学们根据实验结果进行总结。

学生活动：得出结论。其他条件不变时，温度越高，反应速率越快。

教师活动：请同学们进行催化剂对化学反应速率的影响的探究。

（3）催化剂对化学反应速率的影响。

向3支大小相同的试管，各加入2 mL 10% H_2O_2溶液，再向其中的2支试管中分别加入少量MnO_2和1 mol·L^{-1}的$FeCl_3$溶液。观察比较3支试管中气泡出现的快慢（如表5.6）。

学生活动：进行实验，观察实验现象，记录实验结果。

表5.6　催化剂对化学反应速率的影响实验记录表

实验编号	加入10% H_2O_2溶液的体积/mL	加入的催化剂	气泡出现的快慢
1	2	无	较慢
2	2	少量MnO_2粉末	很快
3	2	2滴1 mol·L^{-1}的$FeCl_3$溶液	较快

教师活动：对上述实验学生的操作进行指导，请同学们根据实验结果进行总结。

学生活动：得出结论。其他条件不变时，使用催化剂能加快反应速率。

教师活动：对实验进行总结。

环节五：思考讨论。

教师活动：提出问题，浓度对化学反应速率的影响实验中，实验2加入1 mL H_2O的原因是什么？

学生活动：思考给出答案。

提示：为了使混合后溶液总体积相同，从而使混合后只有$Na_2S_2O_3$溶液浓度不同，其余因素均相同。

教师活动：课后作业，解释生活中的铁锈现象。

5.6　生活中化学实验教学研究

案例一：糖类的性质

【问题的提出】

糖类的性质是《普通高中化学课程标准（2017年版2020年修订）》选择性必修3《有机化学基础》第四章“生物大分子”的内容。糖类实验是中学有机化学中重要的实验内容，通过实验教学进一步巩固有机化学研究的方法，掌握糖类还原性的检验方法，解释为什么糖类与我们的生活密切相关。通过对单糖、二糖、多糖的典型代表物的探究实验，使学生进一步体验对化学物质的探究过程，理解科学探究的意义，学会科学探究的基本方法，提高科学探究的能力，体验科学探究的乐趣。学生已经学习了醛类、醇类的性质，基本掌握了醛基和羟基的结构和具体性质。初步知道以乙醛为代表的醛基与银氨溶液、新制$Cu(OH)_2$反应的实验操作和实验现象，对水解反应也有一定的认知。学生有待获得的知识和提高的能力有：学生的类比迁移能力还有待加强，实验操作能力有待提高，对有机实验解决真实问题的能力还需要进一步培养，认识有机物的基本思路和方法（即基于官能团分析、预测、总结归纳物质性质）有待加强。

【教学目标】

（1）通过分子结构特点的类比迁移，预测葡萄糖的主要性质，设计实验探究方案进行实验验证，并书写相应的化学方程式。

（2）通过对单糖、二糖、多糖的性质探究实验体会化学物质探究的过程，提高科学探究能力。

（3）通过对葡萄糖性质的预测和探究实验的设计，诊断并发展学生的类比迁移能力和实验探究能力。

（4）通过观察学生做实验的过程，了解学生实验动手能力和实验操作素养。

（5）通过学生撰写实验报告，了解学生对于实验过程的现象描述、结论推理，判断学生实验探究的科学性，语言表达的规范性。

（6）通过淀粉水解程度的实验设计，了解并发展学生多角度分析问题和实验设计能力。

【实验教学方案】

环节一：课前思考。

教师活动：请学生预习糖的相关性质，并思考以下问题。

（1）糖一定有甜味吗？

（2）为什么人们曾把这些糖类化合物称为“碳水化合物”？

（3）蔗糖和麦芽糖分子式相同，却具有不同的性质，试推测可能的原因是什么？它们是什么关系？

（4）淀粉和纤维素是否属于同分异构体？

学生活动：自主翻阅材料，并找出答案。

环节二：情景引入。

教师活动：PPT展示无糖食品是否真的无糖？

消费者往往会认为无糖食品不含任何糖类。事实上，市面上出售的无糖食品，通常只是指不含有狭义上的糖，即不含有带甜味的简单的糖类。一方面，商家的过度宣传和概念的混淆，误导了很多消费者，以为真的无糖。比如，水果食品本身就含有天然的果糖、葡萄糖和蔗糖，所以“无糖果脯”或“无糖果酱”不可能做到完全不含有糖的成分，厂家承诺的仅仅是在生产过程中不再加入任何糖分。再如牛奶，本身就含有4.5%的乳糖，那么所有的乳制品，包括奶酪、奶粉、酸奶、冰淇淋等必然含有乳糖，在现有的技术条件和生产成本背景下，不可能除掉食品原料中全部的糖。还有常见的“无糖饼干”，虽然并没有加入蔗糖，但饼干是用粮食制作的，其主要成分是淀粉，经消化分解后会变成大量的葡萄糖，和我们吃米饭、馒头所吸收的糖分没有区别，同样会导致血糖的上升。在无糖食品里面，大多含有天然的淀粉水解物作为甜味来源。我国大部分的无糖食品都使用高效甜味剂，用量少而甜度高，比如某种食品原本添加40克的蔗糖，现在只需加不到1克的甜味剂就能达到同样甜度。用来做替代物的大多是淀粉、淀粉水解物之类，而这些配料升高血糖的速度远远快于蔗糖。接下来，我们来研究一下糖类的性质。

学生活动：观看PPT，思考无糖食品是否真的无糖。

环节三：性质预测和实验探究。

教师活动：给出实验器材及试剂，请学生预测和探究葡萄糖的性质。

【实验器材及试剂】

器材：胶头滴管、试管、烧杯、石棉网（或陶土网）、酒精灯、三脚架、火柴、试管夹、pH试纸。

试剂：淀粉、10%葡萄糖溶液、葡萄糖、蔗糖、10%蔗糖溶液、淀粉溶液、10% NaOH溶液、2%氨水、5% $CuSO_4$溶液、2% $AgNO_3$溶液、10% H_2SO_4溶液。

学生活动：预测葡萄糖的性质，并设计实验进行验证。

教师活动：葡萄糖的结构中具有醛基，那么葡萄糖有什么样的性质呢？我们该如何验证呢？

学生活动：交流思考，给出实验方案。

教师活动：对学生方案进行指导。

学生活动：进行实验操作。

实验步骤：

（1）在洁净的试管中配制约3 mL银氨溶液，加入2 mL 10%葡萄糖溶液，振荡。然后在水浴中加热，观察现象，试管内壁出现明亮的银镜。

（2）在另一支试管中加入3 mL 10%NaOH溶液，滴入5滴5%$CuSO_4$溶液，振荡。再加入3 mL 10%葡萄糖溶液，加热，观察现象，先产生蓝色悬浊液，加热后产生砖红色沉淀。

教师活动：通过上述实验，可以推断出葡萄糖具有什么性质？

学生活动：思考总结，给出结论。葡萄糖是还原糖，能够被银氨溶液、新制$Cu(OH)_2$氧化。

教师活动：请根据上节学到的蔗糖为双糖，预测蔗糖的性质，并设计实验进行验证。

学生活动：预测蔗糖的性质，并设计实验进行验证，进行实验操作。

实验步骤：

（1）取少量蔗糖，观察状态，将其加入试管后加水振荡，观察其溶解状况。用以上实验中的方法制备$Cu(OH)_2$，再加入2 mL 10%蔗糖溶液。加热，观察现象：无明显现象。

（2）在另一支试管中加入1 mL 10%蔗糖溶液和5滴10%H_2SO_4溶液，加热煮沸。再加入10%NaOH溶液至溶液呈碱性，加入新制备的$Cu(OH)_2$，加热，观察现象：加热后产生砖红色沉淀。

教师活动：为什么直接向蔗糖中加入新制$Cu(OH)_2$溶液，无明显现象，而进行第二步操作后有砖红色沉淀产生？

学生活动：思考交流，得出结论，蔗糖不是还原糖，不能被银氨溶液、新制 $Cu(OH)_2$ 溶液氧化，在酸性条件下发生水解生成葡萄糖和果糖。

教师活动：肯定学生的结果，请学生预测淀粉的性质。

学生活动：预测淀粉的性质，并设计实验进行验证。

学生活动：进行实验操作。

实验步骤：

（1）取少量淀粉，先观察状态，然后将其加入试管后加水振荡，再加热煮沸，观察其溶解状况。观察到的现象：淀粉不溶于冷水；加热后，部分溶解，形成胶状淀粉糊。

（2）用以上实验中的方法制备 $Cu(OH)_2$，再加入 2 mL 淀粉溶液。加热，观察现象，无明显现象。

（3）在另一支试管中加入 1 mL 淀粉溶液和 2 mL 10% H_2SO_4 溶液，加热煮沸。再加入 10% NaOH 溶液至溶液呈碱性，加入新制备的 $Cu(OH)_2$，加热，观察现象，加热后产生砖红色沉淀。

教师活动：刚开始没有现象，加入硫酸后，再进行操作，观察到有砖红色沉淀，请分析原因。

学生活动：思考交流，得出结论，淀粉不是还原糖，不能被银氨溶液、新制 $Cu(OH)_2$ 氧化，不能在酸性条件下发生水解生成葡萄糖。

教师活动：对上述得出的结论进行总结。引导学生思考，如何鉴定淀粉是否水解、是否完全水解？

学生活动：分析思考给出设计方案，并针对自己的方案进行分析。

方案（见图 5.11）：

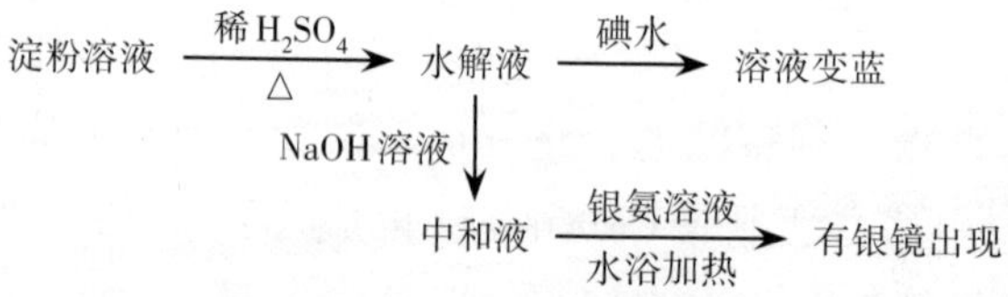

图 5.11　淀粉水解流程图

结论：淀粉部分水解。

教师活动：肯定学生的设计方案，并鼓励学生进行实验验证。

学生活动：动手实验并进行验证。

教师活动：对本节内容进行总结。

案例二：日常生活中铁生锈问题

【问题的提出】

高中是学生学习化学知识的重要时间段，因此，将日常生活与化学实验相结合，不仅能够解释生活与化学之间紧密的关系，更能够进一步帮助学生掌握化学知识。其实化学在我们生活的方方面面，小到人们日常使用的生活用品，大到国家军备武器，都离不开化学。开设化学实验课程能够更加直观地将一些化学现象展示在学生面前，让学生能够正视生活中发生的现象，并通过认识这些现象的本质，学习化学，并最终推动化学的发展，从而实现化学领域的不断创新。所以，笔者建议，在现代高中阶段的化学教学中，化学教师更应该以开阔的教学方式帮助学生理解化学，掌握化学。因此，找寻化学与生活之间的联系已经成为当今热门话题，如何对其进行应用，也成了大家应该深思的问题。实验是化学学习的重要内容，它以实际现象作为理论的依据。所以，通过对化学实验的研究与探讨，能够进一步提升化学学习的能力，通过实验将化学与生活融合，找到化学与生活的契合点，尝试寻找更加简单、安全的方式完成化学实验，掌握化学实验中的基本原理并做到灵活应用。因此，要做到利用生活用具解决化学实验中的难题，并运用化学知识通过实验解释生活中的现象或解决生活中的问题。

【教学目标】

（1）通过观察，思考日常生活中的铁生锈现象，进一步理解铁生锈的本质，并应用化学反应原理解决简单的实际问题。

（2）通过对日常生活中的现象进行实验验证，能从问题出发，依据探究目的，设计探究方案，运用化学实验等方法进行实验探究。

（3）通过认识这些现象的本质，学习化学，并最终推动化学的发展，具有节约资源、保护环境的可持续发展意识，从自身做起，形成简约适度，绿色低碳的生活方式。

【情景引入】

《青花瓷》中有一句歌词是这样唱的：“帘外芭蕉惹骤雨门环惹铜绿”，这句歌词中就隐藏着一种化学现象，就是门环由于长期在室外接触到水分，就会在表面生产一种绿色的物质，称之为“铜绿”。这样的现象就很容易让人联想到，除了铜以外，铁这种物质，也经常会遇水长出“铁锈”。而在生活中，钢铁与铜器的使用也十分普遍，铁锈与铜绿的出现除了会影响这类金属制品的使用，如果用于某些设备或者大型建筑中，还会导致严重的坍塌等危险，对人们的生活也会产生影响，甚至还会造成生命财产的损失。

【教学方案】

环节一：初步观察铁生锈的现象。

教师活动：鼓励学生观察铁生锈的现象，尝试通过查阅资料找出其本质原因。

学生活动：观察日常生活中铁生锈的现象，查找资料。

环节二：提出问题。

教师活动：提出思考问题。

（1）铁在空气中、纯净水中和在盐水中的生锈速度是否不同？（探究活动一）

（2）铁在不同溶液中生锈的速度是否不同？（探究活动二）

（3）铁锈在不同浓度的酸溶液中溶解的速度是否相同？（探究活动三）

学生活动：思考、回答问题，设计探究活动。

环节三：进行探究实验。

探究活动一：铁在空气中、纯净水中和在盐水中的生锈速度是否不同？

教师活动：引导学生思考。

学生活动：设计及进行实验，比较铁在空气中、纯净水中和盐水中生锈的速度。

教师活动：给出实验仪器。

【实验器材】

汽水瓶4个、电吹风1个、酒瓶塞2个、纯净水、铁钉若干、食盐、砂纸、蜡烛、洗洁精、火柴。

学生活动：进行实验。

（1）将4个汽水瓶分别编号为甲、乙、丙、丁。

（2）用砂纸打磨实验用的铁钉直至光亮并用洗洁精清洗干净后擦干。

（3）用电吹风将甲瓶吹干后迅速放入2枚铁钉，并立即用酒瓶塞将瓶口塞住。将蜡烛熔化后封住瓶口的缝隙，使其与外部的空气无法接触。

（4）在乙瓶内装入一满瓶煮沸后的纯净水，使纯净水将铁钉完全浸没。再用酒瓶塞将瓶口塞住，并用相同的方法将瓶口的缝隙封住。

（5）在丙瓶内装入少量纯净水，使铁钉一部分浸在水里，另一部分裸露在空气中，但不封口，使其与外部空气接触。

（6）在丁瓶中加入少量的纯净水并加入少量食盐，将铁钉一部分浸泡在盐水中，而另一部分裸露在空气中，也不封口，使其与外部空气接触。

（7）将4个试验瓶放在家中观察5天（每天观察一次）。

学生活动：记录实验现象（如表5.7）。

表 5.7　铁钉在四个不同环境下生锈情况记录表

	第一天	第二天	第三天	第四天	第五天
甲	无变化	无变化	无变化	无变化	无变化
乙	无变化	无变化	无变化	无变化	无变化
丙	水面以下的铁钉有些变黄	铁钉上有少许的铁锈，水也微微变黄	整枚铁钉都出现铁锈，瓶底和瓶壁与铁钉接触的位置变黄，水呈黄色	铁钉的铁锈很蓬松，水面附近最多，瓶壁周围均为黄色，水呈深黄色	整个铁钉生锈，但水面附近的铁锈最多，水呈黄色
丁	铁钉与水面接触的部分微微变黄	铁钉浸在水中的那部分有些许铁锈	水面附近的铁锈越来越多	整枚铁钉都出现铁锈，水变黄	锈更多，其余现象变化不大

教师活动：分析并得出结论，甲、乙瓶不生锈，说明在只有水或者只有氧气的条件下，铁都不会生锈；丙瓶既有水也有氧气，但是没有盐，而铁生锈，说明铁生锈的必要条件只是水和氧气；对比丁瓶，其铁生锈的速度比丙瓶快，说明盐在铁生锈的过程中起到加速生锈的作用。因此，我们得出以下结论：

（1）铁生锈的必要条件是氧气、水同时存在。

（2）在有盐的情况下，铁生锈的程度会加深、速度会加快。

探究活动二：铁在不同溶液中生锈的速度是否不同?

学生活动：设计实验比较铁在不同溶液中的生锈速度。

教师活动：给予学生活动提示。

（1）请参考活动一的教师指引。

（2）在日常生活中，铁制品会接触到不同的溶液，如煮食用的铁器皿会接触到酒、果汁、醋、洗洁精、盐、糖、酸性液体、食用油等。因此，可以引导学生利用这些日常使用的溶液进行测试。

（3）不少饮品和醋都呈酸性，酸性物质可以使铁生锈的速度变快，因此，可引导学生提出在受空气污染的地方，形成的酸雨也可加速铁生锈。

（4）糖溶解于水，但不会离解为离子，因此不会加速铁生锈。

（5）从实验的结果来看，只能指出什么溶液会加速或影响铁生锈，但不能指出铁在哪一种溶液中生锈的速度快，因为各种溶液的浓度不相同。

（6）如果希望公平地比较铁在各种不同溶液中生锈的速度，那么各种物质溶解于水的物质的量就要相同。

教师活动：给出实验仪器。

【实验器材】

铁钉若干、醋、酱油、酒、果汁、糖水、砂纸、蒸馏水、盐水、洗洁精、清水、油、培养皿、量筒。

学生活动：进行实验。

（1）先将铁钉用砂纸打磨至光亮再用洗洁精清洗干净后擦干。

（2）取若干个培养皿，用量筒量取相同体积的蒸馏水、盐水、糖水、洗洁精、清水、油、醋、酱油、酒、果汁，分别加入培养皿中。

（3）在上述培养皿中各加入2枚已处理过的铁钉。

（4）观察一周，每天记录实验现象。

学生活动：记录实验现象（如表5.8）。

表5.8　铁钉在不同溶液中生锈情况记录表

	第一天	第二天	第三天	第四天	第五天	第六天	第七天
蒸馏水							
盐水							
糖水							
洗洁精							
清水							
油							
醋							
酱油							
酒							
果汁							

教师活动：引导学生分析，教师进行总结。

探究活动三：铁锈在不同浓度的酸溶液中溶解的速度是否相同？

教师活动：引导学生设计及进行实验，用酸将铁锈除去，比较铁锈在不同浓度的酸溶液中溶解的速度是否相同。

教师活动：给出活动提示。

（1）铁锈为金属氧化物，它能与酸发生反应，可观察到铁锈逐渐溶解。

（2）酸既可以加快铁生锈的速度，又可以溶解和除去铁锈。

（3）为了公平地比较铁锈在酸溶液中的溶解速度，实验中使用的生锈铁钉是用没生锈的铁钉在同一条件下做生锈处理的。

（4）测试时，要用1枚以上生锈的铁钉以加强实验的可靠性。

（5）为了公平地比较铁锈在酸溶液中的溶解速度，实验中使用的不同浓度的酸溶液的体积必须是相同的。

教师活动：给出实验器材。

【实验器材】

铁钉若干、蒸馏水、洗洁精、盐水、砂纸、100 mL烧杯、盐酸、胶头滴管、装入pH数据采集软件的计算机、数据采集器、pH值传感器、洗瓶、玻璃棒、量筒、培养皿。

学生活动：进行实验。

（1）将铁钉用砂纸打磨光亮放在盐水中浸泡一段时间，使其生锈。

（2）将pH值传感器插入装蒸馏水的烧杯中。

（3）点击开/关按钮开始收录数据。

（4）用胶头滴管吸取盐酸溶液滴加到烧杯中，分别调试出pH值为1，2，3，4，5，6的盐酸溶液。

（5）用量筒取相同体积的上述不同pH值的盐酸溶液分别放入培养皿中。

（6）将做过生锈处理的铁钉加入盛有盐酸溶液的培养皿中，每个培养皿中加入两枚。

（7）观察一周，每天记录实验现象。

学生活动：记录实验现象（如表5.9）。

表5.9　铁钉在不同pH值的溶液中生锈情况记录表

	第一天	第二天	第三天	第四天	第五天	第六天	第七天
pH = 6							
pH = 5							

表5.9（续）

	第一天	第二天	第三天	第四天	第五天	第六天	第七天
pH = 4							
pH = 3							
pH = 2							
pH = 1							

教师活动：引导学生分析思考，最后给出结论。

通过实验加化学知识的迁移，我们能够认识到铁生锈的本质原因，在实际生活中，要想减少这样情况的发生，保证钢铁制品的质量、性能、外观不受影响，可以针对锈斑生成的原因，进行重点的防御。将钢铁制品的表面涂上油漆，让其与水分、空气隔离；在使用中尽可能地保持干燥；由于铁的金属性较为活泼，通过合金的制作方式，能够有效降低金属活跃度，增加稳定性。通过化学实验和知识的学习，能够帮助人们解决生活中的一些问题，寻找其问题缘由，进一步提升应对能力。

案例三：探究泡沫灭火器的原理

【问题的提出】

人教版课本第三章第三节盐类的水解中的综合应用部分，关于泡沫灭火器原理的内容，考查概率很高，该实验可以促进学生对泡沫灭火器的理解。学生已学过离子方程式的书写、化学平衡理论、水的电离平衡以及溶液的酸碱性，有了一定的知识储备，而盐类的水解又是这几部分的综合应用，学生要在原有知识的基础上，将所学的知识加以整合和拓展应用，有比较大的难度。

【教学目标】

（1）通过理解盐溶液呈酸性或碱性的原因，学会分析盐溶液呈酸性或碱性的过程。

（2）通过理解泡沫灭火器的灭火原理，体会盐类水解的应用。

（3）培养学生观察能力、思考能力和自主解决问题的能力。

（4）对学生进行安全教育，将所学的知识应用于实际生活中。

【实验教学方案】

环节一：资料展示，提出疑惑。

教师活动：图片和文字介绍泡沫灭火器，学生找出其中的有用信息。提出自己想知道的疑惑。

环节二：情景引入。

教师活动：PPT展示泡沫灭火器的使用方法。

用手提筒体上部的提环靠近火场，在距离着火点10米左右的位置，将筒体颠倒过来，一只手握紧提环，另一只手握住筒体的底圈，将射流对准燃烧物。在扑救可燃液体燃烧形成的火灾时，如已呈流淌状燃烧，则将泡沫由远及近喷射，使泡沫完全覆盖在燃烧液面上；如在容器内燃烧，应将泡沫射向容器内壁，使泡沫沿容器内壁流淌，逐步覆盖着火液面。切忌直接对准液面喷射，以免由于射流的冲击将燃烧的液体冲出容器而扩大燃烧范围。在扑救固体火灾时，应将射流对准燃烧最猛烈处进行灭火。在使用过程中，灭火器应当始终处于倒置状态，否则会中断喷射。

学生活动：观看，思考。

教师活动：讲解、板书，探究泡沫灭火器的原理。

PPT展示图片和文字介绍泡沫灭火器。泡沫灭火器内有两个容器，分别盛放两种液体，它们是$Al_2(SO_4)_3$和$NaHCO_3$溶液，分别放置在玻璃筒和铁筒中，两种溶液互不接触，不发生任何化学反应。当需要泡沫灭火时，让两种溶液混合在一起，就会产生大量的二氧化碳气体。

环节三：提出问题。

学生活动：找出其中的有用信息，提出自己的疑惑。

预设问题：

（1）$Al_2(SO_4)_3$溶液装在玻璃桶中，$NaHCO_3$溶液装在铁桶中，二者能否互换？

（2）$Al_2(SO_4)_3$溶液和$NaHCO_3$溶液的酸碱性如何？

（3）泡沫是如何产生的？

教师活动：引导学生解决以上问题，启发学生如何设计实验进行验证。

学生活动：设计实验方案。

学生实验：将$Al_2(SO_4)_3$溶液加入铁粉中，观察现象。

现象：有气泡产生。

教师活动：为什么会有气体产生？

学生活动：分析铁粉与酸反应会产生气体，此反应中有气体产生，说明$Al_2(SO_4)_3$溶液很可能是酸性的。

环节四：实验探究，验证猜想。

教师活动：提问如何检验溶液的酸碱性？

学生活动：设计实验方案（用pH试纸测定）。

分组实验：测定$Al_2(SO_4)_3$溶液和$NaHCO_3$溶液的酸碱性。

教师活动：引导学生讨论以下问题。

（1）溶液的酸碱性是由什么决定的？

（2）盐溶液中的H^+和OH^-是怎么产生的？

（3）H_2O电离出的H^+和OH^-浓度相等，为什么$Al_2(SO_4)_3$溶液和$NaHCO_3$溶液中H^+和OH^-的浓度不相等？

学生活动：学生从水的电离平衡角度去分析，打破水的电离平衡，并且让水的电离平衡正向移动，可以加入能与H^+或OH^-反应的离子。

教师活动：组织学生从$Al_2(SO_4)_3$、$NaHCO_3$中找出能与水电离产生的H^+或OH^-反应的离子（Al^{3+}、HCO_3^-），然后用离子方程式把这个过程表示出来，并让学生代表将离子方程式写在黑板上。

学生活动：学生代表将离子方程式写在黑板上。

教师活动：针对学生书写的错误离子方程式$Al^{3+} + 3OH^- = Al(OH)_3$展开讨论。

学生活动：讨论以下问题。

（1）OH^-从哪里来？离子方程式中通常以微粒存在的主要形式来表示，那么写OH^-或H_2O哪种形式更合理？

（2）写成等号还是可逆符号更为合理？

学生分组分析总结：

（1）OH^-来自水，所以离子方程式中写成H_2O更好。

（2）生成的$Al(OH)_3$还会电离，所以要用可逆符号。

（3）因为方程式中前面写了H_2O，那么生成物中要补写上H^+，所以$Al_2(SO_4)_3$溶液呈酸性。

教师活动：给出结论：$Al^{3+} + 3H_2O \rightleftharpoons Al(OH)_3 + 3H^+$，

$HCO_3^- + H_2O \rightleftharpoons H_2CO_3 + OH^-$。

教师活动：多媒体展示$Al_2(SO_4)_3$溶液和$NaHCO_3$溶液的水解过程。

教师活动：大家提出的前两个问题我们已经解决了，下面，我们来探究第三个问题，水解是个很微弱的过程，那么泡沫灭火器是如何产生大量CO_2的呢？

学生活动：分析$Al_2(SO_4)_3$溶液的水解和$NaHCO_3$溶液的水解有相互促进作用。

教师活动：我们已经知道了泡沫灭火器的反应原理，大家想自己做一个简易的泡沫灭火器，来一场灭火演练吗？

学生活动：分组实验，自制泡沫灭火器。

教师活动：视频展示，生活中常见的各种灭火器。

学生活动：各组派代表演示学校中灭火器的使用。

教师活动：评选出灭火效果最好的小组。

教师小结：本节课我们通过探究泡沫灭火器的反应原理，学习了盐类水解的相关知识，并且自制泡沫灭火器，完成了一次灭火演练，让所学的知识走入了生活。

案例四：土壤的酸碱性对植物生长的影响

【问题的提出】

人教版初中化学课程目标附录中要求的学生必做实验之一是探究土壤的酸碱性对植物生长的影响。学生已经学习了酸、碱、盐，同时可以结合生物知识进行该活动。我们所熟悉的植物在长期自然选择过程中，形成了对土壤酸碱性特定的要求，有的植物能在较宽的pH值范围内生长。有的植物对土壤反应特别敏感，只能在某一特定的pH值范围内生长。所以本案例研究将会对不同地方的土壤进行采样，并且进行酸碱鉴定，通过相同植物在不同地点的土壤中的生长情况来给出初步小结，将会重点根据不同土壤酸碱度造成的植物生长影响给出实践结果。土壤中存在着各种化学和生物化学反应，表现出不同的酸碱性程度，在当今社会中农业生产还是经济发展与社会生活中比较重要的一项产业，其意义不同凡响。但是随着社会经济的快速发展，在现代化的社会中，工业不断发展也间接影响了农业的生产与发展。这些工业所排出的废水会对农业生产与发展过程产生一定的、不可避免的影响。这种影响会对植物生长产生什么影响呢？在没有进入工业化程度的情况下，世界上不同地区拥有不同的天然就有酸碱度的土壤，植物会对土壤产生适应感吗？有些植物会对酸碱度产生要求吗？这些问题都是我们的研究对象。

【教学目标】

（1）通过对土壤酸碱性的研究，加深学生对酸碱性的理解，使学生形成化学观念，并能解决实际问题。

（2）通过该实验的学习，培养学生合作完成简单的化学实验任务的能力，能设计和实施探究方案，能从化学视角对常见的生活现象、简单的跨学科问题进行探讨。

（3）在科学探究与实践活动中，开展自主学习，能与同学合作分享。

（4）通过对土壤改善问题的思考，使学生热爱科学，理解化学对满足人民日益增长的美好生活需要并为社会的可持续发展作出贡献。

【实验教学方案】

环节一：探讨环境酸碱度与植物生长。

教师活动：课前引导学生查找资料，了解土壤的酸碱性与植物生长的关系，并理解其原理。

学生活动：研究结果表明，在生活中酸性环境下植物会更易吸收阴离子，同时抑制吸收阳离子，放出OH^-，使环境向中介点移动。碱性环境中植物会吸收更多的阳离子，抑制阴离子交换，向外放出较多H^+，同样使外部环境向中介点移动。说明植物吸收物质是pH值变化的原因。我国大约有5亿亩①盐碱化土地，其中有3亿亩待开垦，了解土壤酸碱度与植物生长的关系也就显得尤为重要。我国西北和北方干旱地区土壤多为石灰性或碱性，而南方土壤多为酸性或中性，这种酸碱变化一般都受到成土母岩和气候条件的影响，同时也受到地形、植被和耕作措施等因素的影响。那些盐基成分含量高的岩石（如石灰岩等）风化后产生氢氧根离子，就使土壤偏碱性或中性；酸性成分的岩石（如花岗岩等）风化的土壤，多呈酸性。同类岩石其风化产生的盐类，在北方干旱地区不容易淋湿，而底层的盐基又随水分蒸发上升而累积在土壤表层中，使土壤反应偏碱性，而在东北森林地区以及湿润多雨的南方，岩石风化产生的一、二价阳离子组成的盐类大量被淋湿，剩下三价的铁、铝等化合物，尤其是铝的氧化物及其盐类在水中水解产生氢离子，致使土壤变酸，所以南方大面积的红壤酸性强，有些甚至呈酸性反应，pH值低至4.5。岩石风化后产生的大小颗粒中，那些极细的土壤胶体吸附有氢、钠、钾、钙、镁、铝等离子，它们和土壤溶液中的离子处于动态平衡状态，它们彼此代换会影响土壤酸碱性。因此，土壤酸碱反应的实质，是土壤溶液中游离的氢离子和氢氧根离子存在比例的一个反映。当游离的氢离子浓度大于氢氧根离子浓度时，土壤呈酸性；反之，若氢氧根离子浓度大于氢离子浓度时，土壤呈碱性；若两者浓度相等，土壤就呈中性。

① 亩：是旧制计量单位，1亩=（10000/15）m^2。

环节二：土壤酸碱度实验。

教师活动：在以往的教学实验中我们仅用pH试纸测量土壤浸出液的酸碱性，不能给出精确答案。因此，我们将对土壤浸出液进行蒸馏，将土壤浸出液的矿物质进行分析，发现pH试纸不能进行准确测试，至此我们证实实验猜想是错误的，我们进行文献资料的分析发现可以使用土壤酸碱度计或者使用特殊方法来进行土壤酸碱性的检测。土壤酸碱性的强弱，常用酸碱度来衡量。土壤酸碱度又用pH值来表示。测定土壤的pH值，大多采用石蕊试纸比色法或电极法。电极法测定土壤的pH值，既快又准确，方法也很简便。

学生活动：记录思考实验方法。

教师活动：PPT展示实验步骤。

实验步骤如下。

（1）测定土壤、苗床及营养土的pH值时，可先取样土一份，放入烧杯底，然后加入蒸馏水2.5份，用玻璃棒充分搅拌1分钟。

（2）待其静止澄清后，将一段试纸浸入清液中，试纸即变色，马上用变色的试纸与pH标准比色卡进行比较，即可直接得出pH值。

学生活动：分组进行实验。

通过数据的比对得知土壤酸碱性有所不同。

教师活动：让学生在不同地点采集土壤，给出土壤酸碱性划分依据。

对酸碱性的划分：土壤酸碱性划分为9个等级：pH<4.5属于极强酸性，pH在4.5 ~ 5.5属于强酸性，pH在5.5 ~ 6.0属于酸性，pH在6.0 ~ 6.5属于弱酸性，pH在6.5 ~ 7.0属于中性，pH在7.0 ~ 7.5属于弱碱性，pH在7.5 ~ 8.5属于碱性，pH在8.5 ~ 9.5属于强碱性，pH>9.5属于超强碱性。

教师活动：第一阶段实验结果分析与总结。分析材料发现不同地区土壤的酸碱度不同。

学生活动：学生代表利用PPT展示课前查找的资料，并进行讲解。

一看土源：一般采自山川、沟壑的腐殖土，多呈黑褐色，比较疏松，肥沃，通透性良好，为酸性腐殖土。如：松针腐殖土，草炭腐殖土等。

二看土色：酸性土壤一般颜色较深，多为黑褐色，而碱性土壤颜色多呈白、黄等浅色。有些盐碱地区，土表经常有一层白粉状的碱性物质。

三看地表植物：在野外，可以观察柽柳、谷子、高粱等地段的土多为碱性土。

四看质地：酸性土壤质地疏松，透气、透水性强；碱性土壤质地坚硬，容易板结成块，通气透水性差。

五凭手感：酸性土壤握在手中有一种“松软”的感觉，松手以后，土壤容易散开，不易结块；碱性土壤握在手中有一种“硬实”的感觉，松手以后容易结块而不散开。

六看浇水后的情形：酸性土壤浇水以后下渗较快，不冒白泡，水面较浑；碱性土壤浇水后，下渗较慢，水面冒白泡，起白沫，有时容器外围还有一层白色的碱性物质。

七用pH试纸来测土壤的酸碱性：取部分土样浸泡于凉开水中，将试纸的一部分浸入浸泡液，后取出，观察其颜色的变化，然后将试纸与标准比色卡相比较，若pH=7，土壤为中性；若pH<7，则为酸性；若pH>7，则为碱性。

教师活动：小结，不同地区相同垂直区域的土壤酸碱度是不同的，相同地区不同垂直高度的土壤酸碱度也不同，但这种不同的酸碱程度是否对植物生长有影响呢？

通过资料我们得知，社会工业化的不断发展，工业废水的不断排出，势必会对植物产生影响。我国土壤pH值大多在4.5～8.5范围内，由南向北pH值递增，长江（北纬33°）以南的土壤多呈酸性和强酸性，如华南、西南地区广泛分布的红壤、黄壤，pH值大多在4.5～5.5；华中、华东地区的红壤，pH值在5.5～6.5；长江以北的土壤多为中性或碱性，如华北、西北的土壤大多含$CaCO_3$，pH值一般在7.5～8.5，少数强碱性土壤的pH值高达10.5。所以接下来将对不同酸碱程度的土壤是否会对植物生长产生影响进行研究。

环节三：土壤酸碱度对同一种植物的生长影响实验。

教师活动：引导学生设计实验方案，研究土壤酸碱性对白菜生长的影响，请同学们进行实验设计。

学生活动：思考如何进行实验，派代表汇报自己组的实验方案。

教师活动：优化各组实验方案，给出最终实验方案。

实验步骤如下。

（1）将种植在同一片土地上的大白菜分别进行移栽，分为三个盆栽。

（2）将两个盆分别倒入相等量的醋与盐水，另外一盆没有任何添加。选择已经发芽的白菜进行移栽，实验中对三盆白菜幼苗进行相同的照顾。

（3）记录白菜的生长过程。

学生活动：观察发现，在酸性土壤中与正常土壤中根据白菜的生长情况进行对比发现白菜差距不大，而在碱性土壤中白菜的生长有些不正常。

教师活动：根据实验结果分析，白菜对土壤的适应性较强，对土壤的要求不明显，但以富含有机质、保水保肥力强的壤土及砂壤土最为适宜。对土壤酸碱度要求不高，在微酸性至中性土壤中都能良好生长。

环节四：不同植物的生长对土壤酸碱度的要求。

教师活动：不同酸碱度的土壤会对植物生长产生一定影响，一些植物喜好酸性土壤，一些植物喜好碱性土壤，还有一些植物是两类土壤都适合种植的。

资料分析得知：

（1）北方的土壤都为碱性土壤。如果种植南方的植物，南方植物一般喜酸性或者中性的土壤，种在碱性土壤上容易生长不良，有少数植物适应的土壤pH值是比较大的。

（2）大多数植物在 $pH>9.0$ 或 $pH<2.5$ 的情况下都难以生长，各种植物都有自己适宜的酸碱性条件。喜酸植物：杜鹃属、越橘属、茶花属、杉木、松树、橡胶树、帚石兰；喜盐碱植物：柽柳、沙枣、枸杞等。

学生活动：分析思考，并实施具体实验验证土壤的酸碱性。

案例五：自制化学冰袋

【问题的提出】

学生通过高中化学课程的学习，要认识到化学在促进人类健康、提供生活材料和保护环境等方面的重要作用；能运用所学化学知识对生活中的有关化学问题做出正确的判断和解释；认识化学科学的发展对提高人类生活质量的积极作用，形成可持续发展的思想等。说明将生活与化学内容联系起来是高中化学学习的重要组成部分之一。生活中存在很多化学小知识，要学习从生活中获取知识，并对在生活中可以找到材料以及药品的实验有意识地做一做，将书本知识学以致用，融入生活。刚进入高中学习的学生动手能力比较差，自己动手实验的意识不强。本案例设计了贴近学生生活以及现实所学内容的简单实验，学生利用生活中常见的材料及药品，通过自己动手做一些与生活密切相关的化学小实验，可以在实践中增强自身的动手能力与实验探究意识，培养自主学习意识，同时认识到化学对促进社会进步和提高人类生活质量方面的重要影响，形成科学的价值观和实事求是的科学态度。

【教学目标】

（1）通过了解生活中的化学小知识，并能将之与高一化学学习内容相联系，加深对化学知识的掌握。

（2）通过设计进行小实验，学会运用观察、实验、查阅资料等多种手段获取信息，并运用比较、分类、归纳、概括等方法对信息进行加工；体验科学探究的思维方式和过程，提高自主学习化学的能力。

(3) 通过将化学应用于日常生活中能从化学的视角观察、关注个人生活及生存环境，体会化学与个人生活及社会发展的密切关系，对与化学有关的问题能做出合理的判断。

【实验教学方案】

环节一：对吸热和放热问题的初步探索。

教师活动：布置任务，课前查阅资料，了解吸、放热反应。

学生活动：查阅资料，知道物质溶解放热和吸热的原因。化学冰袋和热袋即是通过化学试剂的物理反应和化学反应产生放热或是吸热的效果而制成的。通过实验可以初步了解热袋和冰袋发热和制冷的原理，并知道化学热袋和冰袋在生活中的用途。

环节二：课程导入。

教师活动：在炎热的夏天，我们可以用什么把饮料变凉？在寒冷的冬季，我们又用什么保暖呢？在生活中我们的小装备有哪些？

学生活动：回忆，思考，举出例子。

环节三：确定实验方案。

教师活动：给出实验器材，引导学生思考，并确定实验方案。

【实验仪器与试剂】

仪器：玻璃棒、煤气灯、电子天平、铁架台、500 mL烧杯、100 mL量筒、石棉网、表面皿、试管蒸发皿、软质塑料袋、聚乙烯薄膜小袋、蒸发皿、铁架台（含铁圈）、研钵、温度计、电子（托盘）天平、酒精灯、药匙、封口机（或锯条与酒精灯）、细绳。

试剂：Na_2CO_3、3%CH_3COOH、NH_4NO_3、$NaHSO_4$、活性炭、铁粉。

学生活动：分组讨论，思考实验原理，给出设计方案。

制取化学冰袋的原理：利用$Na_2SO_4 \cdot 10H_2O$在常温下易失去结晶水，且以此结晶水为溶剂，在连续溶解$(NH_4)_2SO_4$、NH_4NO_3以及$NaHSO_4$等盐类时，产生吸热效应而起到持续制冷的效果。

制取化学热袋的原理：化学热袋是以铁粉和CH_3COOH为主要原料，利用反应生成的亚铁化合物易被空气中的氧所氧化，同时伴随有热量的释放而制成。

铁与醋酸反应方程式：$Fe + 2HAc \xlongequal{} Fe(Ac)_2 + H_2\uparrow$

二价铁被氧化的反应方程式：$Fe(Ac)_2 + O_2 + H_2O = FeOAc + Fe(OH)_2Ac +$ 热量

教师活动：对每组讨论后的结果进行指导。

环节四：进行实验。

学生活动：进行实验操作。

（1）称取无水 Na_2CO_3 12 g，加水少许，蒸发结晶得到若干 Na_2CO_3 结晶水合物。

（2）称取 18 g NH_4NO_3 晶体并研细。

（3）先把制取的 Na_2CO_3 晶体装入小塑料袋内，压紧后，用细绳系紧塑料袋，将 Na_2CO_3 封在袋子下半部分；然后将研细的 NH_4NO_3 装在袋子上半部，再用封口机将塑料袋封闭。即成“冰袋”。

（4）使用时，只要将细绳解开，充分混合袋内两种固体粉末，便可马上产生低温，袋子最低温度可降至约 0 ℃。用化学冰袋裹住饮料瓶等进行降温，即可得到凉爽可口的饮料。

教师活动：讲解实验过程中出现的问题，对实验进行总结。引导学生设计热敷袋。

学生活动：进行实验操作。

（1）称取 25 g 还原铁粉，将铁粉放入蒸发皿中，用酒精灯加热 2 分钟，使铁粉微热，然后量取 5 mL 3% 的 CH_3COOH，将其加入蒸发皿中并用玻璃棒搅拌几分钟，当铁粉变为灰黑色时，停止加热。将蒸发皿放置于石棉网上，并将表面皿盖在蒸发皿上，使其自然冷却。

（2）将冷却后的产物马上倒入软质塑料袋中，压实并折叠一下塑料袋，然后装入 10 g 左右的活性炭，再将塑料袋折叠、卷紧，将塑料袋与空气隔绝，放置阴凉处备用。

（3）使用时，将折叠好的塑料袋打开，让空气进入，用手搓并上下不停地抖动，使袋内的物质混合均匀，几分钟后会发现袋内温度开始上升，在此过程中加入适量 CH_3COOH 可以加快放热的速度。如果想要使其停止发热，只需将塑料袋内物料折叠、卷紧，做到隔绝空气，发热现象随即停止。

教师活动：讲解实验过程中出现的问题，对实验进行总结。

提出问题。

（1）在制备 $C_4H_6FeO_4$ 时，会散发出刺鼻的气味，影响实验的效果，那么制备热袋实验中是否可以使用其他的有机酸来代替 CH_3COOH？

（2）制备热袋时由于实验条件限制而没有加入木炭，但对实验结果没有明显的影响，那么木炭在实验中具体会有怎样的作用呢？

学生活动：思考、讨论后，每组派代表给出答案。

环节五：实验反思。

教师活动：教师讲解实验中应注意的问题。实验中需多次称取化学试剂，可以训练在这一方面的能力。制备化学热袋时需要严格控制铁粉与 CH_3COOH 反应的时间不宜过长、温度不宜过高，以此确保制取的热袋中有较多的 $C_4H_6FeO_4$ 存在，同时在使用热袋时也讲究控制塑料袋的透气量，透气量大，反应速度快，发热的温度才会高。

5.7 中学化学实验教学的安全性研究[109]

案例一：氢气的制备与性质实验

【实验原理】

（1）制备原理：本实验采用活泼金属置换酸里的氢制得氢气，一般采用金属锌和稀 H_2SO_4 反应：$Zn + H_2SO_4(\text{稀}) = ZnSO_4 + H_2\uparrow$

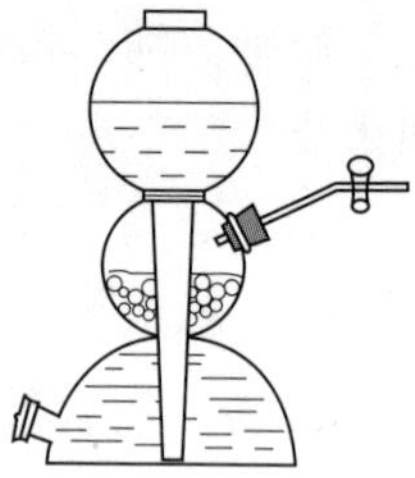

图 5.12　启普发生器

（2）实验仪器：启普发生器（如图 5.12）、橡胶管、水槽、烧杯、试管及试管架、玻璃导气管、铁架台、玻璃尖嘴管、凡士林、塑料瓶、玻璃丝、酒精灯、玻璃棒、火柴、蒸发皿、石棉网。

① 启普发生器原理：启普发生器可分为三部分，最上面的部分是球形漏斗，下面的部分是玻璃球和玻璃半球所组成的容器，第三部分是用于控制反应的发生与终止的带旋钮的导气管。通常可以用启普发生器的反应须满足以下几个方面：固液药品不用加热、反应本身不能放出大量的热的反应、固体反应物为块状的或颗粒状的反应、生成的气体不溶于反应物的反应。装药品时，先将连接导气管的胶塞拔去，缓慢地把颗粒固体物装入中球。接下来塞紧胶塞，打开控制的活塞，将液体从球形漏斗倒入。注液后，液体先充满下部的球斗，然后缓慢上升到中球，并跟颗粒状反应物接触，从而发生反应，产生的气体，经由导管通过活塞放出。不用时，将活塞关闭，不能放出气体，中球的压强增大，压力把液体压入下半球，然后沿长颈上升到漏斗里，使颗粒物跟液体分离，从而使反应终止。

② 检查气密性的方法：装药品前，必须先检查气密性，方法是关闭导气管上方的旋塞，由漏斗处注水，在液面处画一标记，若一段时间内液面不下落，说明气密性良好；若下降，可涂凡士林进行密封。

【实验操作过程与实验现象】

（1）气密性的检查：装料前，先检查气密性。方法是关闭导气管上的旋钮，由漏斗处注入水后，在液面处画记号，若数分钟内液面不下降，说明气密性良好。

（2）给启普发生器中加水至金属锌被完全淹没，测量水的体积等于稀H_2SO_4的体积。

（3）在球形漏斗合适的位置用玻璃丝缠绕数圈，以阻止锌粒下降。

（4）在容器侧身由上口或侧口处加入被$CuSO_4$溶液浸泡过的锌粒，然后将漏斗插入，用玻璃棒将玻璃丝拨至容器细颈处后，将发生器竖直放置，连接导气管，打开旋塞，由上口加入稀H_2SO_4直至淹没锌粒处，关闭旋塞，使固体和液体分离，从而稀H_2SO_4液面会升至漏斗处。

（5）现象：打开旋塞，稀H_2SO_4会进入半球形容器，上升至淹没锌粒，发生反应，即产生H_2。

【H_2性质的实验】

（1）H_2纯度的检验：打开旋塞，用排水法收集满一试管H_2，管口向下缓慢移近火焰处，如果有尖锐的爆鸣声，证明H_2不纯，要继续收集H_2并检验纯度，直到发出轻微的“噗”声时停止，此时得到的H_2是纯净的，是可以使用的。

（2）H_2在空气中燃烧：检验H_2的纯度后，在导管上连接好尖嘴玻璃管，点燃，可观察到H_2在空气中安静地燃烧，呈现出淡蓝色火焰；在火焰上方罩一个干净烧杯，发现烧杯的内壁有液滴顺壁缓慢流下。

（3）H_2与空气混合发生爆鸣：取一个小的塑料瓶，在底部凿出一个大约有火柴梗粗细的小孔，用食指牢牢堵住小孔，运用排水法集满H_2后，倒放于实验台的桌面上，然后点燃火柴，迅速放开手指，用火柴梗捅破小孔的水膜，点燃H_2，深色背景下，火焰燃烧地很平静，可以观察到H_2燃烧时的火焰呈淡蓝色；一段时间后，空气从盒底口流进装置，达到一定比例，发生爆鸣，当H_2和空气体积的比值为2∶5时，产生的爆鸣声音最大。

（4）H_2用于吹肥皂泡：取少量洗衣粉剂用蒸馏水配成溶液，用玻璃管在该溶液中蘸一下，管口朝下，慢慢通入H_2，待气泡变大后，将管口迅速反转，轻轻用嘴吹气，泡泡飞离管口，用火将气泡点燃，听见“噗”的一声，并且可看到有黄色火球出现，验证了H_2密度较小且可燃。

（5）H_2还原CuO：取一个干燥的硬质玻璃试管，底部铺很薄的一层CuO并安装于铁架台上，试管稍向下倾斜，先通入一小部分H_2，注意尖嘴玻璃管应深入试管底部，然后再进行加热，当管口出现液滴时，CuO由黑色变为红色，再缓慢变为紫红色，撤掉酒精灯，保持通入H_2直至试管完全冷却；为了验证紫红色的金属中是否混有部分Cu_2O，可将紫红色金属铜取少量加入试管中，并加入稀H_2SO_4，观察溶液颜色是否变蓝，实验装置见图5.13。

$$Cu_2O + H_2SO_4 \equiv Cu + CuSO_4 + H_2O$$

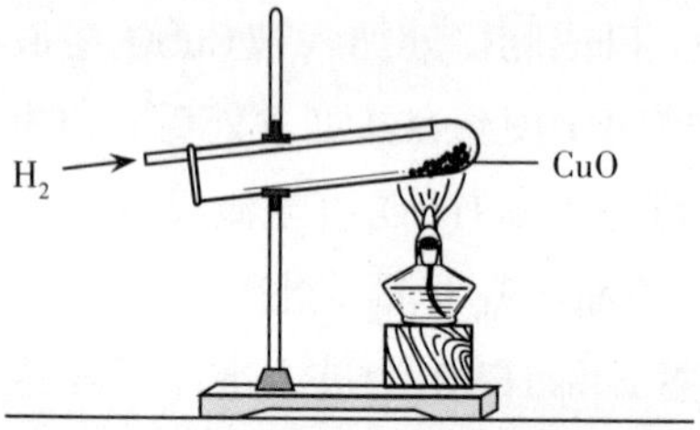

图5.13　氢气还原氧化铜实验装置

【实验应注意的事项】

（1）使用启普发生器，容器底部活塞一定要使用绳子扎紧，可以避免H_2压力过大，把活塞冲开。

（2）为使反应速率更快，先将锌粒浸在$CuSO_4$溶液中至变黑，再加入发生器中。

（3）启普发生器使用完，要用塞子将漏斗口堵住，将发生器侧身，废酸液由下口倒出，将导气管塞子拔下，倒出剩余的锌回收，用清水将发生器冲洗干净，将磨口处的凡士林擦干净并垫一张硬纸然后收藏好。

【实验中的安全问题】

（1）稀释H_2SO_4的方法：应将浓H_2SO_4缓缓倒入水中，不能把水倒入酸中，因为浓H_2SO_4稀释过程中放出大量的热，使水沸腾，很容易使酸液飞溅，造成事故。

（2）稀H_2SO_4一定要冷却后才能转入启普发生器，因为稀H_2SO_4和锌反应本身放热，且启普发生器为厚壁玻璃仪器，若稀H_2SO_4不冷却至室温就转移到启普发生器中，反应放出的热量会使仪器内外温差较大，当仪器内外温差达到一定值时，启普发生器底座或瓶壁易炸裂。

（3）启普发生器使用过程中若要再添酸或锌，产生 H_2 之后必须先验纯才可以使用，否则会出现事故。

（4）H_2 与空气的混合气体发生爆鸣的极限为4% ~ 74.4%（体积分数）。若试管内 H_2 纯度过高，即超过爆鸣上限时，点火后首先它会安静燃烧。由于燃烧消耗 H_2，使试管内压强变小，空气便从下口源源不断地进入试管内，当 H_2 的含量进入爆鸣范围，即发生爆鸣。

【综述】

"在 H_2 的制备"的教学探讨中，探讨分析了制备 H_2 的原料与装置。最终得出 Mg、Zn、Fe 等金属都能跟酸反应生成 H_2。但 Mg 与酸反应太快，Fe 与酸反应又太慢，而 Zn 与酸反应速率正适合实验室条件下制取 H_2。另外，因为 HCl 有挥发性，生成的 H_2 易混入 HCl 气体而不纯净，因此，实验室制取 H_2 多是选用 Zn 和稀 H_2SO_4 反应。实验室为什么要选用 $CuSO_4$ 浸泡过的 Zn？因为纯 Zn 和 H_2SO_4 反应很慢，而加入 $CuSO_4$ 就构成原电池，使反应加快。当需要较大量的 H_2 时，一般选用启普发生器。

案例二：氯气的制备和性质实验[110]

【反应原理】

$2KMnO_4 + 16HCl(浓) = 2MnCl_2 + 2KCl + 5Cl_2\uparrow + 8H_2O$

$KClO_3 + 6HCl(浓) = KCl + 3Cl_2\uparrow + 3H_2O$；

$MnO_2 + 4HCl(浓) \xlongequal{\triangle} MnCl_2 + Cl_2\uparrow + 2H_2O$

【实验装置】

铁架台、酒精灯、分液漏斗、石棉网、导气管、广口瓶、烧杯、烧瓶（见图5.14）。

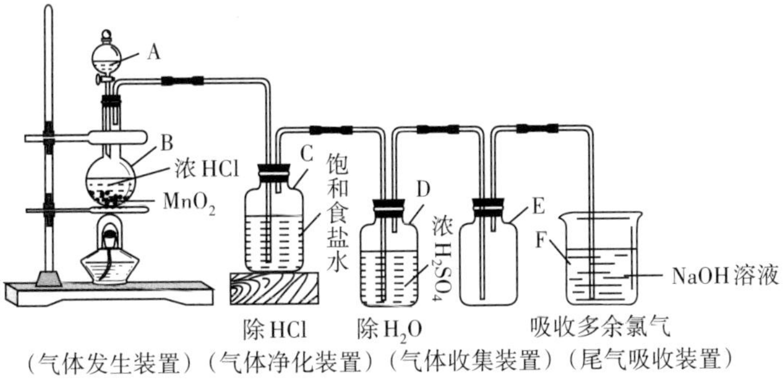

图5.14　氯气的制备收集装置

【净化方法】

(1) 用饱和食盐水除去HCl气体。

(2) 用浓H_2SO_4除去水蒸气。

【收集装置】

(1) 向上排空气法。

(2) 排饱和食盐水法。

【尾气吸收】

用强碱溶液（如NaOH溶液）吸收。

【验满】

(1) 将湿润的淀粉-KI试纸靠近盛有Cl_2的瓶口，观察到试纸立即变蓝，则证明已集满。

(2) 将湿润的蓝色石蕊试纸靠近盛Cl_2的瓶口，观察到试纸先变红后褪色，则证明已集满。

(3) 实验室制备氯气时，根据氯气的颜色判断是否收集满。

【实验中需注意的安全问题】

(1) 加热时温度不宜过高，时间不宜过长，避免HCl挥发影响Cl_2纯度。

(2) 使用$KMnO_4$和$KClO_3$时不需要加热，避免爆炸。

(3) 实验结束后，先使反应停止并排出残留的Cl_2进行尾气吸收，再拆卸装置，避免污染空气。

(4) 不用澄清石灰水吸收Cl_2，因为溶液中$Ca(OH)_2$浓度小，不能充分吸收，Cl_2会污染空气使人中毒。

【氯气的性质】

(1) 物理性质。通常情况下Cl_2为有强烈刺激性气味的黄绿色有毒气体，Cl_2密度比空气密度大，标准状况下密度为3.21 kg/m³。熔沸点较低，在常温常压下，熔点为-101 ℃，沸点为-34.05 ℃，将氯气冷却到-34 ℃或加压至600～700 kPa都可以使其变成液态，液氯是一种呈油状的液体，液氯与Cl_2的物理性质不同，但化学性质基本相同。液氯可以溶于水，且易溶于有机溶剂，但在饱和食盐水中很难溶。在常温下，2体积Cl_2可溶解于1体积水，形成黄绿色的氯水，密度为3.170 g/L，比空气密度大。

(2) 化学性质。H_2是一种毒性较强的气体，它主要通过呼吸道侵入人体并溶解在黏膜所含的水中，生成HClO和HCl，损伤上呼吸道黏膜。HClO可刺激黏膜组织；HCl使黏膜受到刺激而发生炎性肿胀，呼吸道黏膜发生水肿，分泌大量黏液，使呼吸困难，最显著的症状是剧烈的咳嗽。症状较重时，会导致死亡。进入人体的Cl_2会使人恶心、胸口疼痛、呕吐、腹泻。1 L空气中最多只允许含Cl_2 0.001 mg，超过这个量就会使人中毒。

（3）在《富集在海水中的元素——氯》的教学中，按高中化学教材上安排的实验来进行教学，存在一定的弊端。我们从实验安全与污染角度，作了一系列的实验改进。

① Cl_2与金属铜的反应的实验改进（如图5.15）。

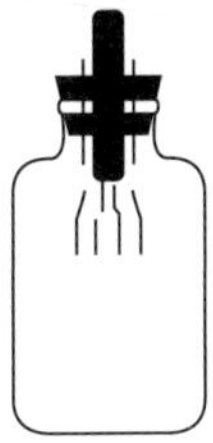

图5.15　氯气与金属铜的反应装置

实验改进的思路：为了不让反应中的混合物逸散到空气中，又使Cl_2充分反应，保证实验现象明显。

实验改进的方法有如下几点。

a. 收集一瓶250 mL干燥的氯气；

b. 选择一个单孔塞和集气瓶可以配套使用，在玻璃管下端处插入铜丝，长度约为铜丝长度的1/2，玻璃管的上端插入一根玻璃棒让其靠近铜丝；

c. 用酒精灯将铜丝烧热，立即伸入集满Cl_2的集气瓶里，并缓慢推动玻璃棒，使铜丝不断燃烧，铜丝和Cl_2充分反应完全，有利于保护环境。

② H_2在Cl_2中燃烧的实验改进（如图5.16）。

实验改进的思路：为了不使反应中的混合物逸散到空气中去，又使Cl_2反应完全，保证实验现象明显。

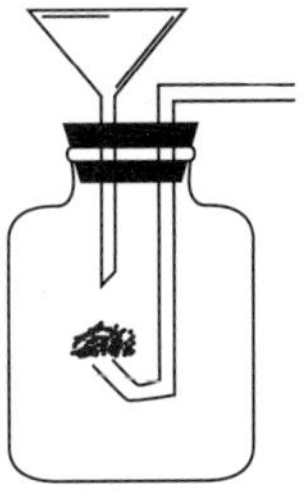

图5.16　氯气和氢气反应

实验改进的方法：

a. 收集一瓶300 mL干燥的Cl_2。

b. 选取一个双孔塞，搭配好玻璃导管和漏斗并能与集气瓶配套使用，点燃H_2后，立即把带有双孔塞的导管伸入盛满Cl_2的集气瓶里，并缓慢向下移动该导管，使Cl_2能充分完全反应。纯净的H_2能在Cl_2中安静的燃烧，发出苍白色火焰，且在漏斗口处呈现出雾状，在漏斗口处可用喷有碱液的棉花吸收酸雾。

实验改进后的优点：能有效控制实验反应速率，使Cl_2反应更充分，实验现象更加明显。实验中产生的酸雾被吸收了，有利于环境保护。

③ Cl_2与H_2反应实验的改进。

实验改进的思路：为了使实验的成功率高并保证实验的安全性，能使实验方法更简便。

实验改进的方法：

a. 分别收集一瓶150 mL Cl_2和H_2并提前贴上标签，盖好玻璃片；

b. 把Cl_2瓶和H_2瓶口对口地放置，撤去瓶口间的玻璃片，上下翻转几下，接下来口对口放置，要保证Cl_2瓶在上；

c. 取其中一瓶混合气体，立即用玻璃片将其盖好，在距离集气瓶约5 cm处点燃几段约6 cm的镁条。

实验改进后的优点：

a. 实验现象更加明显，实验的成功率也有所提高；

b. 实验安全性比之前要好；

c. 实验方法更加简单，也更易进行操作。

④ 次氯酸的漂白作用的实验改进。

实验改进的思路：在收集来的一瓶Cl_2的集气瓶中进行实验，为保证实验现象更加明显，用水写字的有色纸条褪色，未用水写字的红色纸条不褪色，对比度更强。

实验改进的方法：

a. 实验前收集一瓶150 mL Cl_2。选取的红色纸条大小要与瓶口宽度和瓶底长度相近，用胶水把纸条粘在玻璃片上，备用；

b. 用玻璃棒蘸水在红色纸条上写字不留水滴，把纸条展示给学生让其观察，学生不能观察到有特别清晰的字样；

c. 把写好字的红色纸条快速插到盛满Cl_2的集气瓶中，请学生仔细观察。很快学生可以观察到清晰的浅白色的字样，而未用水写字的纸条仍呈现红色。

实验改进后的优点：

a. 实验现象非常明显，实验的成功率达100%；

b. 只用一瓶氯气，节省实验环节和实验材料；

c. 实验方法更加简单，也更容易进行操作。

⑤ Cl_2溶于水的实验。

实验改进的思路：让学生能在封闭的环境中，亲自动手进行Cl_2溶于水的实验，要有明显的实验现象，不产生Cl_2污染。

实验改进的方法：

a. 在小号试管里收集Cl_2约25 mL，用橡皮塞将试管口塞紧；

b. 用塑料注射器抽取15 mL蒸馏水，然后将注射器插入橡皮塞中，要穿过塞子，备用；

c. 实验前要先提醒学生观察试管里Cl_2的颜色，然后把注射器中的水缓慢打入试管里，小心地振荡试管，保证Cl_2充分地溶解，再引导学生仔细观察试管里的氯水的颜色；

d. 学生可清晰地观察到试管里的溶液呈黄绿色而溶液的上方却呈无色。

实验改进后的优点：

a. 将注射器中的水缓慢地注入到试管里，并缓慢振荡试管，才能使学生观察到Cl_2充分地溶解，以及Cl_2与氯水的颜色，有利于增强学生的记忆；

b. 让学生自己动手进行有趣的实验，激发学生学习化学的兴趣；

c. 将一些有可能会污染空气的实验，更改为在完全封闭的容器中进行，有利于环境保护，更有利于化学知识的教与学；

d. 实验中得到的氯水可留用，继续进行其他实验研究。

案例三：氨气的性质及其制备

【反应原理】

$$2NH_4Cl + Ca(OH)_2 = CaCl_2 + 2H_2O + 2NH_3\uparrow$$

注意：① 不可以用NaOH或者KOH来代替$Ca(OH)_2$，因为是固体之间的反应，无自由移动的离子；NaOH或KOH极容易吸湿，不容易产生NH_3，而且高温会腐蚀试管。

② 不能用NH_4HCO_3来代替NH_4Cl，NH_4HCO_3受热分解产生CO_2使制得的NH_3不纯。

制取气体的实验装置一般由以下几部分构成：发生装置—净化装置—收集装置—尾气处理装置。

发生装置和收集装置一般根据反应物的状态与反应条件、生成气体的密度和溶解度来选择。根据以上原则选择NH_3实验的装置及收集验满方法。

发生装置：固体+固体 ══ 气体（与制备氧气装置类似）。

收集方法：向下排空气法。

验满方法：湿润的红色石蕊试纸（变蓝）。

蘸有浓HCl的玻璃棒（白烟）。

图5.17即是实验室制备NH_3的简易装置：

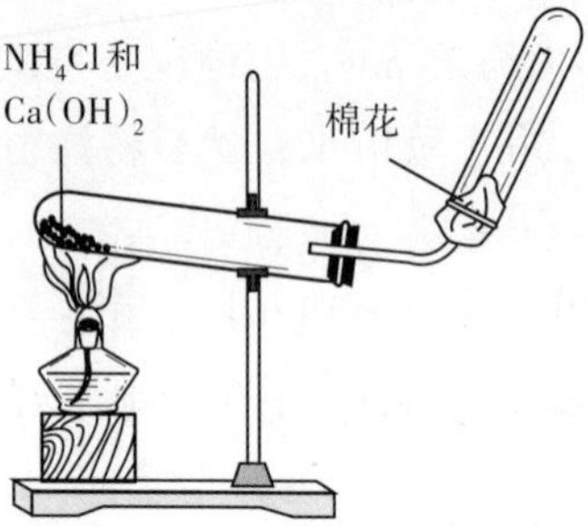

图5.17　氨气的制备装置图

【注意事项】

① 按照从左到右，从上到下的顺序组装仪器；② 组装好后对装置进行气密性检查；③ 固体药品要混合均匀，平铺于试管底部；④ 试管口（盛固体药品的试管）要略向下倾斜；⑤ 导出NH_3的导管要短，收集NH_3的导管要长，伸入试管底部；⑥ 防止空气中的水蒸气进入收集NH_3的试管，在试管口轻轻塞一团棉花；⑦ 加热时先预热再使用外焰加热。

【净化装置】

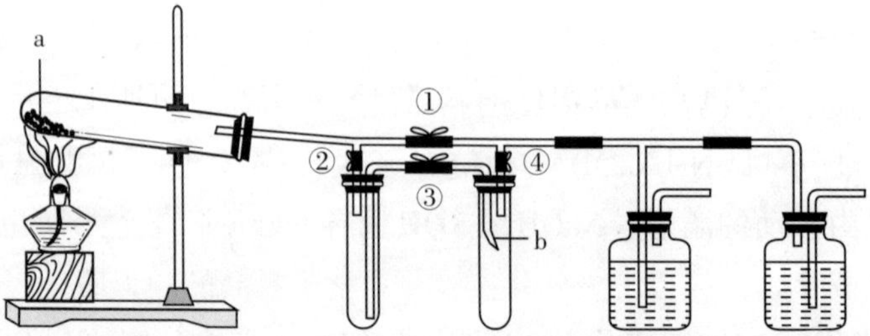

A. 用于加热反应物　B. 用于收集NH_3　C. 用于验满　D. 用于吸收多余的NH_3　E. 用于防止倒吸

a. NH_4Cl和消石灰混合物　b. 润湿的红色石蕊试纸　①②③④为弹簧夹

图5.18　氨气制备验证装置

【小结】

本实验是中学实验中现象比较明显的实验，有利于学生进一步加深对NH_3性质的印象，以及进一步深入学习氮族的元素。实验的重点在于讲解NH_3的制备原理及性质的检验，实验的难点是氨气的制备，制备的条件要求特殊，玻璃仪器及导气管一定要保持干燥。又由于NH_3具有一定的毒性，会污染空气，在实验过程中我们要特别注意实验的安全问题。

5.8　趣味化学实验研究

从学生的兴趣出发，通过趣味化学实验[111]促进学生科学素养和人文精神的发展，让学生经历探究过程，在参与观察、思考、讨论的过程中享受成功的乐趣，以获得学习能力和深层次的情感体验。通过构建知识体系，提升各方面能力，掌握解决问题的方法，帮助学生认识化学并关注化学与人类生活的密切关系。

案例一：趣味化学实验模拟酸雨腐蚀岩石的过程

【问题的提出】

pH值小于5.6的降水叫酸雨（包括酸雪、酸雾、酸雹）。5.6这个数值来源于蒸馏水跟大气中的二氧化碳达到溶解平衡时的酸度。酸雨主要是人为活动排放的硫氧化物、氮氧化物等物质，大量扩散至大气层与水蒸气结合形成的。酸雨的危害是多方面的，可造成土壤、岩石中的重金属溶解，流入河川或湖泊，严重时使鱼类大量死亡。水生植物和以河川酸化水质灌溉的农作物，因累积有毒金属，经食物链进入人体，影响人类健康。酸雨会腐蚀建筑物、公共设施、古迹和金属物质，造成人类经济及文化遗产的损失。酸雨的发现是在近代工业革命时期，从蒸汽机开始，燃煤数量日益猛增，煤含杂质硫，在燃烧中排放SO_2气体；燃烧产生的高温能促使助燃的空气发生部分化学变化，氧气与氮气化合，排放酸性气体NO_x。它们在高空中被雨雪溶解，形成了酸雨。

从学生的心理特征来看，他们往往渴望通过自主探究来深入了解物质性质及变化的规律，渴望进行自主探究实验；从学生已有的知识储备看，他们之前学习的一些常见物质如二氧化碳的性质，使其对于本节课的学习能够举一反三；从学生获得知识技能的能力看，他们初步具备利用现有物质进行探究对比试验，进而得出结论的能力。教师在探究过程中的启发和引领有助于学生更好地进行探究活动。

【教学目标】

（1）通过实验总结出酸雨的性质，能认识化学变化需要一定的条件，并遵循一定的规律。

（2）通过实验让学生总结出酸雨的成因，通过对形成过程的分析总结出防治酸雨的方法。

（3）通过对化学实验的观察，总结酸雨的形成过程，建立观点、结论和证据之间的逻辑关系。

（4）通过对酸雨形成过程的分析让学生总结酸雨的防治措施继而增强学生的环保意识，能对与化学相关的社会热点问题做出正确的价值判断，能参与有关化学问题的社会实践活动。

（5）通过实验认识酸雨对金属、建筑物、动植物的危害。形成节约资源、保护环境可持续发展的意识，从自身做起，形成简约适度、绿色低碳的生活方式。

【实验教学方案】

环节一：初识酸雨。

教师活动：布置课前作业。学生查找关于酸雨形成、危害的相关知识。

学生活动：查找资料，思考成因。

环节二：情景引入。

教师活动：PPT展示伦敦烟雾事件。这次事件发生于1952年12月5日，持续了4天，于12月8日结束。在这4天中，英国几乎全境都被浓雾所覆盖，尘粒浓度最高达到平时的10倍；二氧化硫浓度最高达到平时的6倍。烟雾中的三氧化二铁促使二氧化硫氧化，产生硫酸泡沫，并凝结在烟尘上形成了酸雾，使公害后果更加严重。在伦敦烟雾事件发生的4天中，死亡人数较常年同期大约要多出4000人。据统计，伦敦从1873年到1962年的90年间，发生过6次重大的大气污染公害事件，给人们带来了灾难，给英国也造成了巨大的经济损失。酸雨的出现虽然有一些大自然自身的因素，比如火山喷发可能会释放出一些酸性气体，但是绝大部分原因还是人类自身造成的。因为人类使用的大量的石油和煤炭，这些能源在燃烧的过程中释放出大量的碳氧化物和硫化物，当这些有害气体在空气中与水蒸气结合，在一系列的化学反应之后就会形成酸性水滴，落到地面就是酸雨。酸雨对整个生态系统的危害都非常大，其中也包括对建筑物的危害。酸雨更是建筑材料和文物古迹腐蚀破坏的罪魁祸首。酸性物质对金属、石材、水泥等建筑材料有很强的腐蚀作用，铁轨、桥梁、输电线路等金属设施都难逃其魔爪，而基本采用石材和水泥建设的房屋及露天艺术品也难免遭受破坏。如果说酸雨对材料破坏造成的损失相当惊人，那么对文物古迹的破坏更是难以估计。欧洲是世界文物古迹十分丰富的地区，但同时也是酸雨重灾区，在酸性物质的腐蚀下，大量的雕塑和古建筑已面目俱非，给人类文化遗产造成了不可弥补的损失。

学生活动：思考，认识酸雨的危害。

教师活动：我们这节课主要讨论酸雨对岩石腐蚀的过程。

环节三：思考实验原理。

学生活动：根据查阅的资料给出酸雨形成的类型和原理。

教师活动：板书酸雨形成的原理。

硫酸型酸雨的形成过程：

原理一：$2SO_2 + O_2 \xlongequal{} 2SO_3$；$SO_3 + H_2O \xlongequal{} H_2SO_4$

原理二：$SO_2 + H_2O \xlongequal{} H_2SO_3$；$2H_2SO_3 + O_2 \xlongequal{} 2H_2SO_4$

硝酸型酸雨的形成过程：$4NO_2 + O_2 + 2H_2O \xlongequal{} 4HNO_3$；$4NO + 3O_2 + 2H_2O \xlongequal{} 4HNO_3$

教师活动：给出实验仪器和药品，让学生小组讨论实验方案。

实验药品：蒸馏水、98%的硫酸、大理石（主要成分$CaCO_3$）。

实验仪器：玻璃棒、烧杯、镊子、量筒、胶头滴管。

学生活动：讨论实验方案。

教师活动：对各组方案进行点评。

环节四：进行实验。

学生活动：分组进行实验。

实验步骤：

（1）配置 120 mL 浓度约为 0.01 mol/L 的稀H_2SO_4溶液，一定要注意配制的安全性；

（2）用量筒量取 40 mL 溶液于小烧杯中，将大小适中的块状大理石用镊子夹住，小心投入稀H_2SO_4中，观察大理石表面的现象；

（3）再取 50 mL H_2SO_4溶液，用胶头滴管一滴一滴滴加到大理石的表面，观察实验现象；

（4）比较步骤（2）和（3）的现象异同。

教师活动：指出实验中出现的问题。

环节五：思考讨论。

教师活动：提出问题。

配置稀H_2SO_4溶液时应该注意哪些问题?

请根据已知酸雨形成及危害的资料，提出关于如何治理酸雨的可行性建议。

学生活动：思考讨论，给出答案。

案例二：玻棒点灯

【问题的提出】

人教版《化学》必修二第五章第一节硫及其化合物中重点讲解了浓H_2SO_4的性质，而在人教版《化学》必修一第三节学习了氧化还原反应，并建立氧化还原反应的模型。为了让学生对浓H_2SO_4的性质有深刻的理解，本案例设计了该实验。兴趣是最好的教师，希望学生在兴趣的引领下，产生强烈的好奇心，以主动带被动，使学生更加喜欢学习化学。学生的抽象思维能力和归纳概括能力已经初步形成，对于问题喜欢寻根问底，敢于质疑，勇于创新。

【教学目标】

（1）通过课前自主查阅资料，培养学生收集材料、整理材料的能力。

（2）通过对Mn_2O_7和易燃物如C_2H_5OH等剧烈反应的分析，可以知道通过分析推理等方法认识研究对象的本质特征、构成要素和其相互关系，建立认知模型，并运用模型解释化学现象，揭示现象的本质和规律。

（3）通过对实验现象的观察，认识化学变化的本质是有新物质生成，并伴有能量变化。

（4）通过小组探究实验，培养学生的团队意识和科学探究创新的科学态度。

【实验教学方案】

环节一：初步了解浓H_2SO_4和$KMnO_4$的性质。

教师活动：课前学生以小组形式，查找浓H_2SO_4的性质。

学生活动：查阅资料，总结知识点。

（1）高锰酸钾：化学式$KMnO_4$，俗名灰锰氧，是一种紫黑色晶体，有金属光泽，味甜而涩，易溶于水，遇C_2H_5OH就分解。$KMnO_4$在酸性介质中会缓慢分解成MnO_2和O_2，光对$KMnO_4$的这种分解起催化作用；它具有极强的氧化性，在碱性溶液中其氧化性不如酸性条件下强。它加热高于240 ℃时，分解放出氧气$2KMnO_4 \xlongequal{\triangle} K_2MnO_4 + MnO_2 + O_2\uparrow$，这是实验中制取少量氧气的方法。

$KMnO_4$常用作氧化剂、消毒剂、漂白剂等。

（2）浓H_2SO_4是无色、黏稠、油状的液体，不容易挥发。常用的浓H_2SO_4中H_2SO_4的质量分数为98%，是一种高沸点强酸。浓H_2SO_4的化学性质为：① 酸的通性；② 难挥发性；③ 吸水性；④ 脱水性；⑤ 强氧化性。常温下，浓H_2SO_4能使Fe、Al发生钝化。H_2SO_4广泛应用于生产化肥、农药、火药、染料以及冶炼有色金属、精练石油、金属去锈等方面。

（3）$KMnO_4$与浓H_2SO_4混合后，增强了氧化能力。

环节二：情景引入。

教师活动：这支玻璃棒真奇怪，它沾到哪儿，哪儿就会燃起来。我用它触碰酒精灯芯，看，这就点着了，比火柴还快！说奇怪，也不奇怪，谁知道秘密在哪？

学生活动：思考讨论，每组派代表回答。

实验原理：浓H_2SO_4与$KMnO_4$反应生成氧化性很强的Mn_2O_7，它和易燃物如C_2H_5OH等剧烈反应放出大量热，可将C_2H_5OH等点燃。

环节三：鼓励学生自主设计实验方案。

教师活动：对各组进行点评，给出实验药品，鼓励各组设计实验。

实验用品：酒精灯、蒸发皿、玻璃棒（一端带有橡胶圈）、小烧杯、滴管、药匙、98%浓H_2SO_4、$KMnO_4$（事先轻轻研细）。

学生活动：各组给出实验的设计方案。

环节四：演示实验，并指导学生进行实验。

教师活动：分析各组实验方案的可行性，进行演示实验。

实验步骤：

（1）取少量$KMnO_4$粉末放入蒸发皿中；

（2）用滴管吸取一定量的浓H_2SO_4，滴于$KMnO_4$粉末上，用玻璃棒无橡胶圈的一头快速而又小心地搅和成稠糊状；

（3）摘下酒精灯帽，用蘸有以上糊状混合物的玻璃棒，在灯芯上轻轻摩擦，直到酒精灯被点燃。

学生活动：观察实验步骤和实验现象，提出问题。

教师活动：回答学生的疑问，并讲解注意事项。

注意事项：

（1）$KMnO_4$与浓H_2SO_4要现用现调。用量不能太大，用后的残留药品要及时清洗掉。

（2）刷洗时需先用沙土将糊状混合物吸收掉、埋起来，再用水洗，如果直接用水冲，有时会发生爆炸。

（3）浓H_2SO_4及糊状物不能弄到手上、衣服上。

（4）酒精灯芯要剪平、拉松，酒精灯要在实验前进行点燃实验，因灯焰过小不易点燃时，要更换酒精灯，以确保实验成功。

学生活动：进行实验。

教师活动：指出实验中学生的错误操作，并对实验进行总结。

案例三：制作水果电池

【问题的提出】

人教版《化学》第六章化学反应与能量变化中讲解了原电池原理和各种二次电池，为了加深对原电池本质的理解在教材实验活动6中设计了化学能转化为电能的实验，为了更好地理解原电池原理，培养学生学习兴趣，设计本实验。学生已经具备分析氧化还原反应原理的知识和规律方法，有一定的守恒观念和对比分析的学科思想。学生具备了一定的实验操作和动手能力，也具备一定的对定性实验现象的分析、描述、探讨能力和应用化学知识解决实际问题的能力，但实验创新能力还比较欠缺，需要进一步提高学生分析问题、解决问题的能力，培养学生的科学精神。

【教学目标】

（1）通过原电池的原理探究实验，让学生直观地感觉化学能转化为电能的变化，进一步激发学生学习化学的兴趣和求知欲望，启发学生分析产生有关现象的因果关系和本质联系，从而使学生了解学习和研究化学问题的一般方法和思维过程。

（2）通过揭示问题、讨论释疑、动手实验，学习对比、推断等多种科学教学探究方法，学会由事物的表象分析事物的本质和变化，提高学生的实验能力、观察能力和对实验现象的分析、推理及归纳总结能力。

（3）从现象和结构出发，设计探究方案，探究化学能转化为电能的反应原理，在探究中互利合作，培养团队精神。

（4）激发学生透过现象探究本质的兴趣，尊重科学，认真学习科学的学习方法；通过参与探究过程，培养自身严谨的科学态度和辩证分析能力。

【教学方案】

环节一：理解原电池原理，构建模型。

教师活动：分组查找原电池的反应原理及形成条件。了解水果电池。

学生活动：查找资料，总结原理，形成条件。水果电池就是在水果里面插入化学活性不同的金属，由于水果里面有酸性电解质，可以形成一个原电池。

教师活动：讲解水果电池的发电原理。

教师活动：提出问题，如何才能生产出一种既实用又环保的电池，成为我们必须思考的问题。我们能不能制作一些既没有污染，又有用途的绿色电池呢？水果电池就是一个不错的选择。

学生活动：回答。我们经常吃的水果和蔬菜也可以发电。

环节二：设计实验。

学生活动；思考所需实验用品。

实验用品：酸性多汁的水果，不用柑橘、柚、柠檬等有间隔的水果。铜片（正极）、锌片（负极）、用电器、电线、灵敏电流表。

教师活动：给出实验原理和实验装置图。

实验原理：水果中的酸性液体相当于电解液，铜片是正极，锌片是负极，电子通过电线经过用电器，驱动用电器工作后电子流到正极。在酸性电解质液体中，阴、阳离子定向移动，这样，水果电池就可以不断地为用电器提供电力。

教师提问：要求学生写出电极反应方程式。

学生活动：在黑板上写出电极反应方程式。

水果电池的反应式如下：

负极（阳极）：$Zn(s) + 2e^- \longrightarrow Zn^{2+}(aq)$

正极（阴极）：$2H^+(aq) + 2e^- \longrightarrow H_2(g)$

教师活动：我们应该注意的是，这种水果电池一节（一个水果）的电压大约只有1伏，要驱动用电器就要用很多个串联才能满足合适的电压。同时，这种水果电池的电流也很小，只能驱动功率很小的用电器。

环节三：进行实验。

学生活动：分组进行实验。

实验步骤：

（1）把一个铜片、一个锌片插入一个水果内，两片之间要近一点，但不能碰片，多个水果都这样插好；

（2）用电线把每个水果的正极（铜片）和负极（锌片）之间串联起来，开头的正极（铜片）接用电器电源正极，收尾的负极（锌片）用电线和用电器的负极连接起来，这样电流回路就形成了，其中就会有电流产生，打开用电器，就可以使用了；

（3）分别测量这些水果串联后的电压及通过的电流。

教师活动：指导实验中出现的问题，提出问题引导学生思考。

学生活动：分成不同小组探讨合作，他们一起做了水果电池的实验，测得不同类型的电池数据如表5.10。

表5.10　不同类型的电池数据

实验次数	电极材料	水果品种	电极间距/cm	电压/mV
1	铜	菠萝	3	
2	铜	苹果	3	
3	铜	柑	3	
4	铜	番茄	3	
5	铝	菠萝	3	
6	铝	苹果	3	

环节四：探讨思考。

教师活动：水果电池的电压与哪些因素有关？

学生活动：探讨回答，给出答案。

教师活动：总结出正确答案。

案例四：碘的提取

【问题的提出】

本节教学内容来自人教版高中《化学》必修第二册第八章化学与可持续发展第一节自然资源的开发利用。本节位于必修模块的结尾章节，不仅学生能认识和感受到化学知识在开发利用自然资源中的重要作用、化学研究和应用在科技进步中的价值，而且对于学生复习总结已学知识十分重要。本实验可以加深对课本内容的理解，学会辩证地看待人类和自然协调发展中可能会遇到的问题，走可持续发展道路，树立资源保护意识及合理开发意识。

【教学目标】

（1）通过动手实验，培养学生严谨细致的科学态度和质疑精神。

（2）通过对自然资源的开发利用原理的学习，形成整体观念，人类不仅要开发自然资源，也要学会保护自然环境。

（3）激发学生透过现象探究本质的兴趣，尊重科学，认真学习科学的学习方法；通过参与探究过程，培养自身严谨的科学态度和辩证分析能力。为化学的发展尽自己的一份力量。

【实验教学方案】

环节一：初步认识碘元素，并了解碘的提取方法。

教师活动：课前分组查找碘的用途，提取方法。

学生活动：查找资料。

碘的化合物在有机化学中十分重要，另外在医药和照相方面的用途也很广泛。碘是人体必需的微量元素之一，健康成人体内碘的总量在 20 ~ 50 mg，其中有 70% ~ 80% 存在于人体的甲状腺中。缺乏碘会导致甲状腺肿大。人体摄入过多的碘也是有害的。是否需要再特意“补碘”，要经过正规体检，听取医生的建议，切不可私自“补碘”。碘是非金属元素。碘在海水中含量太低，仅有 60 μg/L，目前还不能直接从海水中提取碘。海洋植物，如海带、马尾藻等有吸附碘离子的特殊能力，它们能把海水中的碘富集起来，其含量达到海水中的 10 万倍以上。所以通常从海带或马尾藻中提取碘。

环节二：设计实验方案。

教师活动：海带中含有大量的碘，我们该如何应用下列仪器，进行提取呢？给出实验仪器和药品让学生设计实验方案。

实验仪器：刷子、剪刀、坩埚、坩埚钳、铁架台、三脚架、泥三角、火柴、酒精灯、烧杯、玻璃棒、试管、量筒、胶头滴管、漏斗、滤纸。

实验药品：干海带、酒精、H_2O_2溶液（3%）、稀 H_2SO_4溶液（3 mol/L）、淀粉溶液（1%）、CCl_4、食用碘盐。

学生活动：设计实验方案，各组派代表进行汇报。

教师活动：进行总结，指导，综合学生方案给出最优方案，PPT 展示实验步骤。

实验步骤：

（1）取 12 g 干海带，用刷子将干海带表面附着杂质刷净，要注意，不要用水冲洗。然后把海带剪成丝状，用酒精润湿后放入坩埚中，再把坩埚置于泥三角上。

（2）用酒精灯灼烧放有海带的坩埚，至海带完全变成炭黑色灰为止，停止加热，放置自然冷却。

（3）将坩埚内海带灰放至小烧杯中，再加入 15 mL 蒸馏水，不断搅拌，煮沸5 min，使可溶物全部溶解，冷却后进行过滤。

（4）将滤液分成三份放入试管中，并标为甲、乙、丙。

在甲试管中滴入约6滴稀H_2SO_4后，再加入约5 mLH_2O_2溶液，观察现象。然后滴入1%淀粉液2滴，观察现象。

（5）在乙试管中加入3 mL新制的饱和氯水，振荡溶液，观察现象。2分钟后把加入氯水的溶液平均分成两份。其中第一份中再滴入1%淀粉液2滴，观察现象。第二份溶液中加入3 mLCCl_4，振荡萃取，静置后观察现象。

（6）在丙试管中加入食用碘盐3 g，振荡使之充分溶解后滴入6滴稀H_2SO_4。再向其中滴入1%淀粉液2滴，观察现象。

环节三：进行实验。

学生活动：依据教师给出的实验步骤进行实验并记录实验现象。

依据实验现象得出实验结论（如表5.11）。

表5.11　三组实验对比现象及结论

<table>
<tr><th>试管</th><th colspan="2">加入试剂</th><th>实验现象</th><th>实验结论</th></tr>
<tr><td>甲</td><td colspan="2">稀H_2SO_4、H_2O_2、淀粉液</td><td></td><td>发生反应：
$2I^- + 2H^+ + H_2O_2 = I_2 + 2H_2O$，由淀粉溶液变蓝可知有碘单质生成，证明海带中有碘元素</td></tr>
<tr><td rowspan="2">乙</td><td>第一份</td><td>新制的饱和氯水、1%淀粉液</td><td></td><td>发生反应：
$2I^- + Cl_2 = I_2 + 2Cl^-$，生成碘单质，溶液使淀粉变蓝，证明海带中存在$I^-$</td></tr>
<tr><td>第二份</td><td>新制的饱和氯水、CCl_4</td><td></td><td>发生反应：
$2I^- + Cl_2 = I_2 + 2Cl^-$，利用萃取现象验证生成碘单质，说明海带中存在$I^-$</td></tr>
<tr><td>丙</td><td colspan="2">食用碘盐、稀H_2SO_4、1%淀粉液</td><td></td><td>发生反应：$5I^- + IO_3^- + 6H^+ = 3I_2 + 3H_2O$，由碘盐中存在$KIO_3$和反应原理可知海带中存在的碘元素主要以碘离子形式存在</td></tr>
</table>

教师活动：对实验进行总结，指出学生的错误操作，并进行正确操作。

学生活动：记忆、练习实验方法。

教师活动：提出问题引导学生思考。

（1）通过三组实验的操作和观察到的现象，得出什么结论？

（2）如何从海带中分离得到碘的有机溶液？简述其过程。

（3）为你提供淀粉碘化钾试纸，使用家用米醋，如何测定市售食盐中是否加碘？

学生活动：小组探讨、分析、给出答案。

教师活动：总结、给出正确答案。

5.9　传感技术在化学教学中的应用

案例一：酸碱中和滴定

【问题的提出】

本节教学内容是人教版第三章实验活动2强酸与强碱的中和滴定实验。滴定分析法是化学分析法的基本内容之一，滴定分析简便、快捷、具有足够的准确度，在生产实践和科学实验中具有很大的实用价值。酸碱中和滴定作为一种重要的滴定分析法，由于该方法所涉及原理、药品、操作都相对简单，使其成为中学阶段介绍的唯一的滴定分析法，同时也是中学化学为数不多的定量实验之一。本节内容综合了物质的量浓度的计算、溶液的pH值、酸碱指示剂的应用、滴定仪器的使用等知识，介绍了一种定量分析的方法——中和滴定，使化学研究从定性分析转化为定量分析。教材先解释了什么叫酸碱中和滴定，以及酸碱中和滴定的实用价值。重点讨论了酸碱中和滴定原理的三个含义：第一，酸碱中和反应的实质，即 $H^+ + OH^- = H_2O$；第二，酸碱中和滴定的计量依据和计算，具体示例了如何利用关系式进行中和滴定的有关计算；第三，准确判断中和反应是否恰好进行完，pH值的突变是酸碱中和滴定过程的重要特点，对于选择合适的酸碱指示剂以及该分析方法的准确性具有重要意义。教材中并不要求学生认识突变的存在，因此，未展示滴定曲线，仅通过语言进行描述。但学生并不易理解教材中讲述的“用盐酸滴定NaOH溶液时，从表面看，似乎没有变化，但实质上，在滴定过程中，溶液的pH值发生了很大的变化”，更难理解为何指示剂的变色点不在pH=7处，却可以用来指示反应的化学计量点。因此，教师在教学环节常常会引申介绍pH值突变的存在，但这一内容的教学又会成为学生理解的一个难点。绘制中和反应曲线的常规方法是用pH计检测溶液的pH值，记录消耗的酸或碱的体积和相应的pH值，再描点作图得到曲线，实验过程相对复杂。我们如果利用传感技术实时采集图形显示的突出特点，利用pH值传感器监测在滴定过程中溶液pH值的变化情况，并借助计算机以图像形式显示出来，直接可得到中和反应曲线，方便、快捷地展示滴定过程中pH值的变化；另外，如果使用摄像头录制实验现象，并在计算机的同一个窗口中显示出来，便可以将pH值的突变与指示剂变色的实验现象有机整合起来。可以帮助学生体验突变的存在，加深对酸碱滴定法原理的理解。

【教学目标】

（1）依据酸碱中和滴定原理，建立认知模型，拓展其他滴定的原理方法等，并能运用模型揭示现象的本质和规律。

（2）通过对本实验的具体操作与误差分析，培养科学意识，运用新的实验方法进行实验探究，勤于实践，善于合作，勇于创新。

（3）掌握酸碱中和滴定的原理和有关计算，学会酸碱中和滴定的实验操作方法，了解实验中产生误差的来源。

【实验教学方案】

环节一：课题引入。

教师活动：我们在研究物质时，经常需要鉴定此物质是由哪些成分组成的，或需要鉴定此物质是否存在某种元素或某种成分，这种鉴定的方法和过程叫定性分析。而在知道了物质的组成成分以后，还需要知道这些成分的百分含量，测定物质中各种成分的百分含量或溶液中某种微粒的浓度的过程与方法叫定量分析。今天我们来学习一种定量分析的实验方法与操作过程。请学生阅读教材到中和滴定原理结束后回答以下问题。

（1）什么叫中和滴定？

（2）中和滴定具有什么特点？

（3）中和滴定的实验需要使用哪些仪器？

学生活动：思考并回答问题。

（1）定义：用已知浓度的酸（碱）来测定未知浓度碱（酸）的方法叫作酸碱的中和滴定。

（2）特点：它具有简便、快捷、有足够准确度的特点。

（3）中和滴定所需的仪器有：酸式滴定管、碱式滴定管、滴定管夹、铁架台、锥形瓶、烧杯。

教师活动：随着时代的发展，科学的进步，我们的实验器材也在不断更新，为我们的科学事业能更快进步而作出贡献。在本次实验中我们要应用最新的技术来测定pH值。

【试剂与仪器】

0.1 mol/L盐酸、酚酞溶液、蒸馏水、0.1 mol/L NaOH溶液、pH值传感器、数据采集器、计算机、pH适配器、磁力搅拌器（磁子）、酸式滴定管、碱式滴定管、烧杯。

学生活动：认真思考，体验新技术的魅力。

环节二：进行实验。

教师活动：讲解实验步骤。

实验步骤：

（1）组装实验装置。把pH值传感器通过pH值适配器与数据采集器相连，再将数据采集器与计算机相连。

（2）调节数据采集器：采集速率设为每秒1次，采集时间选择“持续”。

（3）量取12 mL 0.1 mol/L NaOH溶液，倒入容积为100 mL的烧杯中，用蒸馏水稀释至没过pH值传感器的玻璃泡。向烧杯中滴加2滴酚酞溶液并放入磁子。

（4）启动磁力搅拌器，开始数据采集。待测得的数据稳定后，打开酸式滴定管的活塞，向NaOH溶液中匀速滴加0.1 mol/L盐酸。注意观察实验现象以及测得的混合溶液的pH值变化情况。

（5）待烧杯中的溶液变成无色以后，再继续滴加盐酸至pH值变化不再显著为止，停止数据采集。保存实验结果。

学生活动：记录，并形成实验思路。

学生活动：组装仪器，进行实验。

环节三：讨论，对比。

教师活动：进行结果分析并进行讨论。

通过pH传感器实时检测滴定过程中溶液的pH值，并由计算机显示数据和曲线，即可直观地反映出中和反应过程中pH值的变化情况。

教师活动：引导学生对强弱不同的酸碱发生中和反应进行pH值测量。

学生活动：分组进行实验，分别进行汇报。

第一组：盐酸与氢氧化钠中和反应pH值的变化。

强酸与强碱的反应是一类最简单的中和反应，以盐酸与氢氧化钠反应为例，中和过程中pH值的变化根据突变时消耗溶液的体积和浓度换算得到。

第二组：弱酸、弱碱参与的中和反应。

利用同样的方法，还可以研究有弱酸、弱碱参与的中和反应，例如：

（1）强碱滴定弱酸在碱性范围突变，应该选用酚酞作为指示剂；（2）强酸滴定弱碱在酸性范围突变，应选用甲基橙作为指示剂。

教师活动：对实验进行点评，并总结。

利用传感器检测中和反应过程中pH值的变化，经数据采集器和计算机的处理可以直接转化为曲线呈现出来，大大简化了绘制中和反应曲线的实验，使学生能够更加直观地认识这一过程pH值变化的趋势。对于现行课程的课堂教学，可以演示实验的形式向学生展示，经教学实践表明，pH值变化曲线的引入并非随意扩充教材深度、增加学生负担，反而能够帮助学生理解酸碱中和滴定方法的原理，是对“酸碱中和滴定原理”这一难点问题的简化和有益的教学补充。

案例二：二氧化碳性质的探究

【问题的提出】

化学是一门基于实验的科学，中学化学中常用的基于玻璃仪器和试剂的传统实验操作简单，对于有发光、发热、颜色变化等现象明显的化学反应教学效果好。但涉及有气体产生、微弱温度变化、电子转移等用肉眼难以观察到现象的实验，学生只能凭空想象，教学效果不理想。人教版九年级化学第六单元碳和碳的氧化物研究的是碳的单质及其碳的化合物，其中，学生最熟悉的是二氧化碳。二氧化碳是初中化学教学要求掌握的两种气体之一，也是与生活实际联系极密切和广泛的一种重要物质。本节教材内容主要讲二氧化碳的物理性质和化学性质，最后联系到用途。呈现方式有以下几个特点：难度不大、实验较多、联系生活和生产实际的内容也较多，有利于调动学生的学习积极性和主动性。本节课面对的是刚刚学完氧气的性质和制备的学生，所以教学的部分内容做了调整，删去了化学方程式的书写，但教学的重、难点并没有改变。从学生的知识储备上来看，学生在日常生活中已经了解了很多有关CO_2的知识，例如喝汽水，植物光合作用的原料，呼吸作用产生等；从学生心理特征上来看，往往渴望通过自主探究来了解一类物质的规律知识，甚至为此要求进行一些创造性的实验和观察活动；然而，从学生获得知识技能的能力方面看，对于科学实验探究的过程是不熟悉的，因此，在教学中教师要有意识地培养学生的科学探究能力，使学生初步认识科学探究的过程、方法和意义。

【教学目标】

（1）通过对二氧化碳的性质、用途等有关知识的探究学习，使学生体会获得知识的过程，使学生学会科学探究的方法，从而培养学生的科学素养。

（2）通过相互交流、探究式的学习方式，使学生产生科学探究的兴趣，从而产生学习化学的强烈愿望。

【教学方案】

环节一：课前初识二氧化碳。

教室活动：教师让学生自行查找二氧化碳的性质。

学生活动：在课本中、网络上查找关于二氧化碳的相关知识。

环节二：情景导入。

教师活动：谜语：农民伯伯说它是“植物的粮仓”；消防员赞美它是“灭火先锋”；建筑师称它为“天然的粉刷匠”；环境师则认为它是造成全球变暖的“罪魁祸首”。你们知道“它”是谁吗？

再请同学们深深呼一口气，它的成分中含有什么气体？

学生活动：思考回答。

教师活动：现在我们就通过实验更深入地了解一下奇妙的二氧化碳。

环节三：二氧化碳收集方法探究。

教师活动：实验室中如何收集一瓶纯度较高的二氧化碳气体？

学生活动：思考回答。

教师活动：讲解实验。在我国的中学化学教材中，二氧化碳通常用向上排空气法收集，而用该法收集二氧化碳很难判断气体是否集满，因为当二氧化碳的体积分数超过30%就能使点燃的木条熄灭，所以用此法收集到的二氧化碳往往不纯。20 ℃，一个标准大气压下，1体积水中能溶解0.88体积的二氧化碳。因此二氧化碳通常被认为不能使用排水法收集，化学教材上多用排空气法来收集。本研究将用压强传感器来监测一定时间内二氧化碳在水中的溶解速率，再从二氧化碳的消耗率的角度来定量地说明用排水法收集二氧化碳的可行性。

学生活动：分析思考。

环节四：进行实验，探讨后得出结论。

实验一：用压强传感技术验证二氧化碳在水中的溶解速率。

实验步骤：收集一集气瓶二氧化碳气体，加入约三分之一集气瓶的水并立即盖上附有传感器的橡皮塞，在室温（15 ℃）下通过压强传感器测定集气瓶中压强变化，由气体压强随时间变化曲线计算二氧化碳在水中的溶解速率，具体过程如下。

（1）开始：数据采集器连接压强传感器，打开压力传感软件，以时间为横坐标，压强为纵坐标，得到“压强-时间”曲线。

（2）数据采集：气体压强缓慢减小，曲线基本保持水平，4分钟后停止采样，得到“压强-时间”曲线。

选取0～120秒数据做出拟合图线：得前2分钟内二氧化碳在水中的平均溶解速率v。而常温常压下用2 mol/L盐酸与大理石反应制取二氧化碳，可得前2分钟的平均速率。将这两个数据相除可以得知，若用排水法收集二氧化碳气体损失体积百分比。

学生活动：分析思考，观察实验。

教师活动：得出结论，通常情况下，二氧化碳气体在水中的溶解速率很慢，远远小于二氧化碳的制取速率。

学生活动：因此可以用排水法收集，且收集到的气体较排空气法更纯净。

案例三：二氧化碳气体与氢氧化钠溶液反应的实验探究

【问题的提出】二氧化碳与氢氧化钠溶液的反应没有明显的实验现象，中学往往通过压强变化证明反应确实发生了。通常的做法是在一个充满二氧化碳的矿泉水瓶中加入适量的氢氧化钠溶液，迅速盖紧瓶盖。振荡溶液，发现瓶子变瘪，由此，得出二氧化碳能与氢氧化钠反应，使瓶内压强变小，此实验成功的关键是要剧烈振荡矿泉水瓶。再有高考题中二氧化碳与氢氧化钠溶液反应产生的喷泉，也需振荡否则溶液液面上升很慢，甚至停止不动。为何二氧化碳与氢氧化钠的反应需要振荡呢？

学生活动：提出疑问，矿泉水瓶子变瘪是由于二氧化碳溶解在水中的缘故还是与氢氧化钠反应的缘故呢？

教师活动：为了解释这些问题，我们用压强传感器监测一定时间内二氧化碳与氢氧化钠在不振荡和振荡条件下的压强变化，并与二氧化碳溶于水的压强变化作比较。

【实验教学方案】基于压强传感技术验证二氧化碳气体与氢氧化钠溶液的反应。

教师活动：讲解实验步骤，演示实验。

实验步骤：用排水法收集比较纯净的二氧化碳气体于集气瓶中，迅速加入20 mL 2 mol/L的氢氧化钠溶液立即盖上附有传感器的橡皮塞，在室温（15 ℃）下通过压强传感器测定集气瓶中压强变化，具体步骤与二氧化碳在水中的溶解速率实验相同。采集前2分钟的数据，选取不同时段（0～54 s、55～61 s）数据分别做拟合图线方程，得到“压强-时间”曲线。

学生活动：观察思考，自己动手实验，得出曲线图。

教师活动：计算曲线斜率，会发现无论振荡与否，二氧化碳在氢氧化钠溶液中的溶解速率均大于其在相同条件下在水中的溶解速率，说明二氧化碳在氢氧化钠溶液中不仅仅是溶解，还发生了化学反应。

学生活动：就实验前提出的问题进行讨论，给出自己的答案。

实验可以得出，在不振荡的情况下二氧化碳与氢氧化钠溶液的反应速率仍较慢，振荡后反应速率显著提高。这是由于二氧化碳是一种非极性分子，溶于水这种极性溶剂中的速率较慢，因此难以快速与氢氧化钠发生反应。而振荡可以增加二氧化碳这一气相与液相的接触，从而提高反应速率。

教师活动：给出最终结论，二氧化碳与氢氧化钠溶液混合后压强变小不仅仅是溶于水所造成的，还发生了化学反应。在通常情况下，氢氧化钠吸收二氧化碳的速率较慢，在振荡的情况下可以快速反应。因此，做好矿泉水瓶中二氧化碳气体和氢氧化钠溶液反应的实验、二氧化碳气体和氢氧化钠溶液的喷泉实验，振荡是成功的关键。

5.10　虚拟实验在中学化学教学中的实践

随着科技信息的不断发展，中学化学实验教学逐渐从传统的实验向虚拟实验转变，为学生构建了一个网络化的虚拟教学平台，并因丰富的教学资源和新颖的教学模式受到了师生的热爱。化学教学中，学生通过化学实验直观地观察物体的反应现象，提高学生对化学变化的理解。但是在实际教学中往往会由于时间地点、实验器材的限制导致化学实验并不能顺利开展，严重影响中学化学教学效率。化学是一门以实验为基础的自然学科，实验是学生获取化学经验知识和检验化学知识的重要手段，是培养学生化学实验能力的重要途径。由于真实实验受成本、安全性、有些实验现象不易观察等方面的限制使一些实验无法有效开展，尤其是含有毒药品和易燃易爆的危险实验难以让每名学生都动手操作。而虚拟实验不仅成本低，能模拟危险性实验，让学生更加清楚地观察在真实实验中不易观察到的实验现象，而且方便灵活，还能满足学生随时随地自主学习和复习的需求。因此，应充分发挥虚拟实验的优势，最大程度地提高学生的实验能力。

5.10.1　虚拟实验概述和优势

虚拟实验又称作电子实验，是借助VR、多媒体等技术在计算机上进行的模拟实验操作，同时又能体现真实试验环境中的实验效果的一种新型实验教学模式。首先，虚拟实验的应用可以通过计算机实验室让学生体验实验感受；其次，虚拟实验的应用还能使实验教学反复操作，加深学生对实验的理解，有效避免了学生在真实实验中所造成的失误、实验不规范等危险和伤害，同时又避免了传统实验教学中反复试验造成的浪费，提高实验效率；最后，虚拟实验还可以培养学生的探究精神和创造性思维。

5.10.2 虚拟实验在中学化学教学中的应用实践

5.10.2.1 利用虚拟实验，提高学生的学习兴趣

在传统的化学教学中，通常是教师讲解实验理论知识，再由教师进行演示，学生再观察，这种实验教学形式不能调动学生的学习积极性。因此，教师要合理利用虚拟实验教学，将理论教学和实验操作同步进行，提高学生的学习兴趣，使学生成为真正的参与者；同时还能让学生同步观察实验现象，加深对实验现象的认知，大大提高学生学习的能动性。

5.10.2.2 利用虚拟实验，降低实验的危险性

在化学实验中有很多的物品具有毒性和腐蚀性，在实验过程中也会造成一定的危险。而虚拟实验的应用，就完全解决了这种问题，教师可以利用虚拟实验营造一个虚拟的实验场所，所有的物品都是在计算机上模拟进行，从一定程度上降低了实验的危险系数。而且在虚拟实验教学中，不需要传统的实验试剂、化学药品，等等，同时也有效避免了化学试剂反应造成的浪费和污染，还能培养学生的环保意识。

5.10.2.3 利用虚拟实验[112]，提高实验效率

在传统的实验教学中，我们会遇到由于种种原因造成的实验失败，而虚拟实验的教学模式可以通过计算机模拟进行，提高了实验效率。同时教师还可以反复进行试验，增加学生对实验的理解，增加了学生实验操作的次数，提高了实验教学效率。

5.10.2.4 利用虚拟实验，鼓励学生自主探究

在传统的实验教学中，很多化学试剂之间能发生不同的化学反应。在化学实验中，教师往往不让学生乱动，以免造成危害，限制了学生创新能力的发展。在虚拟实验教学中，教师可以鼓励学生进行实验探究，培养学生的思维创新能力。

案例一：镁带燃烧实验

【问题的提出】

“镁带燃烧”是最基本的金属与氧气燃烧的实验之一，由于实验受到成本、安全性等条件的约束，很难满足每个学生都动手做实验。因此，结合 VCE（virtual chemical experiment）网站提供的资源，可以使用虚拟实验进行实验教学。学生通过访问 VCE 网站，先预习实验内容，阅读实验说明并牢记实验注意事项；然后观看“实验演示”中的真实实验视频，获取真实的实验体验；最后进入“实验操作”模块。包括选择实验仪器、药品、组装仪器、进行分步实验、观察并填写实验现象、书写化学方程式、填写实验报告、进入论坛发帖等。

【教学目标】

（1）通过具体实验来探究验证质量守恒定律，通过对实验过程的观察和操作，对实验结果的思考，培养学生自己动手的能力和分析能力，理解化学中反应前后物质的质量关系。

（2）通过一些简单的化学实验分析总结质量守恒定律，可以使学生学习到科学的实验方法，培养学生在实验中的交流、合作、表达的能力。

（3）在对实验过程和结果的科学探究过程中，通过学生分析、思考、判断，解答实验中出现的矛盾，引起学生的好奇心，激发学生的学习动力。培养学生勤于思考、大胆实践的科学意识。通过对质量守恒定律的验证，培养学生的唯物主义观点。

（4）在教师的引导下，学生能够自主提出问题，设计解决问题的方案，探究解决问题的方法，最后得出结论。通过实验观察与分析，提高学生用科学方法分析问题的能力。

【实验教学方案】

环节一：了解虚拟仿真软件。

教师活动：教师首先应指导学生熟悉虚拟仿真系统的使用方法，如怎样进入虚拟实验系统，如何操作虚拟实验，如何填写实验报告，如何使用 VCE 网站提供的资源等。

学生活动：学生自行探索虚拟仿真软件的使用。

环节二：创设情境，提出问题。

教师活动：让学生先回忆“蜡烛在空气中燃烧”“铁丝在氧气中的燃烧”等实验的实验原理和现象。

学生活动：回忆燃烧的本质，条件等。

环节三：探究新知识。

教师活动：让学生大胆猜想镁带和其他物质燃烧的现象，并借助多媒体提供若干个燃烧现象的画面，如发出耀眼的白光、发出黄色的强烈刺眼的光等，然后提问镁带燃烧可能会出现什么现象？

学生活动：认真观察实验现象，并做好记录。

教师活动：为了让大家能够观看到镁带燃烧现象及操作过程，教师引导学生通过虚拟实验平台一起学习，并解决相关问题。教师打开网站，登录教师系统。

学生活动：学生登录学生系统，打开真实实验视频。登录自己的账号，进入学习界面，打开"实验准备"一栏，点击"镁带燃烧"中的"实验演示"视频。

教师活动：实验中应该提醒学生观察镁带是先受热软化后燃烧，只有软化的部分才能燃烧。

学生活动：感受现在科技的神奇，激发创造性。

教师活动：看完了"镁带燃烧"这个实验的演示视频后，教师引导学生一起解决黑板上的问题，并试着写出镁带燃烧的化学方程式。

学生活动：回忆刚才看过的演示实验，与周围的同学进行探讨，回答相应问题。

教师活动：根据学生的回答进行讲解和总结，并进一步强调和提出问题，具体如下。

（1）镁带的物理性质有：银白色固体金属、硬度较大、具有延展性。

（2）镁带的产物是白色粉末状物质，请同学们思考一下这个物质是什么，它有什么化学性质？

（3）镁带燃烧过程中发出耀眼的强光，火星四溅，生成白色粉末状物质。还有没有其他的实验现象呢？

（4）镁带燃烧的化学方程式为$2Mg + O_2 \xlongequal{点燃} 2MgO$。

（5）关于镁带燃烧的实验仪器及操作的注意事项，同学们回答得不够全面，现在通过操作虚拟实验来学习镁带燃烧的真实原理和化学性质等相关知识。

环节四：操作虚拟实验，强化新知。

学生活动：为了寻找答案，打开镁带燃烧的界面，并进入虚拟实验中。打开仪器选择界面，看到几种不同的仪器，思考镁带燃烧需要哪些仪器。选择相应的仪器，点击提交按钮，如果没有选对，系统给学生3次机会，并录入数据库，记录实验过程。

教师活动：让学生自主完成，教师观察并记录学生选择实验仪器的情况。

学生活动：按照提示进入实验操作。

第一步：取镁带5 cm。

第二步：擦拭镁带，仔细观察镁带在用砂纸擦拭前后颜色有什么变化。

学生活动：思考系统提出的问题：镁带为何要擦拭？镁带表面出现的灰暗色物质的主要成分是什么？

教师活动：镁带表面出现的灰暗色物质的来源是什么？让学生提出两个预测，并设计一个或几个实验来证明预测的正确性。

教师活动：强调猜想要有一定依据，不能凭空想象，真正做到科学探究。

第三步：点燃酒精灯，观察酒精灯火焰的颜色，思考系统提出的问题“酒精灯燃烧后的火焰有几层，并且每层的颜色为何不同？”在文本框中输入答案，如果回答错误，系统给予提示，回答正确则进入下一步。

第四步：学生观察实验现象，了解燃烧灰烬的物理性质，思考“这个实验中最重要的一个仪器是什么？”然后在文本框中输入答案“坩埚钳”。

第五步：熄灭酒精灯。

第六步：写出化学方程式 $2Mg + O_2 \xlongequal{点燃} 2MgO$。

环节五：教师总结。

学生活动：学生打开“镁带燃烧”实验报告，仔细阅读已经生成的实验报告，并完善“注意事项”等主观题。

教师活动：打开实验报告数据库进行批阅，并对实验报告中所反映出来的问题进行讲解。

环节六：讨论交流。

教师活动：鼓励学生发表观点或者问题。

学生活动：讨论交流。

案例二：粗盐的提纯和验纯

【问题的提出】

本节教学内容是人教版高中《化学》必修第二册第五章“化工生产中的重要非金属元素”实验活动4“用化学沉淀法去除粗盐中的杂质离子”。化学是一门以实验为基础的科学，本节课通过对粗盐的提纯，将实验方法和实验技能与化学基础知识紧密地结合在一起，本节课在强调化学实验安全性的基础上，通过“粗盐的提纯”实验复习溶解、过滤和蒸发的基本操作的同时，又引入除杂质和离子检验的理论知识。分离方案设计过程中，不仅引导学生选择合适试剂，还要考虑加入试剂的量及先后顺序。由简单到复杂，逐步深入。但是当一些传统的教学媒介不能很好地展现某些学习内容、难以激发学生的探究热情时，就需要借助新的技术来实现。因此，以高中化学为例，在虚拟仿真实验平台上进行探究式学习是非常有必要的，在实际教学过程中也取得了良好的效果，使学生的自主探究和创新实践能力得到了明显的提高，最大限度地将教学资源优势与传统教育完美结合。我们从重理论知识与技能发展到重创新与素质培养，重视化学实验，成为高中化学教学中不可或缺的部分。如果实验教学安排较少，实验环境、实验设备、实验仪器等受到限制，教师无法正常开展有效的实验教学，因而采取了老旧的、以教师为主导的授课模式，从而把生动的化学实验课变成枯燥、僵化的演讲，不能有效激发学生学习的主动性和积极性，学生缺乏明显的学习动机，使化学实验在时间和空间上获得更大的选择余地，让高中化学实验教学变得更为灵活生动。

【教学目标】

（1）通过重结晶法除去粗盐中的难溶性杂质，培养学生的科学探究意识，通过粗盐提纯让学生掌握物质提纯的科学方法。

（2）通过实验，学生进一步巩固溶解、过滤、蒸发等基本实验操作技能。

（3）从现象和结构出发，设计探究方案，探究粗盐提纯过程中化学反应原理和实验方法，在探究中互利合作，培养团队精神。

（4）激发学生透过现象探究本质的兴趣，尊重科学，认真学习科学的学习方法；通过参与探究过程，培养自身严谨的科学态度和辩证分析能力。同时，我们也要注重化学知识在现实生活中的应用，注重理论联系实际。

（5）通过新的信息技术应用于实验，让学生体会科技进步的好处，同时体会到科学的趣味性和价值，使学生热爱科学，勇于探究，勇于创新。

【实验教学方案】

环节一：初高中知识衔接。

教师活动：学生课前复习初中粗盐提纯的操作，并分组思考杂质是否全部除去，如果没有全部除去如何再进一步除杂。

学生活动：回忆初中提纯方案，并思考上述问题。

环节二：情景导入。

教师活动：猜谜语，说它像糖不是糖，因为不甜；说它像雪不是雪，因为不凉。你是否想知道，它到底是什么？放进嘴里尝尝！

学生活动：回答是盐。

教师活动：盐对于我们并不陌生，你都在哪里看到了它？

盐在我们的生活中非常重要，那你知道盐是从哪里来的吗？

学生活动：交流回答。

教师活动：PPT 展示盐的图片，对此你有什么看法？

学生活动：思考，回答。

教师活动：海盐在人们的心中地位更重要，今天重点来了解一下海盐（板书：海盐）。你对海盐有哪些了解？

讲述海水是盐的“故乡”，海水中含有各种盐类，其中 90% 左右是氯化钠，也就是我们常说的盐。曾经有科学家得到过这样的结论：如果把海水中的盐全部提取出来平铺在陆地上，陆地的高度可以增加 153 米；假如把世界海洋的水都蒸发干了，海底就会积上 60 米厚的盐层。

听到这样的信息，你有什么想法？

环节三：制定研究主题。

教师活动：今天我们重点要研究的是海水制盐，得到的粗盐如何提纯。

播放一段海水制盐的视频，看看海水制盐大体可以分为几个步骤，一会儿交流。

学生活动：探讨交流。

环节四：进行虚拟实验。

教师活动：接下来我们利用先进的计算机技术来进行实验。

（1）用多媒体组织学生观看虚拟实验室的操作及注意事项。

（2）在虚拟教室中简单讲解此实验原理和实验步骤。

（3）进入虚拟实验室，向学生展示所需要的实验设备、工具和材料等。

（4）点击进行实验。

学生活动：学生利用计算机自主进行虚拟实验，观察现象。

教师活动：教师更换条件或者实验剂量，让学生再次进行虚拟实验，观察现象并进行思考。教师引导学生针对虚拟实验进行交流和讨论。

学生活动：讨论交流，对实验进行总结并汇报做完实验后的感受。

教师活动：进行总结。

教师活动：教师小结。随着社会经济的不断发展，教育领域的技术运用也在不断革新，虚拟实验是结合现代科技与新课标要求的较为理想的教学方式，已经得到一定程度的应用，所以将虚拟实验运用于化学教学课堂，不仅能开阔学生的视野，提高学生的整体素质，也能有效降低实验资源的浪费，成为考核教师素质和学校软实力的标准之一。

参考文献

［1］ 中华人民共和国教育部. 普通高中化学课程标准：2017版［S］. 北京：人民教育出版社，2017.

［2］ 郑长龙，梁慧姝. 试论以实验为基础中的“实验”含义［J］. 中学化学教学参考，1995（3）：3-4.

［3］ 蔡亚萍. 中学化学实验设计与教学论［M］. 杭州：浙江教育出版社，2005.

［4］ 王晓艳. 浅议布鲁姆“教育目标分类”与化学教学［J］. 课程教育研究，2014（1）：176.

［5］ 李广洲，陆真. 化学教学论实验［M］. 北京：科学出版社，1999.

［6］ 钱扬义. 传感技术在理科实验中的应用研究［M］. 北京：高等教育出版社，2003.

［7］ 义务教育化学课程标准修订组. 促进基础化学教育高质量发展：《义务教育化学课程标准（2022年版）》解读［J］. 基础教育课程，2022（10）：53-60.

［8］ 钟晓茹. 基于核心素养的中学化学实验创新研究与实践［D］. 漳州：闽南师范大学，2022.

［9］ 中华人民共和国教育部. 全日制义务教育化学课程标准：实验稿［M］. 北京：北京师范大学出版社，2002.

［10］ 李丽，马勇军. 从“科学探究”到“科学探究与实践”：《义务教育化学课程标准（2022年版）》的分析与启示［J］. 化学教学，2023（2）：11-15.

［11］ 陈竹兵. 农村中学化学实验开展情况的调查研究［D］. 安庆：安庆师范大学，2017.

［12］ 沈永刚. 新课程背景下实施化学“实验—探究”教学模式的实践与思考［J］. 化学教学，2007，31（4）：57-71.

［13］ 陈倩. 农村初中化学实验教学现状及策略研究［D］. 镇江：江苏大学，2019.

[14] 刘克文.美国中学化学课程改革与发展历程 [J].全球教育展望，2009 (7)：78-81.
[15] 郑长龙.化学实验教学新视野 [M].北京：高等教育出版社，2003.
[16] 陈静，邹正.英国GCE A-level化学实验考试探析与启示 [J].化学教育，2010 (6)：88-89.
[17] 姚志强，赵红丽，高峰.日本高中《化学 I》教材中实验设计的特色及启示 [J].中国校外教育（理论），2008 (8)：117.
[18] 吴桂顺.新课程背景下农村初中化学实验室建设的探讨 [J].化学教育，2006,23 (10)：26-28.
[19] 杨天微.谈农村中学化学实验教学的方法 [J].凯里学院学报，2011，29 (3)：183-184.
[20] 熊言林.地方应用型高校化学实验教学现状调查与反思：以合肥学院化学与材料工程系为例 [J].高校实验室工作研究，2016 (2)：72-75.
[21] 柏品良.农村初中化学实验教学的现状及对策 [J].化学教育，2010 (2)：35-37.
[22] 阮芳铭.课堂教学督导工作的做法和体会 [J].西北医学教育，2010 (8)：45-47.
[23] 裴新宁.化学实验的情景教学观 [J].中学化学教学参考，2001,16 (5)：34-37.
[24] 李倩霞.农村中学化学实验教学现状及对策 [D].郑州：河南大学，2016.
[25] 龙伯珍.中学化学实验设计与探究 [M].长沙：湖南师范大学出版社，2005.
[26] 王克勤.化学教学论 [M].北京：科学出版社，2006.
[27] 郑长龙.化学实验课程与教学论 [M].北京：高等教育出版社，2009.
[28] 彭希成.偏僻乡村初中生化学实验素养与创新意识培育的研究 [D].长沙：湖南师范大学，2021.
[29] 杨丽艳，于素贞，王禹.初中化学新课堂实验技能的培养策略 [J].教师教学能力发展研究，2018 (1)：688-692.
[30] DUANE B T，SATRE M E. Utilizing constructivist learning theory in collaborative testing as a creative strategy to promote essential nursing skills. [J]. Nurse education today，2014，34 (1)：31-34.
[31] CHEN H L. The teaching mode design of real estate appraisal based on con-

structivism learning theory [J]. Journal of Hubei correspondence university, 2017, 30(10): 110-111.

[32] 黄英杰. 杜威的"做中学"新释 [J]. 课程·教材·教法, 2015, 35(6): 122-127.

[33] 海燕. 民族地区高中化学探究式实验教学现状及教学策略研究 [D]. 武汉: 华中师范大学, 2021.

[34] 彭希成. 偏僻乡村初中生化学实验素养与创新意识培育的研究 [D]. 长沙: 湖南师范大学, 2021.

[35] 段彦明. 科学本质视域下高中化学教师运用化学史教育教学功能的状况研究 [D]. 长春: 东北师范大学, 2011.

[36] 顾志跃. 科学教育概论 [M]. 北京: 科学教育出版社, 1999.

[37] 冯亚东. 从国外中学化学实验谈我国实验教学 [J]. 实验教学与仪器, 2009, 26(1): 13-14.

[38] 朱征. 英国中学化学实验教学的体会与启发 [J]. 化学教育, 2014, 35(15): 76-80.

[39] 陈曼. 新课程标准下的高中化学实验的教育功能探究 [D]. 西安: 西北大学, 2013.

[40] GABEL D L. Improving teaching and learning through chemistry education research: a look to the future [J]. Journal of chemical education, 1999, 76(4): 548-554.

[41] 魏书彬, 陈加柱. 浅议高中化学实验教学的问题与对策 [J]. 化学教学, 2015(11): 76-78.

[42] 江合佩. 新课程背景下高中化学实验教学的实践与反思 [J]. 化学教与学, 2012(4): 59-62.

[43] 赵华. 高中化学实验教学的问题与对策 [J]. 化学教育, 2013, 34(9): 53-56.

[44] 钱胜, 冯启能. 高中新课程化学实验教学现状调查报告 [J]. 化学教学, 2015(1): 20-23.

[45] 杨红. 基于核心素养的高中化学实验教学研究 [D]. 青岛: 青岛大学, 2018.

[46] 张敬禹. 基于核心素养的高中化学探究性实验教学策略的研究: 以"钠的性质探究实验"为例 [D]. 延吉: 延边大学, 2019.

[47] 邹灵.基于科学探究素养的中学化学实验教学研究[D].南昌：江西师范大学，2019.
[48] 郑长龙.化学课程与教学论[M].长春：东北师范大学出版社，2011：172-173.
[49] 张民生."立德树人"新行动：核心素养教育[J].教育参考，2016(4)：5-8.
[50] 淮旭国，刘健，贾文军，等.基于创新创业能力培养的机械创新设计与实践课程研究[J].实验技术与管理，2017，34(6)：168-171.
[51] 武霞.浅谈布鲁纳的认知结构学习理论[J].文学教育(中)，2011(3)：2.
[52] 刘宣文.人本主义学习理论述评[J].浙江师范大学学报(社会科学版)，2002，27(1)：4.
[53] 周开军.STSE理念及其与中学化学教学的整合[J].化学教育，2012，33(1)：3.
[54] 孙奇文.高中化学实验的改进与创新研究[J].化学教育，2016，37(5)：67-72.
[55] 石春婷.中学化学教师实验创新设计策略的研究[D].伊宁：伊犁师范学院，2018.
[56] 林祥，董文辉.化学实验中注射器的妙用：基于"全国化学实验创新研讨会"的探讨[J].化学教与学，2022(6)：76-80.
[57] 李德前，石磊，马逸群，等.以"三个一行动"开展化学实验创新的尝试[J].化学教学，2023(1)：58-62.
[58] 习近平：用新时代中国特色社会主义思想铸魂育人　贯彻党的教育方针落实立德树人根本任务[N].人民日报，2019-03-19(1).
[59] 田文玲.习近平讲好红色故事让红色基因代代相传[J].中国老区建设，2020(11)：4.
[60] 杜尚泽."'大思政课'我们要善用之"[N].人民日报，2021-03-07(3).
[61] 田丽，赵婀娜，黄超，等.大思政课，总书记心中的一件大事[N].人民日报，2022-05-22(1).
[62] 习近平.高举中国特色社会主义伟大旗帜　为全面建设社会主义现代化国家而团结奋斗：在中国共产党第二十次全国代表大会上的报告[N].人民日报，2022-10-26(1).
[63] 魏晓文.中美思想政治教育比较研究[D].大连：大连理工大学，2003.

[64] 戚万学，赵文静.何谓有效的品格教育：美国CEP及其教育的基本原则[J].外国教育研究，2001，28（2）：44-49.

[65] 杨韶刚.美国品格教育的最新发展研究[J].江西师范大学学报（哲学社会科学版），2002，35（2）：4.

[66] GILNESS J. How to integrate character education into the curriculum [J]. Phi delta kappan，2003，85（3）：243-245.

[67] ARTHUR J. The re-emergence of character education in British education policy [J]. British journal of educational studies，2005，53（3）：239-254.

[68] ATHERTON J M. Virtues in moral education：objections and replies [J]. Educational theory，1988，38（3）：299-310.

[69] 刘琳.英国德育评述及其对我国德育教育的启示[J].前沿，2006（4）：119-122.

[70] 刘超.英国思想政治教育的经验及启示[J].南风，2015（29）：101.

[71] 王丽荣.中日道德教育的异同[J].比较教育研究，2003（5）：42-48.

[72] 符桂芹.日本道德教育论析[J].东北亚论坛，2004，13（3）：55-57.

[73] 伊藤启一.统合的道德教育创造：学习现代美国的道德教育[M].东京：明知图书出版，1991：39.

[74] 刘建军.课程思政：内涵、特点与路径[J].教育研究，2020，9（28）：28-33.

[75] 王学俭，石岩.新时代课程思政的内涵、特点、难点及应对策略[J].新疆师范大学学报（哲学社会科学版），2020，41（2）：50-58.

[76] 高德毅，宗爱东.从思政课程到课程思政：从战略高度构建高校思想政治教育课程体系[J].中国高等教育，2017（1）：43-46.

[77] 陆道坤.课程思政推行中若干核心问题及解决思路：基于专业课程思政的探讨[J].学科与课程建设，2018，3（11）：64-69.

[78] 韩宪洲.以“课程思政”推进中国特色社会主义一流大学建设[J].中国高等教育，2018（23）：4-6.

[79] 韩宪洲.深化“课程思政”建设需要着力把握的几个关键问题[J].北京联合大学学报，2019，17（2）：2-6.

[80] 何玉海.关于“课程思政”的本质内涵与实现路径的探索[J].思想理论教育导刊，2019（10）：130-134.

[81] 石岩，王学俭. 新时代课程思政建设的核心问题及实现路径 [J]. 教学与研究，2021 (9)：91-99.

[82] 黄悦华. “课程思政”的跨界协同“三全育人”体系探析 [J]. 三峡大学学报(人文社会科学版)，2021，43 (2)：81-84.

[83] 卢杨，刘芳. 高校课程思政建设的关键点位思考 [J]. 高教学刊，2019，23(53)：164-166.

[84] 张丹丹. 复杂性视阈下“课程思政”建设路径研究 [J]. 走向社会科学，2018，9 (42)：211-214.

[85] 张树永. 当前“课程思政”建设存在的不足及未来建设重点：以化学类专业课程为例 [J]. 中国大学教学，2021 (8)：42-46.

[86] 陆道坤. 新时代课程思政的研究进展、难点焦点及未来走向 [J]. 新疆师范大学学报 (哲学社会科学版)，2022，43 (3)：43-58.

[87] 杜琳，杨敏，傅小红，等. 大学化学课堂课程思政探究 [J]. 智库时代，2019 (26)：208.

[88] 杨兆华. 立德树人，打造化学文化课堂：论德育教育在高中化学教学中的渗透 [J]. 课程教育研究，2018 (52)：172.

[89] 江强明. 高职化工企业管理实务课程教学改革初探 [J]. 广州化工，2021，49 (10)：170-172.

[90] 李鑫悦，张欣. 高中化学课程思政元素的梳理与运用 [J]. 化工教学，2022，48 (9)：103-105.

[91] 张治忠，马纯红. 皮亚杰与科尔伯格道德发展理论比较 [J]. 扬州大学学报 (高教研究版)，2005，9 (1)：71-75.

[92] 张宁娟. 科尔伯格道德发展理论及其对预防留守儿童道德成长问题的启示 [J]. 外国教育研究，2008，35 (9)：84-87.

[93] 艾丛潞. 马克思人的全面发展理论视域下素质教育的本质回归 [J]. 教育与教学研究，2022，36 (5)：13-24.

[94] 吴向东. 论马克思人的全面发展理论 [J]. 马克思主义研究，2005 (1)：29-37.

[95] 董丽丽，王秀玲. 基于分析化学课程特点的课堂教学思考 [J]. 化学教育，2015，(20)：13-16.

[96] 武彧，王秋敏. 化学文化与思想政治教育结合研究 [J]. 广州化工，2019，47 (17)：202-204.

［97］ 蔡苹，胡锴．“化学与社会”课程体系建设［J］．大学化学，2018，33（9）：52–54.

［98］ 张国祥．浅谈材料化学在日常生活中的应用［J］．山东化工，2020，49（7）：136–139.

［99］ 马紫峰，贺益君．新能源化工技术［J］．化工进展，2021，40（9）：4687–4695.

［100］ 刘万强，孙林萍，张少伟．高中化学课程思政素材与教学设计案例［J］．当代教育理论与实践，2022，14（5）：27–32.

［101］ 王文静．维果茨基“最近发展区”理论对我国教学改革的启示［J］．心理学探新，2000，20（74）：17–20.

［102］ 洪雪琼，胡敬爽．孔子“因材施教”思想的演进及其启示［J］．高教论坛，2011（3）：127–129.

［103］ 梁秋英，孙刚成．孔子因材施教的理论基础及启示［J］．教育研究，2009（11）：87–91.

［104］ 朱敏．在有机化学实验中渗透“课程思政”元素的探索与研究［J］．广州化工，2019，47（6）：153–155.

［105］ 王磊，魏锐．学科核心素养发展导向的高中化学课程内容和学业要求：《普通高中化学课程标准（2017年版）》解读［J］．2018，39（9）：48–53.

［106］ 北京师范大学《化学实验规范》编写组．化学实验规范［M］．北京：北京师范大学出版社，1987.

［107］ 白福秦．化学实验室的安全规则与常识第一讲：化学实验室的一般规则：下［J］．教学仪器与实验，2002，18（2）：38–39.

［108］ 孟自英．初中化学实验改进探索［J］．课程教材教学研究（中教研究），2015（7/8）：72–74.

［109］ 刘知新．基础化学实验大全：上、下册［M］．北京：北京教育出版社，1991.

［110］ 郑长龙．化学实验教学论［M］．北京：高等教育出版社，2002.

［111］ 汪文翔，孙颖．“趣味化学实验与生活化学”校本选修课的开发实践与反思［J］．化学教育，2009，30（2）：4.

［112］ 王姣，魏汪明．基于虚拟实验的化学实验教学设计［J］．软件导刊，2013，12（7）：3.